RE NEW
CHURCH

교회성장연구소

리뉴처치

RE NEW

CHURCH

창조적 사역을 위한 교회 갱신 모델

이상훈 지음

추천사

나는 선교운동이 새로운 갱신운동을 발생시키고, 이후 지속적인 새로운 선교를 불러 일으키는 원동력이 됨을 믿어 의심치 않는다. 『Re_New Church』는 바로 그러한 내용을 담았다. 교회 갱신에 대한 광범위한 독서와 새로운 운동에 대한 심도 있는 연구를 통해 이상훈 박사는 이 시대의 리더들이 들어야 할 깊은 통찰을 이끌어 냈다.

본 저서가 급변하는 문화 지형의 거대한 도전 앞에 직면한 한국 교회 리더들에게 창의적 사고를 불러일으키는 촉매제가 되기를 기대해 본다.

앨런 허쉬(Alan Hirsch)
Award winning author of The Forgotten Ways and 5Q among others.
Founder of Forge Mission Training Network, 100 Movements, and 5Q Collective. alanhirsch.org

『Re_New Church』는 북미 교회 갱신의 역사와 현재 진행 중인 북미 교회 갱신의 현장을 잘 보여 주는 책입니다. 저자는 예수 그리스도의 교회의 영광을 알고, 그 영광을 지금 이 시대에 드러내길 원하는 애절한 마음으로 이 책을 썼습니다. 사도 바울은 '교회는 그리스도의 몸으로 만물 안에서 만물을 충만하게 하시는 이의 충만함'(엡 1:23)이라고 기록했습니다. 바울은 주님의 교회의 영광을 보았습니다. 그 위치와 역할을 보았습니다. 그런 까닭에 그는 가는 곳마다 교회를 개척했고, 지속적으로 교회를 돌보았습니다. 또한 교회에 문제가 생기면 애타는 마음으로 교회 갱신에 힘썼습니다.

저자는 이 책을 통해 선교적 교회를 연구하는 학자로서 조국 교회와 이민 교회의 갱신을 위한 대안을 제시하고 있습니다. 올해는 종교개혁 500주년을 맞이하는 뜻깊은 해입니다. 여러 행사를 통해 거듭 교회를 새롭게 개혁하고 갱신해야 한다는 목소리를 높이고 있습니다. 하지만 구체적인 진단과 구체적인 대안을 들을 수가 없어 안타깝습니다. 감사하게도 이 책은 다양한 케이스를 통해 교회 갱신에 대한 구체적인 가능성과 방안을 제시하고 있습니다.

교회의 주체가 되시는 삼위일체 하나님은 만물을 새롭게 하시고 교회를 새롭게 하시는 분입니다. 성삼위 하나님께서 이 책을 통해 교회를 새롭게 하시는 영광스러운 일을 이루어 주시길 소원합니다. 저는 이 책을 선교적 교회를 세우기 원하는 목회자들과 신학생들과 평신도 지도자들에게 추천하고 싶습니다. 또한 교회 갱신을 갈망하는 영적 지도자들과 세계 선교에 헌신하고 있는 선교사님들에게 추천하고 싶습니다.

LA 새생명비전교회 강준민 목사

이상훈 교수님의 글은 인격적이다. 그가 말하고자 하는 선교적 교회에 대한 비전을 학문적인 탁월성과 함께 그의 성실함과 친절함을 더해 독자들에게 정확하고도 풍성하게 전해 준다.

본서는 북미 교회의 갱신운동들과 주목할 만한 선교적인 교회들을 소개하고 있다. 그러나 그저 정보나 사례들을 나열하는 책이 아니라 필요한 정보와 의미를 곱씹어 주고 매뉴얼과 같이 하나씩 친절하게 설명해 준다.

본서가 가진 가장 고맙고도 중요한 특징은 이중성이다. 큰 교회뿐 아니라 작은 교회, 교회의 외형이나 프로그램뿐 아니라 내적인 영성, 좋은 점들뿐만 아니라 한계들, 이론뿐 아니라 실제적인 면들, 가장 중요하게는 기술적인 문제뿐 아니라 본질을 다루고 있다는 점이다.

독자들은 이 책의 내용을 통해 당장이라도 적용할 수 있는 많은 아이디어와 통찰력을 얻게 될 것이다. 그리고 그 내용 속에 교회에 대한 하나님의 꿈이 스며 있음을 느낄 것이다.

얼바인 온누리교회 권혁빈 목사

통시적인 관점에서 1960년대 이후의 미국 교회의 5대 흐름을 살피는 동시에 공시적인 관점에서 현재 진행되고 있는 다양한 모양의 교회 모델을 일별하면서 기존 교회를 새롭게 하는 'Re_New'의 핵심은 하나님의 선교 정신인 미션얼에 동참하고 있음을 차근차근 밝히는 책이다. 특히 교회 갱신을 위한 중요한 제언 중에서 일상의 재발견과 성령의 사역에 민감히 반응할 것을 반복해서 촉구하는 저자의 예리한 통찰이라고 생각한다. 또한 개인적으로 이머징 교회에 대한 저자의 균형 잡힌 평가는 그간 한국 교계의 시각을 교정할 만한 것으로 여겨진다. 단순히 미국적 모델을 따라 하기보다는 우리의 상상력을 자극하기 위해 쓰인 이 책은 저자의 자리에서 마땅히 우리에게 줄 수 있는 일종의 선물이다. 일일이 발로 찾아가 확인하며 쓴 저자의 노력에, 그리고 자칫 부정적으로 일시적 유행(fad) 따라 하기로 평가할 수도 있을 지점에서 오히려 선교적 알짬(hub)을 발견해 내는 저자의 능력에 경의를 표한다.

일상생활사역연구소, 미션얼닷케이알 대표 지성근 목사

…내가 이 반석 위에 내 교회를 세우리니 음부의 권세가 이기지 못하리라

(마 16:18)

2천 년 전 주님께서 당신의 교회를 세우실 때 주신 약속은 이토록 영광스럽고 장엄했다. 그 어떤 적대자들의 권세에도 굴하지 않을 주님의 몸 된 교회는 하나님의 나라가 임할 때까지 그의 보호와 영광 속에서 지속적인 생명력을 가지고 확장되어 갈 것이라는 선언이었다.

그러나 이러한 선포가 모든 지역교회에 적용되는 것은 아니다. 찰스 스윈돌(Charles R. windoll)이 주장하듯이 본 구절에는 교회를 향한 복된 소식(good news)과 나쁜 소식(bad news)이 함께 포함되어 있다. 의심할 바 없이, 주님께서 세우신 우주적 교회는 성도들의 참된 신앙 고백과 헌신 위에서 지속적으로 성장할 것이다. 하나님의 나라가 임할 때까지 교회의 생명력은 계속해서 확장될 것이란 점에서 본 내용은 복된 소식이다. 그러나 주님의 교회를 무너뜨리기 위한 사탄의 노력 또한 끊임없이 시도된다는 점에서 본 선포는 나쁜 소식을 담고 있기도 하다. 사단은 자신의 모든 역량을 동원해 교회의 본질을 훼손하고 이간질하며, 세속적 영향에 무릎 꿇게 하기 위해 노력할 것이다. 영광과 도전 사이에 놓여있는 교회! 그것이 교회

의 현실이다.

그런 측면에서 교회의 역사는 지속적인 갱신운동 속에서 발생한 하나님 나라의 확장사라 할 수 있다. 교회가 타락하거나 연약해질 때마다 하나님은 갱신운동을 일으키셨고 새로운 신앙 공동체를 통해 열방을 향한 선교적 사명을 감당케 하셨다. 그렇다면 갱신이란 무엇을 의미하는 것일까?

스탠더드 사전에 따르면 "to renew"라는 말은 세 가지 의미를 지닌다. 첫 번째는 유효기간이 끝난 어떤 것을 '대체한다'는 의미가 담겨 있다. 두 번째는 '다시 얻거나, 만들거나, 말하거나, 주는 것'을 뜻한다. 세 번째는 '새것처럼 좋게 만들고 새로운 생명과 활력을 불어넣어 원래의 상태처럼 회복시키는 것'을 말한다.

물론 우리가 추구하는 갱신은 세 번째 의미에 근접한다. 모든 교회는 주님께서 세우신 원래의 모습처럼, 사랑과 생명이 넘치며 사도적인 공동체성을 회복해야 한다. 또한 하나님 나라를 위해 세상 속 깊이 침투하여 사회와 문화의 변혁을 이뤄 내는 영광스러운 교회가 되어야 한다. 과연 우리의 교회가 그런 모습으로 회복될 수 있을 것인가? 본 저서는 바로 그러한 기대와 소망 속에서 집필되었다.

2년 전 『리폼처치』(Re_Form Church)를 출간하고 난 후 필자는 많은 변화를 경험했다. 무엇보다 새롭고 참신한 북미의 선교적 교회들을 통해 미래 교회에 대한 희망을 발견하고, 거기서 얻은 통찰들을 사역 현장에 적용하고 실천하고 싶어 하는 많은 동료들을 통해 큰 보람을 느꼈다.

개인적 사역 역시 그 폭이 넓어졌는데, 크고 작은 교회와 단체에 초청을 받아 다양한 성도들과 지도자들을 만날 수 있는 기회가 주어졌다. 새로운 여정 속에서 필자는 현대 교회가 지니고 있는 갱신과 변화에 대한 깊은 목마름을 발견할 수 있었다. 무엇보다 지역교회 현장에서 선교적 교회로 나아가는 전환을 이뤄낼 수 있는 가이드를 필요로 했다. 이에 대한 응답으로 발간된 책이 『처치시프트』(Church Shift)였다. 본 저서를 통해 필자는 지역교회가 선교적 교회로 전환되기 위해 요구되는 새로운 사역 패러다임을 제시하고 선교적 생태계를 만들기 위한 사역 메커니즘을 상세히 다뤘다.

그리고 이 책 『리뉴처치』(Re_New Church)는 북미 교회가 선교적 교회에 이르기까지 맞닥뜨린 위기와 그 위기에 대한 선교적 대응으로 발생한 갱신운동들을 시기적으로 살피고, 오늘날 새롭고 창조적인 모습으로 갱신을 이끌고 있는 지역교회의 모델을 찾아 제시하고자 했다. 이를 통해 필자는 북미 지역에서 일고 있는 새로운 교회운동이 단순히 변화된 세상에 대한 문화적 반응이 아닌 본질을 추구해 가는 과정 속에서 발생한 현상이라는 것과 이 현상이 성령께서 이끄시는 창조적인 영에 의해 형성되고 있음을 확인할 수 있었다.

그런 관점에서 본 저서는 두 파트로 구성되어 있다.

첫 번째 파트는 북미 교회 갱신운동의 흐름으로서 1960년대부터 발생한 다섯 가지 운동을 다뤘다. 각 운동들은 북미 교회가 시대마다 경험했던 위기와 이에 대한 선교적 반응으로 발생한 운동이었다. 물론 본 운동이 얼마나 성경적 가치와 본질에 충실했는가에 대한 평가는 다를 수밖에 없다. 왜냐하면 각 운동들 역시 시대 문화의 영향 아래 형성되었다는 한계를 고

스란히 안고 있기 때문이다. 이러한 한계에도 불구하고, 북미 교회가 시대마다 경험했던 위기와 대응방식을 안다면 성장의 정점을 지나 쇠락의 길을 마주하고 있는 한국 교회에 실제적 교훈과 갱신을 위한 대안 마련에 도움이 될 것은 분명하다.

두 번째 파트는 현시대의 갱신모델로 여겨질 수 있는 지역교회들을 분석하고 그 특성을 정리한 내용이다. 연구를 위해 필자는 지역교회들을 직접 방문하고 리더와 회중들을 만났을 뿐 아니라, 다양한 자료를 기초로 한국 교회에 적용할 수 있는 갱신 원리를 찾아내려 시도했다. 솔직히, 모델 교회를 찾고 연구하는 것에는 언제나 큰 부담이 뒤따른다. 무엇보다 모든 사람이 존경하고 사랑하는 무결점 교회를 찾는 것은 불가능하기 때문이다. 당연히 본 저서에서 다뤄진 교회들 역시 완벽하지 않다. 그렇지만, 새로운 흐름과 운동을 대변하기에는 충분한 자신만의 특성과 강점을 가지고 있기에, 현시대의 흐름을 이해하고 연구하는 데는 좋은 예들이 되리라 믿는다. 따라서 이 글을 읽는 독자들은 다양한 교회의 새로운 표현들의 특성과 그것이 왜, 어떻게 새로운 대안으로 떠오르게 되었는지를 발견했으면 좋겠다.

바라기는 본 저서가 변화와 갱신이 절실한 한국 교회에 마중물이 되기를 소원해 본다. 척박하고 메마른 우물에 부어진 작은 물줄기가 깊은 샘물을 터트리듯, 이 작은 책이 새롭고 창조적인 사역에 목마른 수많은 영혼을 적셔, 한국 교회가 음부의 권세가 이기지 못할 강하고 아름다운 모습으로 새로워질 수 있는 갱신의 길이 열리기를 소원해 본다.

감사의 글

   저서를 출간할 때마다 보이지 않는 곳에서 필자에게 힘과 용기를 부여하는 많은 손길이 있음으로 인해 감사의 빚을 지게 됩니다.

   먼저, 본 내용을 연구하고 글로 나올 수 있도록 기회를 주신 월간 〈목회와신학〉에 감사를 드립니다. 15개월 동안 지면을 할애해 주시고 격려와 피드백을 주셔서 초고가 구성될 수 있었습니다.

   또한 이렇게 쓰인 글이 한 권의 책으로 묶여 출간될 수 있도록 도와주신 교회성장연구소의 김호성 소장님과 김형근 본부장님께 감사를 드립니다. 마치 진흙 속에서 진주를 캐내듯, 부족함이 많은 필자를 사랑해 주시고 항상 글의 가치를 인정해 주셔서 또 한 권의 책이 세상에 나올 수 있었습니다. 교회성장연구소 식구들 한 사람 한 사람 또한 너무 귀한 분들입니다. 한국에서 사역을 할 때면, 마치 한 가족처럼 필자의 작은 사역 현장까지 일일이 찾아오셔서 응원과 성원을 아끼지 않으셨던 정성이 저에게 큰 힘이 되었습니다.

   아울러 귀한 추천의 글을 써 주신 분들께 특별한 감사를 표합니다. 북미지역 선교적교회운동의 핵심 리더인 앨런 허쉬(Alan Hirsch)는 우정과 신뢰의 표시로 추천의 글을 써 주었고, 언제나 든든한 지지자로 깊은 사랑을 베풀어 주시는 강준민 목사님, 따뜻하고 순전한 마음으로 고민과 동역을 하고 있는 권혁빈 목사님, 한국 선교적교회운동의 한 축을 담당하고 계시는 지성근 목사님의 격려와 추천에 감사를 드립니다.

마지막으로 초심을 잃지 않고 하나님 앞에서 언제나 진실 되게 살도록 파트너가 되어주고 쉼과 사랑의 자리를 마련해 주는 사랑하는 아내(유수정)와 어느덧 대학생이 되는 자랑스럽고 든든한 아들 민혁(Justin), 운동과 공부를 열심히 병행하며 가정에 웃음과 에너지를 공급하는 민성(Caleb)에게 진심 어린 사랑을 담아 드립니다.

CONTENTS

Part 1 북미 교회의 현대 갱신운동

Part 2 북미 교회 갱신운동과 모델

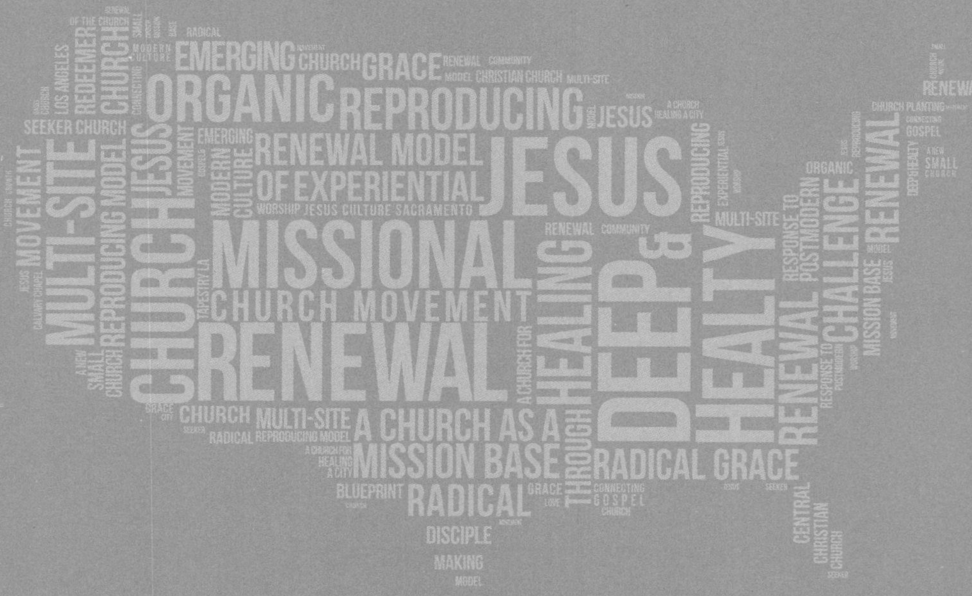
EMERGING CHURCH GRACE
ORGANIC REPRODUCING JESUS
RENEWAL MODEL OF EXPERIENTIAL
JESUS
WORSHIP JESUS CULTURE SACRAMENTO
MISSIONAL
CHURCH MOVEMENT
RENEWAL
CHURCH MULTI-SITE A CHURCH AS A
MISSION BASE
RADICAL GRACE
RADICAL
BLUEPRINT
DISCIPLE
MAKING
MODEL
MULTI-SITE
MOVEMENT
SEEKER CHURCH
LOS ANGELES
REDEEMER
CHURCH
REPRODUCING MODEL
HEALING
THROUGH
DEEP &
HEALTY
RENEWAL
CHALLENGE
RESPONSE TO POSTMODERN
MISSION BASE
ORGANIC
RENEWAL
CHURCH PLANTING
GOSPEL
CENTRAL
CHRISTIAN
CHURCH

북미 교회의
현대 갱신운동

since 1960s

1960년대가 되자 북미 교회는 이전에 경험하지 못했던 실존적 위기에 직면하게 되었다. 급격한 도시화와 세속화의 도전 속에서 교회 공동체의 영향력은 점차 약해지고 급기야 주일 예배에 참석하는 평균 인원은 급속도로 줄기 시작했다. 20세기 북미 지역교회를 중심으로 시도된 교회갱신운동(Church Renewal Movement)은 바로 이러한 상황 속에서 발생했다. 이후로도 교회는 지속적인 도전과 위기에 대응해야 했다. 1970년대에 발생한 교회성장운동(Church Growth Movement)과 1980년대에 시작된 구도자중심운동(Seekers Movement), 1990년대의 이머징교회운동(Emerging Church Movement)과 선교적교회운동(Missional Church Movement) 역시 시대적 도전에 대한 교회의 대응이라는 프레임 속에서 이해되어야 한다. 제1부에서는 이러한 흐름을 대변할 수 있는 운동을 선별하고 그 내용과 특성을 살핀 후 현대 교회에 적용할 수 있는 선교적 교훈과 원리를 고찰해 보자.

JESUS MOVEMENT & CALVARY CHAPEL : STARTING A NEW PARADIGM

예수운동과 갈보리채플

뉴 패러다임이 시작되다

예수운동과 갈보리채플을 통해

우리가 얻을 수 있는 통찰은 무엇일까?

무엇보다 교회 갱신은 온전한 말씀과

성령의 이끄심에 의해 이루어짐을 기억해야 한다.

갱신은 프로그램이 아니라

그리스도의 몸 된 교회에 대한

철학과 정신으로부터 흘러나온다.

따라서 교회는 기본기에 충실해야 한다.

들어가는 이야기

　1960년대 미국은 사회와 체제에 반발하는 반문화적(counterculture) 성향을 가진 히피(Hippie)들의 문화로 점철되고 있었다. 그들이 이렇게 번성할수 있게 된 데에는 무엇보다 그 시대가 깊은 혼란과 절망의 때를 통과하고있었기 때문이다. 1960년 당시 미국 사회는 베트남전쟁이 남긴 갈등과 공허함, 존 F. 케네디, 맬컴 엑스, 마틴 루터 킹 등 정치 지도자에 대한 암살과 사회 곳곳에서 번지는 폭동과 시위로 인해 사회적 불안감이 극도로 확장되고 있었다. 히피 문화는 이러한 시대 상황에 대한 강력한 반발을 보이면서 발생했다. 그들은 '인간이 되는 새로운 방식'(new way of being human)을통해 진정한 "사랑과 연민, 우정"을 찾으려 했다.[1] 그러나 그들이 취한 방식은 참다운 인간성을 회복하는 길이 아니었다. 저항의식을 드러내기 위해 그들은 전통적 체제와 가치를 거부하고 반사회적이며 반문화적인 특성을 강화했다. 그 결과 수많은 젊은이들이 마약과 환각에 취해 거리를 전전했고, 주술과 신비 사상에 젖어 영적 길을 잃어버렸다. 그리고 그 흐름은걷잡을 수 없을 만큼 빠르게 전국적으로 퍼져 나갔다. 집과 교회를 떠나거리로 나간 수많은 젊은이들과 세속의 사상과 가치에 물든 사람들까지더해져 사회는 그 어느 때보다 혼란스러웠다.

예수운동

소망이 보이지 않던 시대에 역사의 변혁을 가져온 운동이 있었다. 복음과 함께 시작된 본 운동은 당시 반사회적 성향을 가진 히피족들에게 거대한 영향력을 행사하며, 새로운 시대를 여는 기폭제가 됐다. 처음 이 운동이 촉발된 곳은 샌프란시스코였다. 거리를 떠돌며 방황하는 젊은이들을 돕기 위해 시작된 구제사역과 그들을 포용하기 위해 세워진 다양한 신앙 공동체들을 통해 복음이 전해지기 시작했다. 이때 놀라운 일이 발생했다. 복음에 대한 히피들의 반응이 폭발적이었던 것이다. 마치 오랜 가뭄에 타는 목마름을 가졌던 사람들처럼, 그들은 복음을 받아들였다. 이러한 흐름은 미 서부 해안지역을 넘어 미 대륙과 유럽으로까지 확장되어 결국 히피운동은 종결에 이르게 된다.[2] 우리는 이 운동을 예수운동(Jesus Movement)이라 부른다. 그리고 그 운동의 중요한 축을 감당했던 인물이 바로 갈보리채플(Calvary Chapel, Costa Mesa)의 척 스미스(Chuck Smith)였다. 매주 수백 명의 젊은이들이 해안가에 모여 세례를 받고 예수께 삶을 드리는 거룩한 결단과 헌신이 이어진 감동의 현장은 곧 복음의 촉매제요 새로운 교회 사역의 패러다임을 제시하는 근원지가 되었다. 이제 그 역사의 현장에 들어가 예수운동의 의미와 그것이 함축하고 있는 교회 갱신의 원리를 살펴보자.

척 스미스

초창기 갈보리채플

척 스미스와 갈보리채플

갈보리채플이 몰고 온 변화는 사실 사랑과 성령의 역사로 인해 발생한 운동이었다. 원래 척 스미스는 목회에 두각을 나타내는 사역자는 아니었다. 처음 17년간의 사역은 그야말로 비참하고 고통스러운 시간이었다. 온갖 노력과 좋은 프로그램을 동원해도 성장하지 않는 교회로 인해 그는 절망했고 스스로를 무능하게 여겼다. 더구나 전통과 형식에 얽매여 조그만 변화에도 거부감을 나타내는 제도화된 교회에 대한 실망은 그를 더욱 낙

담시켰다. 그럴수록 척 스미스의 가슴엔 제도로서의 교회가 아닌 성경적 가치를 추구하는 교회를 향한 갈망이 흘러넘쳤다. 갈보리채플과의 만남은 그렇게 시작되었다. 그가 부임할 당시 교회엔 고작 25명의 성도밖엔 남지 않았다. 그곳에서 척 스미스는 모든 프로그램을 배격한 채 오직 성경만을 가르쳤다. 성경 전체를 한 장 한 장, 한 절 한 절을 풀어 가며 전할 때 성도들이 반응하고 교회가 성장하기 시작했다.[3] 바로 이러한 시점에서 히피와의 운명적인 만남이 이루어진다.

당시 히피들은 긴 머리에 각종 헝겊을 오려 붙인 남루한 옷을 입고 다니며 저항을 온몸으로 드러내며 살았다. 그러나 그들 마음속엔 깊은 허무와 공허만이 있을 뿐이었다. 하나님은 척 스미스와 부인 케이(Kay)의 눈을 통해 그것을 보게 하셨다. 케이는 당시를 회상하며 이렇게 고백했다.

"거리에서 배회하는 그들을 볼 때마다 울음이 터졌습니다. 나는 기도하기 시작했고 하나님께 물었습니다. '왜? 무엇이 그들의 삶에 문제입니까?'"[4] 그들에게 필요한 것은 예수 그리스도뿐이었다. 계속해서 하나님은 히피를 "사랑으로 맞이하라!"는 메시지를 주셨다.

그러나 어떻게 전할 수 있을까? 어떻게 그들을 맞이할 수 있단 말인가? 그들이 할 수 있는 것은 기도밖에 없었다. 케이의 표현대로 "온 공기를 기도로써 가득" 채울 정도로 그들은 지속적이며 조직적인 기도를 드렸다. 놀라운 점은 기도할 때 교회가 움직이고 성도가 우선적으로 변하는 일이 발생했다는 것이다. 마침내 그들은 히피를 집으로 초청해 함께 살면서 복음을 전했다. 어느덧 스미스 목사의 집은 히피들의 합숙소로 변했다. 그러나 그것은 너무나 신나는 일이었다. 그들은 복음에 대해 놀라울 만큼 강하게 반응했고 가시적으로 변했다. 그들은 집 수영장에서 세례를 베풀었고 그들을 먹이고 입히고 가르쳤다. 교회는 불어나는 히피들을 돕기 위해 그들이 머물 장소를 준비했고, 그 숫자는 더욱 빠르게 증가했다. 밤에는 성경공부를, 낮에는 해변에 나가 전도를 했다. 복음의 능력은 이렇게 해변을 중심으로 공원과 거리, 지역 곳곳으로 퍼져 나갔다.[5]

마지막 관문과 폭발적인 성장

갑자기 불어난 히피들로 인해 교회는 추수의 기쁨과 함께 혼란을 경험하게 되었다. 대부분의 성도가 이들을 받아들이는 사랑과 헌신의 수고를 감당했지만, 한쪽에서는 더럽고 냄새나고 자유분방한 히피들의 태도에 불만을 가진 사람들이 있었다.

어느 주일 아침, 척 스미스는 교회 문 앞에 붙어 있는 간판 하나를 발견하게 되었다. 거기에는 "맨발 출입 금지!(No bare feet allowed)"라는 글귀가 적혀 있었다. 누군가 교회에서 비싼 돈을 들여 장만한 새 카펫이 맨발로 돌아다니는 히피들에 의해 더러워질 것을 염려했던 것이다. 이 사건은 향후 갈보리채플의 사역 방향과 가치를 더욱 확고하게 하는 결정적 계기가 되었다. 예배 후 척 스미스는 교회 리더들을 소집하고 다음과 같이 말했다.

"만약 그들이 신발을 신지 않았다는 이유로, 혹은 옷이 더럽다는 이유로 교회에 들어올 수 없게 된다면 나는 교회의 새 카펫을 걷어 내고 콘크리트 바닥을 깔 것입니다. 의자 역시 나무의자나 철제의자로 바꿀 것입니다." 감사하게도 교회 리더들은 그의 뜻과 의도를 잘 수용했다. 이후 교회는 더 이상 가시적이고 물질적인 것에 얽매이지 않고, 젊은 히피들을 사랑으로 섬기는 일에 전력하게 되었다.

이후 갈보리채플의 사역은 더욱 큰 파장을 일으켰다. 마약에 찌들었던 젊은이들이 주삿바늘을 던져 버리고, 염세적이며 절망적인 삶으로부터 탈출해 돌아왔다. 복음에 대한 열망, 새로운 삶에 대한 열망이 거대한 물결이 되어 남가주를 덮었다. 매달 수백 명의 젊은이들이 바닷가에 모여 세례를 받고 삶을 헌신하는 진풍경이 발생했다.[6] 이 운동이 최고조에 올랐던 1970년대 중반 2년 동안은 무려 8천 명이 세례를 받았고, 같은 기간 2만 명이 넘는 사람들이 기독교로 회심하는 역사가 발생하였다.[7]

보냄과 확장

이후 갈보리채플은 개 교회를 넘어 미국 전역을 향해 강하게 확장되었다. 무엇보다 그러한 운동의 배후에는 척 스미스의 성경 중심의 교육과 훈련을 통해 배출된 제자들이 있었기 때문에 가능했다. 기록에 의하면 그로부터 훈련받고 목회를 하게 된 제자의 수가 3,000명이 넘고 설립된 교회가 수백 개에 이르렀다. 예상하다시피 그들 중 대부분의 초기 구성원들은 반문화적 성향을 가지고 있었던 히피 출신들이었다. 그들 가운데는 하베스트 크리스천 펠로우십(Harvest Christian Fellowship)의 그렉 로리(Greg Laurie), 사우스 베이 갈보리(Calvary Chapel South Bay)의 스티브 메이(Steve Mays), 골든 스프링스 갈보리채플(Calvary Chapel Golden Springs)의 라울 리스(Raul Ries), 다우니 갈보리채플(Calvary Chapel Downey)의 제프 존슨(Jeff Johnson), 허라이존 크리스천 펠로우십(Horizon Christian Fellowship)의 마이크 매킨토시(Mike MacIntosh)와 같이 이름만으로도 엄청난 영향력을 가진 목회자들이 포진되어 있었다. 이들 모두가 마약과 환각으로부터 빠져나와 사역자가 된 산증인들이다.

중요한 점은 갈보리채플의 성장과 확장은 전략적이고 공격적인 노력의 결과가 아니라는 데 있다.[8] 오히려 이 운동에는 자발적이고 자생적인 특색이 훨씬 강했다. 당시 교회는 성도들을 지역별로 묶어 성경을 공부하는 모임을 활성화했는데, 척 스미스는 이러한 가정 모임에 제자들을 보내 가르치게 했다. 그런데 그곳에서 또 다른 폭발이 일어났다. 이런 형태로 300개가 넘는 교회가 세워졌는데[9] 척 스미스는 모든 교회가 지교회 형식이 아닌 독립 교회가 되도록 만들었다. 같은 비전과 철학, 원칙과 방법을 공유하되 그들 자신의 독특한 부르심에 입각한 개성 있는 교회가 되기를 바랐다. 갈보리채플은 지금까지도 교단 형성을 유보하면서 보다 느슨한 형태의 연합회(association)를 고수하고 있다. 틀에 얽매이지 않고 지속적인 변화와 갱신을 이루는 교회가 되고자 아직까지 그 정신을 유지하고 있는 것이다.

갈보리채플의 영향

갈보리채플의 신학적 배경은 1, 2차 대각성운동과 오순절운동을 잇는 제4차 대각성운동 혹은 카리스마적 갱신운동으로부터 시작되었다.[10] 혹자는 이들의 신학적 성향을 근본주의와 오순절주의의 중간적인 위치에 자리매김하기도 했고, 성령운동과 문화사역의 절묘한 균형으로 표현하기도 했다. 그러나 무엇보다도 이 운동이 갖는 시대적 의미는 복음주의 교회의 갱신과 더불어 사회변혁에 커다란 공헌을 했다는 점에서 매우 각별하다. 이를 두고 저명한 종교사회학자 도널드 밀러(Donald E. Miller)는 갈보리채플은 새로운 패러다임 교회의 개척자이며[11], 동시에 척 스미스는 개신교에 '변혁적인 충격'을 가져온 인물이라고 평가했다.[12] 그렇다면 그들의 교회 갱신에 끼친 영향력은 어떤 것들이 있는가?

첫째, 갈보리채플과 예수운동은 다양한 부분에서 새로운 사역의 패러다임을 제시했지만, 무엇보다도 예배 형식과 내용에 미친 영향은 절대적이다. 척 스미스는 형식과 제도에 묶여 있는 예배를 통해서는 성령의 창의적인 사역이 제한된다고 믿었다. 그는 좀 더 자유롭고 참여적인 예배를 원했다. 그 결과, 보다 단순하면서도 찬양과 말씀이 균형을 이룬 현대적인 예배를 시도하게 되었다. 먼저 주목할 것 중 하나가 새로운 음악 스타일이다. 당시에는 파격적이었던 기타와 드럼, 전자오르간 등이 예배에 도입되었다. 이를 통해 많은 젊은이와 히피들이 돌아왔음은 물론이지만, 반대로 히피들의 문화가 교회에 수용되면서 발생한 결과이기도 했다. 래리 에스 크리지(Larry Eskridge)가 지적한 것처럼, 예수운동이 발생하는 현장에는 언제나 록과 포크 스타일의 새로운 '지저스 음악'(Jesus Music)이 함께 있었다.[13] 이후 갈보리채플의 음악적 역량은 마라나타 뮤직(Maranatha! Music)이라는 선교 단체를 통해 전 세계로 퍼져 나갔다.

둘째, 새로운 예배 갱신을 위해 척 스미스는 기존의 주제 설교 대신 본문의 말씀을 주해하는 강해 설교를 실시했다. 그는 하나님의 말씀을 깊고 정확하게 전하기 위해 성경의 첫 장부터 마지막 장까지 한 장씩, 한 구절씩 풀어 나갔다. 동시에 그 가르침이 일상의 삶에 깊이 있게 적용되게 함으로써 말씀을 통한 부흥이 일어났다. 갈보리채플의 교회들은 오늘날에도 삶의 현장에 기반을 둔 강해 설교를 전하고 있다.

셋째, 갈보리채플은 비조직화된 교회 구조와 평신도들의 적극적인 사역 참여를 촉진했다. 그들은 전통적 상하관계가 아닌 보다 수평적인 리더십 구조를 지향했다. 사실 대부분 교회들은 전문적인 신학교육을 받은 성직자 중심의 사역 구조를 가지고 있다. 그러나 갈보리채플은 전문가 양성을 위한 대학(university) 수준의 교육보다는 성경 학교(bible school) 수준의 교육과 시스템을 도입함으로써 평신도들이 보다 쉽게 훈련받고 사역할 수 있는 구조를 만들었다. 갈보리채플이 짧은 시간에 그토록 많은 교회 개척과 성장을 이룰 수 있었던 이유는 열정을 가진 평신도 리더를 훈련하여 파송하는 사역을 과감하게 진행했기 때문이다.

이외에도 갈보리채플이 끼친 영향은 매우 다양하다. 갈보리채플은 복음 증거를 위한 창조적이고 현대적인 방식을 적극적으로 채용했는데, 이제는 과거형이 되어 버린 카세트테이프 선교라든지, 라디오와 텔레비전을 사용한 전파 사역, 미디어와 과학기술을 활용한 적극적인 선교 방식을 선구적으로 실시했다. 갈보리채플의 영향력은 한 시대를 넘어 지금까지도 여러 분야에서 발견되고 있다.

40년이 지났다. 갈보리채플의 모습은 어떻게 변화되었을까? 여전히 교회 곳곳엔 예수운동의 정신과 유산이 배어 있는 듯 보였다. 예배를 드리기 위해 모인 성도들의 손에는 커다란 성경책이 들려 있었고, 말씀이 선포되는 시간에는 성경을 넘기고 메모를 하는 성도들의 모습이 쉽게 눈에 들어왔다. 과거 본당이 비좁아 예배당 앞 공터와 소예배실, 강당과 교회 카페에 모여 예배를 드리던 광경 역시 그 규모와 숫자는 다르지만 유지되고 있었다.

그러나 시간의 흐름 속에 성도들의 평균 연령은 높아졌고 예배 역시 시대를 앞서가던 역동적인 모습보다는 원숙함과 차분함이 느껴지는 분위기였다. 이렇듯 코스타메사에 위치한 갈보리채플 자체는 여러 곳에서 시간의 흐름과 흔적이 느껴졌다. 그러나 그 영향력은 지금도 지속되고 있다. 척 스미스의 제자들로 세워진 수많은 갈보리채플들이 그렇고,[14] 그 영향 아래 태동한 이후의 새로운 교회 운동들 역시 갱신의 정신을 계승하고 있었다. 시대를 관통했던 예배 스타일과 찬양, 말씀을 전하는 새로운 방식의 성경 강해와 사회 변화를 이끌었던 예수운동의 영향력은 이후 발생한 새로운 갱신운동의 지표가 되고 있다 해도 과언이 아닐 것이다. 그렇다면 이 운동을 통해 얻을 수 있는 통찰은 무엇인가?

갈보리교회 세례식

갱신을 위한 적용

첫째, 과거의 혁신이 관례화(routinization)되고 제도화(institutionalization)되는 것을 경계하라.

톰 레이너(Thom S. Rainer)는 교회가 죽어갈 때 나타나는 특징을 광범위하게 분석한 후, 가장 일반적인 현상은 서서히 부식되어 가면서 과거에 집착할 때라고 말했다.[15] 그런 관점에서 도널드 밀러는 갈보리채플과 같은 새로운 패러다임을 제시한 교회는 1세기 교회 모델을 추구하며 관료주의화된 종교 요소를 제거했음을 주목했다.[16] 척 스미스는 갈보리채플이 과거의 성공에 안주하지 않고 지속적인 혁신을 이루기 위해 시스템과 제도로 묶이는 것을 경계해 왔다. 이를 위해 그들은 교단과 성도들의 멤버십 제도를 도입하지 않을 뿐 아니라 성도 수 역시 계수하지 않고 있다.[17] 그런 측면에서 보면 한국 교회는 너무 빨리 관례와 제도의 늪에 빠져 버린 느낌이다. 마치 자본주의와 관료주의의 철창(iron cage)에 갇혀 자신의 개성과 자유를 상실해 버린 근대인처럼,[18] 한국 교회는 정형화된 틀과 형식에 묶여 자유롭고 창의적인 시도가 제한되고 있는 현실이다. 과거에 얽매이지 않는 창의적 노력이 회복되어야 한다.

둘째, 교회 갱신은 온전한 말씀과 성령의 이끄심에 의해 이루어짐을 기억하라.

척 스미스는 프로그램을 통해 성장한 교회가 지닌 한계를 직시했다. 프로그램으로 성장한 교회는 결국 또 다른 프로그램으로 성장을 도모할 수밖에 없는 현실을 그는 강도 높게 비평했다.[19] 갱신은 프로그램이 아니라 그리스도의 몸 된 교회에 대한 철학과 정신으로부터 흘러나온다. 따라서 교회는 기본기에 충실해야 한다. 교회는 하나님의 말씀을 가르치고, 성도의 교제가 이루어지며, 성령의 인도하심에 민감한 공동체가 되어야 한다.[20] 그는 성경을 깊이 있게 다루지 못하면 인간적인 면이 강조될 수밖에 없고 결국 즉각적이고 극적인 결과를 바라게 된다고 주장했다. 그러나 하나님의 말씀에 깊이 뿌리를 내리게 될 때, 교회는 하나님의 뜻을 분별하고 그분께서 맡기신 사명을 감당하는 공동체가 된다.

셋째, 세상 문화를 재해석하여 활용할 수 있는 능력을 키우라.

갈보리채플은 이원론적인 관점에서 성과 속을 구별해 왔던 근대주의적 사고를 거부하고, 복음의 눈으로 세상을 바라보면서 인종과 문화의 차이를 아름답게 극복했다. 대항문화의 상징이었던 히피들의 문화와 악기, 표현과 방식을 받아들이면서도, 세상 문화에 잠식되지 않고 이를 복음의 도구로 승화시켰다. 바로 여기에 복음의 능력이 있다. 교회는 세상을 거부하거나 두려워하지 말고 하나님의 마음을 품고 그들을 사랑해야 한다. 보다 적극적으로 세상 문화에 대응하고 소통할 수 있어야 한다. 교회가 복음 안에서 문화를 재해석하고 상황에 맞게 복음을 전달할 때, 비로소 선교의 문은 다음 세대를 향해 활짝 열리게 될 것이다.

넷째, 그리스도의 제자를 만들되, 세상에서 선교적 사명을 감당할 수 있는 존재가 되도록 훈련하라.

예수운동으로 거듭난 히피들은 급격한 삶의 변화를 경험했다. 교회는 이들을 말씀으로 양육했고, 다시 세상으로 돌려보냈다. 말씀과 복음으로 덧입혀진 새로운 피조물로서, 성도들은 삶의 현장에서 증인으로서 살게 되었다. 갈보리채플의 "양이 양을 낳는다"[21]는 사역철학은 이렇게 만들어졌다. 수많은 히피들이 보냄 받은 제자들을 통해 또 다른 제자가 되었다. 그들을 통해 교회가 세워졌고, 하나님 나라가 확장되는 열매가 맺혔다. 그런 관점에서 볼 때 우리의 사역 프로그램과 훈련은 어떠한가? 우리는 진정한 의미에서 예수 그리스도의 제자를 만들고 있는가? 세상 한복판에서 그리스도의 제자로서 증인 된 삶을 살 수 있도록 성도를 훈련하고 보내는 사역을 실행하고 있는지 확인해 보아야 한다.

다섯째, 사람을 세우고, 믿어 주고, 섬기는 리더십을 세우라.
갈보리채플의 확장과 성공은 제2, 제3의 척 스미스가 지속해서 배출되었기 때문에 가능했다. 척 스미스는 겸손과 섬김의 리더십, 종으로서의 리더십을 몸소 보여 주고 실천한 지도자였다. 넓은 마음을 통해 실패한 사람들을 포용하고 그들에게 다시 기회를 부여하는 넉넉한 지도자였다. 성장할 기회, 실수를 만회할 기회, 새로운 것을 시도할 수 있도록 기회를 제공하며, 하나님께서 개입하실 수 있는 공간을 만드는 노력을 기울여 왔다. 그러한 흐름 속에서 성도 스스로 헌신과 섬김을 자원하는 풀뿌리(grass-roots) 문화가 형성되었다. 결국, 교회 갱신의 핵심은 인간에 있지 않고 하나님의 역사에 달렸음을 보게 된다. 지도자가 중심이 아닌 하나님 역사의 통로가 되려 할 때, 하나님은 그러한 자들을 통해 새로운 지도자를 세우시고 새로운 운동을 발전시켜 나가신다.

예배당 밖 야외 예배   담임목사 Brian Brodersen

나가는 말

2013년 10월 3일, 미 남부 캘리포니아에 있는 헌팅턴 비치(Huntington Beach)에 수천 명의 사람이 모였다. 서핑 애호가들(surfers)의 천국이라 부르는 이곳에 그처럼 많은 사람이 모인 이유는 단 하나, 기존의 가치와 체제를 거부하고 세상에 대한 반항적 기질로 가득 차 있던 사람들을 사랑하고 받아들였던 척 스미스의 삶과 생애를 기념하기 위해서였다. 그들은 바닷가에서 복음을 들었고 세례를 받았으며 삶이 바뀌었다. 그때를 기억하며 생전에 척 스미스가 좋아했던 찬송가를 함께 부르며 말씀을 나누고, 함께 웃고 울면서 예배를 드렸다. 마지막엔 많은 사람이 서핑 보드를 타고 바다로 나가 원을 만들어 척 스미스의 거룩한 삶을 기념했다.

척 스미스와 갈보리채플의 1막은 그렇게 끝이 났다. 그리고 갈보리채플은 이제 새로운 전환기에 접어들었다. 어쩌면 그토록 저항했던 관례화와 제도화의 흐름이 지금은 사역 곳곳에 스며들어 있는지도 모른다. 실제로 갈보리채플은 현재 다양한 문제와 고민 앞에 직면해 있다. 과거 갈보리채플의 가장 큰 장점이었던 창조적이며 문화적인 접근을 통해 불신자들에게 복음을 전했던 역동성이 다음 세대에도 이어질 수 있을지 의문점이 남는다. 새롭고 창조적인 길을 찾을 것인지, 아니면 현재 상황을 유지하는 선에서 서서히 제도화의 길로 들어설 것인지에 대한 갈림길에 서 있는 것이다.

그러나 분명한 것은 그리스도의 심장으로 히피들을 사랑하고 오직 말씀과 복음으로 섬기려 했던 정신은 여전히 많은 지도자들과 교회 안에 살아 숨 쉬고 있다는 점이다. 오늘도 어디에선가 굳어져 가는 교회를 염려하며 성령의 역사하심에 민감하게 반응하는 하나님의 사람들이 세워짐을 통해 새로운 성령의 시대가 열리기를 기대해 본다.

척 스미스를 기념하기 위해 모인 서퍼들

CHURCH GROWTH
MOVEMENT:
AWAKENING
A HEART OF
CHURCH GROWTH

교회성장운동
성장의 심장을 깨우다

우리는 모든 민족을 향한
선교적 사역 철학 위에 건강한 교회성장을
갈망해야 한다.
하나님의 가슴을 품고 사역하는 사람들은
자신의 교회가 아닌 하나님의 나라를 가슴에 품는다.
자신을 돌아보라.
혹 우리의 사역 철학이 마케팅과
성공주의에 물들어 있지는 않은가?

들어가는 이야기

남부 캘리포니아 가든 글로브(Garden Grove) 시에 있는 'Shepherd's Grove Church'는 현재 약 1,000여 명 정도가 모이는 중형교회이다. 교회의 공식 출발은 2013년 7월이지만 사실 그 기원은 이보다 훨씬 더 길다. 불과 1km 정도 떨어져 있는 그 유명한 수정교회(Crystal Cathedral)와 깊은 연관이 있기 때문이다.

필자가 주일 예배를 방문했을 때, 교회는 생각보다 많은 사람과 따뜻한 분위기로 생동감을 느낄 수 있었다. 그러나 예배가 시작되자 미처 견하지 못했던 한 가지 사실에 주목하게 됐다. 바로 앉아 있는 회중의 연령대가 매우 높다는 것이었다. 주차요원에서부터 안내위원, 성가대, 그리고 앉아 있는 회중에 이르기까지 대부분이 노인들이었다. 예배는 아주 자연스럽게 진행되었다. 30여 명의 오케스트라와 50명 내외의 성가대 찬양은 수준이 매우 높았다. 찬양이 끝나자 담임목사는 그날의 초대 손님을 강단으로 불렀다. 준비된 소파에 앉아 토크쇼 형식의 인터뷰가 진행되고 사람들은 익숙한 듯 두 사람의 대화를 경청했다. 그날 초청된 인물은 현재 할리우드에서 영화음악을 하는 가수이자 프로듀서였다. 인터뷰가 끝나자 말씀을 전하기 위해 담임목사가 섰다. 예배에 참석한 대다수의 노인층과 달리 담임목사는 30대 초반의 젊은 목회자였다. 회중의 반응은 자연스럽고 부드러웠다. 마치 오랫동안 함께해 온 목회자처럼 그들은 젊은 목사의 말씀을 경청하고 받아들였다.

이 젊은 목사의 이름은 바비 슐러(Bobby Schuller)이다. 수정교회를 설립한 로버트 슐러(Robert H. Schuller)의 손자로서 2013년부터 교회를 이끌고 있다. 사실 'Shepherd's Grove Church' 예배에 참석한 회중의 대부분은 이전 수정교회의 멤버들이었다. 교회가 재정 악화로 부도가 나고 건물이 가톨릭교회로 이전되면서 이들은 어쩔 수 없이 새로운 이름을 짓고 다른 장소로 자리를 옮겨야 했다.

수정교회의 몰락은 미국 주류사회에서도 큰 충격이었다. 미국 개신교 역사에서 수정교회가 차지하는 비중은 매우 컸다. 무엇보다도 수정교회는 미국 최초의 대형교회(mega church)로 인식되었고[1] 교회를 창립하고 성장시킨 로버트 슐러는 한때 가장 성공적인 목회자로 추앙받기도 했다. 그는 언제나 새롭고 모험적인 사역을 즐겼다. 1955년, 최초로 자동차를 타고 예배를 드리는 드라이브 인 교회(drive-in theatre)를 시도했고[2], 긍정적 마인드와 적극적 사고방식에 대한 메시지로 대중의 인기를 얻었다. 그는 또한 매우 실용적인 사람으로서 종교를 기업과 산업, 혹은 쇼핑센터로 비유하기도 했다. 실제로 그의 책 『성공적인 목회의 비결』(Your Church has Real Possibilities!)에는 성공하는 교회가 되기 위해 쇼핑센터로부터 배우는 7가지 사역비결을 기록하기도 했다. 거기에는 용이한 접근성, 넓은 주차장, 다양한 상품 목록, 훈련된 봉사요원, 광고, 가능성을 믿는 사고방식, 효과적인 현금 유출입 등 현실적인 내용들로 가득 차 있다.[3] 당시 이러한 실용적 방식은 시대적 흐름과 사람들의 필요와 맞물려 큰 반향을 일으켰고 교회 역시 커다란 성공을 거뒀다. 교회의 성장은 경이로울 정도였다. 처음 10년 동안 교회는 765%나 성장했고, 그 이후 10년도 505%의 성장을 이뤘다. 교회성장학자 피터 와그너(Peter Wagner)는 이 같은 현상에 대해, "로버트 슐러는 '적극적인 사고방식'(possibility thinking)을 통해서 한 지방교회를 그와 같은 어마어마한 모습으로 성장시켰다. 히브리서 기자는 그것을 '믿음'이라고 했다."고 칭찬했다. 나아가 그는 로버트 슐러의 『성공적인 목회의 비결』이라는 책을 교회성장연구 분야의 가장 놀랍고 자극적인 공적이 될 것이라 평하기도 했다.[4] 그러나 그의 성공은 거기까지였다. 슐러의 은퇴와 함께 교회는 내리막길을 걸었다. 자녀들에게 물려준 교회는 리더십의 위기를 겪었고 각종 갈등과 끊임없는 루머, 부실한 재정 문제로 2010년 급기야 파산에 이르렀다. 동시에 미국 개신교의 상징과도 같았던 교회 건물은 가톨릭 교회로 넘어가고 말았다.

로버트 슐러와 수정교회의 이야기는 화려한 외적 성장만을 쫓아왔던 현대 교회의 자화상이며 동시에 본질이 누락된 성장 제일주의를 향한 경고이다. 그래서인지 오늘날 많은 이들은 '교회성장'이라는 단어 자체에 거부감을 보인다. 아마도 교회성장운동이 1970년대 이후 북미 지역에서 재해석되고 적용되는 과정에서 미국의 실용주의적 요소가 더해졌고, 이렇게 각색된 사상이 수적 성장에 몰두하는 한국 교회 형성에 영향을 미쳤기 때문일 것이다. 그러나 이것이 설령 사실이라 할지라도 교회성장운동이 현대 교회의 갱신 역사에서 차지하는 공헌과 중요성을 간과해서는 안 된다. 교회성장운동은 기울어 가던 북미 교회에 새로운 동력을 공급하고 한국 교회의 중흥기를 일으킨 결정적 공헌을 했다. 우리에게 필요한 것은 교회성장운동에 대한 좀 더 분명하고 객관적인 이해와 평가다. 그런 차원에서 이제는 교회성장의 기원과 의미, 특징과 평가를 통해 현대적 적용 방안을 찾아보고자 한다.

로버트 슐러

수정교회

교회성장학의 태동과 발전

교회성장운동은 인도에서 태어나 삼 대째 선교사로 사역했던 도널드 맥가브란(Donald MacGavran)으로부터 시작되었다. 그에게는 31년간의 사역을 통해 해결되지 않는 한 가지 고민이 있었다. 그것은 엄청난 재정투자와 노력에도 불구하고 초라하기 짝이 없는 결과물이었다. 그의 선교팀은 80 명의 선교사와 5개의 병원, 다양한 학교와 섬김 사역을 통해 선교를 진행해 왔다. 그러나 그들이 거둔 10년간의 열매는 고작 30개의 작은 교회와 연 1%의 성장이 전부였다. 그때 수천 명의 사람이 집단적 회심을 통해 그리스도께 돌아오고 있다는 '집단 개종'에 대한 소식이 들렸다. 이후 맥가브란은 인도에서 발생하고 있던 집단적 회심에 대한 연구를 통해 『기독교 집단 개종 운동』이라는 책을 펴낸 와스콤 피켓(J. Waskom Pickett)을 직접 만나고 그의 연구 팀에 동참하게 된다. 광범위한 연구를 진행하면서 맥가브란은 자신이 경험했던 일들이 다른 지역에서도 반복되고 있음을 확인할 수 있었다. 중부 인도 지역의 경우, 165개의 선교 부서 중 136개 부서가 성장을 이루지 못했다. 이는 교파를 막론하고 나타난 공통된 현상이었다.

"성장하는 교회와 성장하지 않는 교회의 차이는 무엇일까?"라는 질문과 동시에 "교회가 성장하지 않는 것은 하나의 질병이지만 치료할 수 있는 질병"[5]이라는 확신 또한 얻게 되었다. 이런 과정을 통해 그는 교회성장운동을 이끌 4가지 질문을 규정하게 된다.

1. 교회성장의 원인은 무엇인가?
2. 교회성장의 방해 요소는 무엇인가?
3. 기독교 신앙을 운동으로 만들 수 있는 요소는 무엇인가?
4. 교회성장을 재생산할 수 있는 원리는 무엇인가?[6]

이후 17년간 맥가브란은 카스트 천민들을 대상으로 한 종족운동(people movement)을 시도해 보았다. 큰 열매를 얻지는 못했지만 다양한 시도와 실험을 통해 교회성장에 대한 상당한 통찰력을 얻게 되었다. 그는 자신의 경험과 인도에서의 연구, 그리고 아프리카 7개국에서 활동하는 20개 단체에서 세운 수백 개의 교회를 연구한 끝에 교회성장운동의 초석이 될 『하나님의 선교전략』이라는 책을 출간하게 이른다.[7] 이후 그의 무대는 북미로 옮겨진다.

첫 책을 출간한 지 10년 후, 맥가브란은 풀러신 학교 세계선교대학원의 초대 학장으로 부름을 받 는다. 그곳에서 세계 최고의 학자들과 협력을 통 해 교회성장운동은 꽃을 피운다. 초기의 멤버들은 알렌 티펫(Alan Tippett), 에드윈 오르(J. Edwin Orr), 찰 스 크래프트(Charles H. Kraft), 랄프 윈터(Ralph Winter), 피터 와그너(Peter Wagner), 아서 글라서(Arthur

맥가브란

Glasser)와 같은 학자들이었다.[8] 1971년 『교회성장의 이해』(Understanding Church Growth)라는 또 한 가지 기념비적 역작이 탄생했는데, 톰 레이너 (Thom S. Rainer)는 "『하나님의 선교전략』이 교회성장운동의 탄생을 나타냈다 면 『교회성장의 이해』는 맥가브란 시대를 절정에 이르게 하도록 인도하였 다"고 평가했다.[9] 이후 풀러신학교는 교회성장학을 배우기 위한 학생들이 전국 각지에서 몰려왔고 명실상부한 교회성장학의 본거지가 됐다.[10]

교회성장학과 운동의 특징

그렇다면 교회성장학의 특징은 무엇인가? 중요한 전제 중 하나는 이들 의 관심이 단순히 한 지역교회의 수적 성장에 머물러 있지 않다는 점이다.

그들의 최우선적 관심은 미전도 종족과 세계선교에 있었다. 그런 의미에서 풀러선교대학원은 입학 조건 자체를 3년 이상의 타 문화 사역 경험과 유창한 제2외국어를 필수로 요구했다. 북미의 지역교회 목회자들은 사실상 우선순위에서 빠져 있었다. 그러나 교회성장학이 지닌 새롭고 신선한 관점은 지역교회 목회자들의 관심을 끌기에 충분했고, 지속되는 지원자들로 인해 목회자를 위한 문호도 열리게 됐다.

그러나 세계선교를 향한 맥가브란의 관심은 동일했다. 그의 이론은 언제나 복음 선포와 전도에 집중되어 있었다. 따라서 그는 교회성장이 수적 증가와 동일시되는 것을 경계했다. "그리스도 밖에 있는 모든 사람들은 사실상 잃어버린 자들이며 하나님께서는 그 잃어버린 자들을 찾기 원하신다…. 그러므로 교회성장은 하나님께 대한 성실한 복종이다." 그는 교회성장학이 세상을 향한 하나님의 뜻과 성경적 원칙에 기초하고 있음을 주장했다. 우리는 여기서 하나님 백성의 사명을 발견한다. 그것은 잃어버린 자녀를 찾아오는 것과 깊은 관련을 가진다. 하나님은 그 사역을 위해 백성들을 추수할 일꾼으로 부르시고 또 보내신다. 그렇기 때문에 교회성장은 "하나님께 대한 성실한 복종"과 깊은 관련이 있다.[11]

하나님 백성으로서 사명을 인식하게 되면 성도에 대한 이해와 기대 또한 달라진다. 사실 교회성장운동의 가장 큰 공헌 중 하나는 평신도의 역할과 중요성을 재확인한 부분이다. 이전까지 평신도들은 참여자로서 역할이 제한되었다. 당연히 수동적일 수밖에 없었다. 그러나 맥가브란은 전도의 개념을 복음을 선포하는 것에만 그치지 않고, 복음을 받아들인 성도들이 책임 있는 그리스도의 제자로 세워지는 데까지 확장했다. 이는 곧 평신도 훈련이 필요함을 의미했다. 그는 대사명을 성취하기 위해 복음 전도자를 발굴하고 그들에게 바른 동기를 부여하며, 나아가 하나님의 기동부대로서 헌신할 수 있도록 훈련할 것을 강조했다. 그리고 그 사명은 특정 계층의 사람들에 국한되지 않고 모든 사람을 망라한 포괄적 사역이어야 함을 명백히 밝혔다.

또 하나의 핵심 사상은 동질집단원리(Homogeneous Unit Principle)라 불리는 선교이론이다. 수십 년간 연구를 통해 그들이 발견한 사실은 사람들이 "인종적, 언어적, 계층적 장벽을 헐지 않고 기독교인이 되기 원한다."는 점이었다. 집단 개종은 이렇게 이루어졌다. 같은 문화와 정체성을 가진 종족이 여러 개인과 함께 그리스도를 따르기로 결정하며 집단적으로 개종한다. 이것이 집단개종운동이며 종족운동의 핵심이라 할 수 있다. 북미에서의 적용도 마찬가지였다. 맥가브란은 전도자가 속해 있는 기존 사회망(existing social network)에서 이미 관계가 형성된 사람들을 중심으로 복음 증거 사역을 할 때 더 효과적이란 사실을 발견했다. 공동체 안에 수용성이 높은 사람을 찾고 전도하여 그들이 다시 주변 사람들에게 복음을 전하게 하는 전략은 사실 오늘날 많은 교회에서 사용하는 방법이기도 하다.

마지막으로 소개하고자 하는 교회성장학의 특징은 사회과학에 대한 태도다. 맥가브란은 사회과학적 방식을 활용하는 데 적극적이었다. 그는 사회과학을 통해 데이터를 모으고 그것을 분석하여 활용하였다. 물론 사회과학적 접근은 많은 반대에 부딪혔다. 그러나 만일 교회와 전도자가 사회 구조와 문화적 특징을 이해하지 못하고, 사람들이 생각과 느끼는 방식, 동기부여와 결정 방식, 문화 변화의 수단들을 이해하지 못한다면 어떻게 성육신적 사역을 감당할 수 있을 것인가? 그런 관점에서 와그너는 사회과학은 일차적으로 성도와 교회 공동체가 놓여 있는 사회문화를 이해하기 위함이며 교회성장학은 이를 통해 교회의 본질과 확장, 설립과 배가, 기능과 건강성을 탐구하는 학문이라고 설명했다.[12] 분명한 사실은 사회와 문화, 교회의 사역을 분석하는 사회과학적 접근은 그 자체가 목적이 아니라 현상과 내용을 정확하게 이해하여 더 적실한 복음 증거 사역을 감당하기 위한 보조적 수단이라는 점이었다.

맥가브란 이후 교회성장의 흐름과 비평

대사명(the great commission, 마 28:18-20)에 초점이 맞춰진 교회성장운동은 목회자와 평신도를 깨우며 교회에 새로운 활력을 불어넣었다. 그러나 맥가브란 이후 전개된 교회성장운동은 본질보다는 효율과 실용성에 무게를 두며 발전했다. 여기저기서 교회성장을 다루는 학교와 연구소, 각종 기관이 설립되었고 더욱 전략적이고 활용 가능한 방법을 찾기에 집중했다. 사회과학적 방식은 교회성장을 돕는 훌륭한 도구로 활용됐다. 광대한 양의 통계자료를 통해 예배 참석자, 방문자, 연령, 소그룹 참여자, 헌금 등의 자료를 모으고 해석했다. 이렇듯 객관적인 데이터를 통해 성장을 가로막는 방해 요소를 찾으려는 노력은 분명 도움이 됐다. 그러나 외적인 부분 외에 보이지 않는 내적 성장과 건강성에 대한 측정은 어떠한가? 비록 맥가브란과 피터 와그너는 교회성장의 목적이 '명목상의 그리스도인'(nominal christian)이 아닌 불신자를 '책임 있는 성도'(responsible church member)로 만드는 것이라고 주장했지만, 후대의 계승자들은 내적 성장에 대한 부분도, 회심성장에 대한 의식과 결과를 끌어내는 일도 실패하고 말았다. 건강하고 균형 있는 교회성장에 대한 관심 자체가 약화됐다. 이제 교회성장이 위험한 결과를 도출할 가능성이 더욱 높아진 것이다.

신학적 성찰보다 사회학적 방법론에 치우치다 보니[13] 그에 대한 비판역시 강하게 제기되었다. 대부분의 사역 원리는 성장하는 교회들로부터 추출되었다. 물론 회중의 역동성과 조직 구조를 이해하는 것은 중요한 일이다. 그러나 신학적 성찰이 빠진 방법론은 운동의 건강성에 치명적 약점을 제공했다.

실용주의자들은 신학적 성찰 대신 성장을 위한 환경 조성 같은 문제를 더 중요하게 다뤘다. 사람의 필요를 이해하고 채워 주는 사역이 성장을 도모할 수 있다는 논리였다. 그러다 보니 '목양, 돌봄, 상담, 긍정적 사고, 서비스'와 같은 단어들이 '죄, 희생, 헌신, 도전, 십자가' 등의 용어를 잠식해 갔다. 교회의 관심은 온통 내부로 쏠렸다. 복음 전도를 통해 책임 있는 성도를 만든다는 개념도 이제는 제도 안에 순응하며 맡겨진 기능을 수행하는 사람을 키워 내는 일 정도로 여겨지고 말았다.[14] 교회의 관심이 자신을 유지(internal maintenance)하기 위한 방향으로 쏠리게 된 것이다.

마지막 논의는 동질집단이론과 관련된 비평이다. 사실 동질집단이론은 교회성장운동의 가장 핵심 이론 중 하나라 할 수 있다. 주지하다시피 동질집단이론은 광범위한 역사적, 상황적, 사회학적 연구를 통해 형성되었다. 그러나 시대와 상황이 변해 가면서 본 이론에 대한 의구심은 커졌다. 무엇보다 급속한 도시화와 세계화의 등장은 혈연과 지연으로 형성되었던 전통적 차원의 공동체를 붕괴시켰다. 다양한 사람들이 모여 사는 현실에서 동질집단이론은 교회가 배타적 공동체가 되며, 이는 곧 포용과 용납 대신 차별과 분리를 조장할 가능성이 있음을 내포하는 것이었다. 이런 관점에서 랄프 엘리어트(Ralph H. Elliott)는 교회성장에서 즐겨 사용하던 '우리 종류'(our kind)라는 표현은 결국 '값싼 은혜'(cheap grace)를 의미하는 것에 지나지 않는다는 비평을 하기에 이른다. 특정 계층과 문화의 장벽을 넘어 나와 다른 사람들을 받아들이고 사랑하게 하는 복음이야말로 '화해'(reconciliation)의 복음을 통한 '값진 은혜'(costly grace)가 됨을 그는 주장하였다.[15]

이렇듯 맥가브란 이후의 교회성장운동은 많은 부분 실용주의와 결탁하면서 원래의 정신과 의미가 약해졌다. 이러한 흐름 또한 후일 비판의 대상이 된 것은 당연한 결과였다. 이후 교회성장운동은 비즈니스 모델과 마케팅 모델을 지나 건강한 교회운동(Healthy Church Movement)으로 전환되었다. 그것이 1990년대 후반부터 오늘날까지 현존하는 또 다른 측면의 교회성장운동이라 할 수 있다.[16]

드라이브 인 교회(drive-in theatre)

수정교회 예배 전경

교회성장운동의 의미와 도전

교회성장운동은 20세기 후반 가장 중요하고 영향력 있는 운동이었다.

특히 본 운동이 북미 지역에 소개되었을 때는 미국의 주요 교단의 교인이 줄어드는 상황이었다. 그들은 왜 교인이 줄어드는지, 무엇이 문제이며 어떻게 극복해야 할지 알지 못했다.[17] 그때 교회성장운동은 기존의 텍스트 중심이 아닌 현장 중심의 연구를 통해 실제적인 대응책을 제시했다. 상황적 관점을 통해 시대적 문제에 응답한 것이다. 그렇다면 이 시대의 교회성장은 무엇을 지향하고 어떻게 적용해야 할 것인가?

무엇보다도 교회성장은 건강한 철학 위에서 실행되어야 한다. 맥가브란은 교회성장의 유일한 목표는 "가서, 모든 민족(panta ta ethne)—계급, 종족, 혈통, 땅의 백성들—으로 제자를 삼으라."에 있음을 밝혔다.[18] 그의 가슴엔 항상 "모든 민족"이 자리 잡고 있었다. 오늘날 우리가 갈망하는 성장의 궁극적 목표는 무엇인가? 참된 복음을 통해 모든 민족을 구원하고자 하시는 하나님의 선교에 대한 열망을 우리는 가지고 있는가? 혹 우리의 사역 철학이 비즈니스의 관점으로 점철되어 마케팅과 성공주의에 물들어 있지는 않은가? 그리스도께서 제자들에게 위임하신 대사명 앞에 오늘 우리 공동체는 진실하게 반응하고 있는가?

성경적 신학적 기반 위에 분명한 목표가 설정되었다면, 이제는 명확한 상황적 이해를 통해 효과적인 사역 방안을 찾고 실천하는 노력이 요구된다. 교회성장학의 기본 질문인 성장의 원인과 방해요소를 찾고, 이것을 운동으로 발전시키는 것은 이 시기에도 역시 유효하다. '변하지 않는 하나님의 말씀을 변화하는 세상 속에서 효과적으로 증거해야 하는 과제'는 오늘 이 시대의 교회에게도 주어진 사명이기 때문이다. 모든 교회는 변화하는 세상 속에서 바른 신학적 반응과 실제적 대응을 할 수 있어야 한다. 시대에 답을 주고 변화를 위한 실천적 방안이 제시되지 않는다면 이 세상에서 교회가 감당해야 할 역할은 아무것도 없다. 성경 아래서 자신과 세상을 바라보고 성령의 능력을 의지해 나아갈 때 우리는 형성과 변화(Forming and Reforming)의 사명을 수행할 수 있다.

마지막으로 교회가 건강한 성장을 추구하는 것은 매우 자연스러운 일임을 기억할 필요가 있다. 또한 건강한 교회성장은 반드시 양적인 측면과 질적인 측면이 동시에 추구되어야 함도 중요하다. 질적 성장을 강조하기 위해 양적 성장을 폄하하거나 양적 성장을 추구하면서 질적 성장을 무시하는 것은 옳지 않다. 참된 성장은 둘 사이의 상호작용이 강조될 때 이루어진다. 맥가브란이 말한 것처럼 지속적인 교회성장을 위한 핵심은 신실하게 성도들을 돌보고 성장케 하는 데 있다.[19] 올란도 코스타스(Orlando Costas)는 성도들이 복음을 증거하기 위해 유기체적으로, 개념적으로, 성육신적으로 성장할 때 수적 성장도 이루어진다고 말했다.[20]

결국, 교회성장은 수의 문제가 아닌 선교의 문제이기 때문에 사역의 초점 역시 모든 민족을 향해 확장되어야 한다. 이를 위해서 한국 교회는 성도들을 훈련하여 그들로 하여금 그리스도의 온전한 제자가 되어, 세상을 섬기며 복음을 선포하는 사명을 감당하는 백성이 되도록 힘써야 한다. 그것이 이 시대를 향한 교회성장의 궁극적 목적이며 방향이기 때문이다.

갱신을 위한 적용

첫째, 모든 민족을 향한 선교적 사역 철학 위에 건강한 교회성장을 갈 망하라.

맥가브란은 항상 'panta ta ethne'(모든 민족)을 외치며 살았다. 그가 주창한 교회성장 이론도 모든 민족을 제자 삼기 위한 목적을 위해서였다. 이 점이 중요하다. 하나님 의 가슴을 품고 사역을 하는 사람들은 자신의 교회가 아닌 하나님의 나라를 가슴에 품는다. 열방과 세계를 품고 선교를 열망한다. 자신을 돌아보라. 혹 우리의 사역 철 학이 마케팅과 성공주의에 물들어 있지는 않은가? 그리스도께서 제자들에게 위임 하신 대사명 앞에 오늘 우리 공동체는 진실하게 응답하고 있는가! 참된 복음을 통 해 모든 민족을 구원하고자 하시는 하나님의 선교에 대한 열망을 회복해야 한다.

둘째, 성장을 방해하는 장애 요소를 분석하고 효과적인 사역 방안을 찾으라.

'변하지 않는 하나님의 말씀을 변화하는 세상 속에서 효과적으로 증거해야 하는 과 제'는 오늘 이 시대의 모든 교회들에게 주어진 일차적 사명이다. 따라서 교회는 사 회 문화에 대한 분명한 이해를 기반으로 성장을 방해하는 장애 요소를 분석하고 이 에 대한 실제적 대안을 세워야 한다. 시대를 읽고 분석하고 변화를 위한 실천적 방 안을 제시할 수 없다면 교회는 세상에서 무기력한 존재가 되고 말 것이다. 성경 아 래서 자신과 세상을 바라보고 성령의 지혜를 통해 새로운 돌파구를 만들어 갈 때,

우리는 형성과 변화의 사명을 수행할 수 있다.

셋째, 진정한 교회성장은 참된 제자를 낳는 제자를 만들 때 이뤄짐을 기억하라.

맥가브란이 이야기한 것처럼, 지속적인 교회성장은 신실하게 성도들을 돌보고 성장케 할 때 가능하다. 모든 성도가 건강한 성도로 세워지며 참된 제자가 될 때, 교회는 자연적인 성장을 이루어 가게 된다. 복음 전파의 사명을 가진 그리스도의 제자들을 통해 하나님의 나라가 확장되고 세워지는 것이다. 그러므로 건강한 철학이 건강한 사역을 낳고, 건강한 사역이 건강한 성장을 이뤄가는 원리를 기억하라. 하나님은 교회가 건강하게 성장하기를 오늘도 원하신다.

나가는 말

로버트 슐러와 수정교회를 통해 살펴본 것처럼 쾌락주의적 교회론 (hedonistic ecclesiology)[21]에 기초한 교회성장 전략은 결국 실패했고 앞으로도 실패할 것이다. 단순하게 문제를 찾아 고치고 효율성을 증대하려는 병리 학적 시도 역시 같은 결과를 맺을 것이다.

오늘날 교회의 위기는 성장이 멈춰 버린 실상 때문이 아니라 교회가 존 재의 목적을 상실했기 때문임을 기억해야 한다. 그렇다면 이 시대에도 교 회성장은 필요한가? 그렇다. 우리는 교회를 성장시키기 위해 노력해야 한 다. 그러나 그 성장은 인간의 방법과 수단에 의해서가 아니라 하나님의 충 만하심과 역동성 속에서 일어나야 한다. 왜냐하면, 세상을 구원하고자 하 시는 하나님은 우리보다 더 간절히 교회가 성장하기를 원하시기 때문이 다. 하나님은 지금도 잃어버린 영혼을 위해 기꺼이 모험을 감수하며 나가 는 교회와 백성들을 찾으시고 그 사역에 우리를 초청하고 계신다.

SEEKER CHURCH MOVEMENT : HAVING A PASSION FOR THE LOST

구도자교회운동

잃어버린 자를 향해 열정을 불태우다!

현대 한국 교회가 잃어버린
가장 중요한 유산은 무엇일까?
바로 잃어버린 영혼에 대한
뜨거운 열정과 소명일 것이다.
교인들의 수평이동을 통한 성장 속에서
교회들은 좋은 시설과 서비스,
다양한 프로그램을 통해 사람들을 끌어들이고자
하는 유혹을 받는다.
그러나 예수께서 세우신 교회 공동체의 원형은
결코 이러한 역학에 의해 움직이지 않았다.

들어가는 말 : 오크 힐교회 이야기

1984년 17명의 성도들과 함께 시작된 오크 힐교회(Oak Hills Church)는 지방의 작은 도시에 세워진 소규모의 개척교회였다. 눈에 띄는 목회철학이나 특별한 전도 방법은 없었지만, 성도들과 함께 그리스도를 따르는 공동체가 되기 위해 노력했고, 그 결과 느리지만 지속적인 성장을 경험할 수 있었다. 1990년이 되자 200여 명에 가까운 성도가 모였고 교회는 제법 외적인 규모를 갖추어 갔다. 바로 그즈음, 교회의 지도자들은 자신들의 공동체에 무엇인가 결핍되어 있음을 느낄 수 있었다. 늘어난 숫자는 대부분 다른 교회로부터 이동해 온 사람들이었기에 진정한 의미에서 새로운 신자는 찾아보기 어려웠다.

교회 됨의 의미와 본질적 사명에 대해 고민하고 있을 때 만난 것이 윌로우크릭교회(Willow Creek Community Church)의 리더십 콘퍼런스였다. 당시 윌로우크릭의 신선한 사역과 엄청난 성장은 북미 지역에 큰 파장을 몰고 왔다. 대부분의 교회들이 성장의 벽에 부딪치거나 하향 곡선을 그리고 있을 때, 수많은 불신자들을 교회로 인도하여 성장을 이루는 혁신적 사역을 많은 교회가 벤치마킹하기 원했다. 그 중심에 있었던 것이 바로 '구도자 예배'(seeker-targeted service or seeker-senstive worship)였다.

오크 힐교회는 4일간의 컨퍼런스를 통해 엄청난 변화를 체험한다. 담임 목사인 켄트 칼슨(Kent Carlson)을 비롯하여 함께 참석한 6명의 리더들은 윌로우크릭의 생생한 생명력과 수준이 다른 전문성, 수준 높은 음악, 드라마,

멀티미디어 등에 충격을 받는다. 그러나 더 본질적인 도전은 빌 하이벨스(Bill Hybels)의 메시지였다. 간결하면서도 믿음과 확신을 주는 말씀 속에서 하이벨스는 다음과 같은 질문을 했다.

"만약 하나님의 관심이 세상의 잃어버린 사람들에게 있다면, 왜 그것이 당신에게는 문제가 되지 않습니까?"

이 질문은 오크 힐교회의 사역에 깊은 회심을 불러일으키며 교회의 존재 이유와 방향을 정하는 계기가 되었다. 이후 그들은 모든 역량을 총동원해 잃어버린 영혼에게 지대한 관심을 갖기 시작했다. 물론 그들에게 있어 우선적으로 해야 할 일은 윌로우크릭의 다양한 사역을 캘리포니아의 작은 도시 폴섬(Folsom)에 이식시키는 일이었다. 윌로우크릭을 본받아 토요 저녁 예배를 시작하고 예배를 구도자 중심으로 변환시켰다.

전문적인 음악과 스킷 드라마, 신앙 간증과 설교가 융합된 훌륭한 예배 공연이 시도되었다. 교회는 점차 이전에 경험하지 못했던 활력을 경험할 수 있었다. 그들은 의도적이며 효과적인 전도를 위해 사역 철학을 정립하고 성도들을 독려했다. 그러자 성도들이 움직이기 시작했다. 주변의 믿지 않는 친구들을 데려오고, 그 친구들이 또 다른 친구들을 데려왔다. 그 결과 200여 명이었던 성도 수가 불과 몇 년 사이에 1,000명으로 늘어났다. 그리고 성장은 계속되었다. 구도자 예배를 주일에 접목하자 예배 참석자는 무려 1,700여 명까지 성장했다. 이렇듯 1990년대의 10년 사역은 역동성과 놀라움의 연속이었다.

오크 힐교회의 예배 모습과 세례

매년 개최되는 윌로우크릭의 콘퍼런스는 오크 힐교회 사역에 동력이 되었다. 거기서 얻은 새로운 기획과 아이디어들을 교회에 접목하는 일이 결코 쉽지 않지만, 끊임없는 노력을 통해 예술적이며 기술적인 발전을 선보였다. 이러한 과정을 통해 오크 힐교회는 믿지 않는 사람들을 위한 교회로 완전히 재형성되었다. 나아가 그들은 성취하고자 하는 목표를 세우고 그것에 도달할 수 있는 기술과 노하우를 습득했다. 그러나 성공은 여기까지였다. 기술적 노하우가 축적되고 화려한 퍼포먼스가 강화될수록 그들은 뭔지 모를 공허함을 느꼈다. 점차 외적인 성공이 결코 하나님 나라와 복음의 본질을 보장하지 못한다는 사실을 깨닫게 됐다. 오랜 시간 구도자 사역을 해오면서 드러난 사실이 그랬다. 교회는 언제부터인가 하나님 나라가 아닌 소비자 입맛에 맞춰진 상태로 변해 버렸다. 더 이상 예수 그리스도의 급진적인 메시지가 선포되지 못하고, 십자가와 희생, 순교를 이야기할 수 없는 지경에 이르게 되었다. 소비자들의 요구에 맞춰 더욱 매력적인 교회가 되고자 기울였던 노력이 오히려 예수의 삶과 가르침을 온전히 전파하지 못하는 결과를 낳고 말았다.

오크 힐교회는 깊은 성찰과 기도를 통해 본질로 돌아갈 것을 결정하였다. 외적 성공의 도구였던 구도자 예배를 수정하고, 제자도에 기초한 사역을 강화했다. 물론 그것에 대한 대가는 매우 컸다. 메시지가 변하고 소비자 중심적 프로그램이 제거되면서 무려 1,000명의 성도가 교회를 떠났다. 그렇다고 해서 낙심하거나 잃어버린 영혼에 대한 열정이 상실된 것은 아니었다. 그들은 성도 한 명 한 명이 하나님 나라의 실제적 삶을 경험할 수 있도록 초청하고, 영적 성숙과 성장에 초점을 맞춰 교회의 체질을 변화시켰다. 또한, 서비스를 받기 위해 오는 성도가 아니라 세상을 섬기고 복음을 증거

할 수 있는 제자를 키워 내기 위해 땀을 흘렸다. 마치 거품이 제거된 것처럼, 교회를 감싸고 있던 성장에 대한 환상이 제거되는 순간이었다. 그러나 참된 제자를 길러 내며, 예수의 길을 따라가는 성도의 삶은 너무도 아름다웠다. 오크 힐의 구도자운동은 그렇게 새로운 방향으로 전환되었다.[1]

다시 돌아보는 구도자운동

오크 힐교회의 이야기는 1990년대 이후 구도자 교회의 사역이 미국 교계에 미친 영향과 결과를 볼 수 있는 단적인 예가 된다. 특히 1992년 윌로우크릭 연합회(Willow Creek Association)가 형성되면서 북미의 복음주의 교회는 '제2의 종교개혁'이라 불릴 정도로 많은 영향과 변화를 겪었다.[2] 물론 구도자 중심 사역이 접목되는 과정에서 많은 비평과 논란이 야기되었던 것도 사실이다. 그러한 비평은 한국 교회에서도 마찬가지였는데, 요란한 논쟁에 비해 구도자 사역을 통해 성공한 사례가 거의 없었다. 이는 한국 교회가 가진 구도자 사역에 대한 오해와 편견으로부터 비롯된 결과였다. 적어도 한국 교회는 구도자 사역에 대한 정신(spirit)과 본질(essence)을 이해하지 못했고, 단순히 수적 성장을 위한 프로그램으로 사용하고자 했던 인상을 지울 수 없다. 그렇다면 구도자운동의 정신과 특징은 무엇인가? 이 운동이 시작된 배경과 특성을 살펴본 후 선교적 의미와 적용을 깊이 생각해 보자.

구도자운동의 태동과 발전

구도자운동을 이해하기 위해서는 당시의 사회적 변화와 흐름을 이해하는 것이 무엇보다 중요하다. 당시 북미의 전통 교단들은 급격한 문화 변동 속에서 전례 없는 위기를 경험하고 있었다. 과거 중앙집권적이며 철저한 위계질서 속에서 운영되던 전통 교단의 구조가 새로운 시대에는 효율적이지 않다고 판단되었다. 회중의 수는 급격히 줄어들었고, 이로 인해 교회의 재정 상태는 악화되었다.[3] 모두가 돌파구를 찾으려 할 때 대두된 것이 '비즈니스 모델'(business paradigm)이었다. 교회는 전략과 계획, 목표를 세웠다. 시설을 확충하고, 교회의 재정적 자원과 예배, 리더십, 주차장, 의자, 소그룹 등을 발전시킬 방안을 찾았다. 이를 위해 사용된 방식이 마케팅 패러다임(marketing paradigm)이었다. 당연히 비즈니스와 마케팅 방식에 대한 비판과 저항 또한 거세게 일어났다. 이것에 대한 반동으로 건강한 교회운동(church health movement)이 발생했다.[4] 구도자 교회는 이러한 과정 속에서 발생했고, 이 모든 것이 융합된 형태로 발전했다.

당시 가장 적극적이며 능동적인 대응을 한 교회가 바로 빌 하이벨스의 윌로우크릭교회였음은 잘 알려진 사실이다. 하이벨스가 구도자 사역에 눈을 뜨게 된 계기는 그가 20살 때 고등학생들을 대상으로 한 성경공부 모임에서였다. 그는 거기서 전통적 방식으로는 더 이상 불신자 학생들을 전도할 수 없다는 사실을 깨닫게 된다. 이후 다양한 게임과 그룹 활동, 뮤지컬과 드라마 공연 등을 곁들여 교회에 다니지 않는 학생들을 대상으로 사역을 진행했다. 그 결과는 놀라웠다. 처음 20명 정도 모였던 학생들이 불과 2년 만에 1천 명이 모이는 모임으로 급성장하였다. 1974년 5월에는 300명의 청소년들이 그리스도께 돌아오는 경험도 하게 되었다. 그는 점점 더 전통적인 교회에서는 이러한 일이 발생하지 않을 것이라는 확신을 갖게 되었다. 23살이 되었을 때, 하이벨스는 성인들을 대상으로 한 사역을 시작하게 된다. 150명의 고등학생과 극장에서 시작된 윌로우크릭의 사역은 이후에도 불신자를 대상으로 하는 특화된 사역으로 한 시대를 수놓게 된다. 전도를 위해 교회 주변에 살고 있는 25–50세 사이의 사람들을 대상으로 교회를 떠난 이유와 되돌릴 수 있는 방법을 찾았다.[5]

윌로우크릭은 여기서 전통 교회가 지닌 진부한 소통 방식에 대한 문제점을 발견했다. 예배와 사역의 질이 낮았고, 메시지를 전하기 위해 사용하는 언어 역시 교회 밖 사람들이 이해하기에는 너무 어려웠다. 그들에게 교회는 더 이상 오고 싶은 장소가 아니었다. 당연히 그들은 하나님을 떠났고 세상으로 나갔다. 이후 하이벨스의 마음속에는 다음과 같은 질문이 항상 떠나지 않았다.

'왜 세상에 있는 친구들이 교회에 오질 않는가? 만일 우리가 이것을 마음에 품고 사역을 할 수만 있다면, 그 모습은 어떨 것인가?'

이 질문은 교회 사역과 예배를 새로운 형식과 내용으로 재구성하게 만드는 원동력이 되었다.[6] 이 시점에서 우리는 구도자운동에 참여했던 교회들이 왜 그토록 문화적 요소를 적극적으로 예배에 접목했는지를 이해하게 된다. 그것은 단순히 교회를 세련되게 하고, 멋지게 보이게 하려는 의도가 아니었다. 그곳에는 하나님을 알지 못하는 사람들을 향한 뜨거운 열정과 노력이 녹아 있었다. 세상 문화에 젖어 있는 사람들에게 복음을 전하기 위해 그들이 들을 수 있고, 느낄 수 있는 방식을 선택하려 했다.

이 때문에 그들은 초창기부터 예술이 사람의 마음을 움직일 수 있는 핵심 요소임을 믿고 활용하기 시작했다. 과감히 현대 음악과 드라마를 사용했고, 멀티미디어를 이용한 슬라이드 쇼와 극장식 분위기를 연출하는 조명을 통해 구도자가 가장 편하게 느낄 수 있는 환경을 조성했다. 메시지 또한 성경 주제와 자기 개발, 심리학 등을 조합하여 실생활에 적용할 수 있는 내용이 주를 이뤘다. 사람들에게 부담을 주지 않고 탁월한 문화 사역으로 윌로우크릭은 사람들에게 매력적인 장소가 되었다.

물론 모든 사역이 구도자들을 위한 것은 아니었다. 그들의 궁극적 관심은 사람들이 예수 그리스도를 믿고 교회의 책임감 있는 멤버가 되는 것에 있었기에 신앙을 고백한 성도들은 이후 다양한 성경공부와 소그룹, 보다 전통적 형식의 주중 예배로 연결되었다. 윌로우크릭의 성공으로 인해 세상은 그들을 배우고자 하는 열기로 뒤덮였다. 윌로우크릭은 자신의 사역철학과 노하우를 나누기 위해 윌로우크릭 연합회를 만들었고, 70개가 넘는 교단에서 1,600개 이상의 교회들이 가입해 그들의 사역을 배우고 적용하려는 노력을 기울였다. 이런 흐름 속에서 구도자에 민감한 사역은 운동이 되었고, 미국과 전 세계 교회의 사역을 뒤흔들었다.

구도자운동의 핵심 가치와 특징

그렇다면 구도자운동이 지닌 핵심 가치와 특징은 무엇인가? 마크 미텔버그(Mark Mittelberg)는 그 운동의 특징을 다음과 같이 묘사했다.

첫째, 본 운동의 기반은 잃어버린 자를 향한 열정과 헌신에 있다. 하나님의 관심이 잃어버린 자를 향해 있기에, 교회의 관심 역시 하나님을 떠난 사람들에게 집중되어야 한다는 기본 전제를 빼놓고선 이 운동을 이해할 수 없다.

둘째, 복음을 시대에 맞는 언어와 표현으로 명확하게 전달하려고 노력했다. 전통적 사역은 더 이상 교회 밖 사람들에게 매력적이지도 않으며 영향을 미치지 못한다는 조사에 입각해, 시대에 맞는 효율적인 커뮤니케이션을 위해 다각도의 노력을 기울였다. 예술과 문화, 기술과 심리학에 이르기까지 동원 가능한 모든 방법을 통해 세상 사람들이 듣고 이해할 수 있는 방식으로 복음을 전달하려 했다.

셋째, 그리스도를 알고 따르는 일에 불필요한 요소나 장애물은 과감하게 제거했다. 오랜 시간 동안 습관적으로 반복되었던 예배 요소들을 삭제하고, 제사 의식처럼 무겁게 느껴지던 형식과 상징들도 상당 부분 제거했다. 그들은 예배당조차도 일상적 공간으로 느낄 수 있도록 극장과 공연장처럼 변형시켰다.[7]

로널드 바이아스(Ronald P. Byars)는 이처럼 형식에 구애받지 않는 구도자 예배를 향해 19세기 부흥운동이 발생했던 천막 집회의 현대식 버전이라고 해석하기도 했고,[8] 풀러신학교의 타드 존슨(Todd Johnson)은 더 구체적으로 19세기 전도자 찰스 피니(Charles Finney)의 실용주의적 감각과 맥가브란(Donald McGavran)의 성례적 무관심이 종합된 양상이라고 평하기도 했다.[9] 반면, 미텔버그는 그들의 방식을 선교사의 사역 원리로 해석했다. 복음을 전달하기 위해 선교사들이 현지의 언어와 문화를 배우고 복음을 상황화하여 전달하는 것처럼, 구도자운동 역시 복음을 현대인들의 상황에 맞게 전파하려는 노력을 기울였다는 점을 강조했다. 예수의 성육신 방식을 따라 그들 역시 하나님 나라를 위해 위험을 감수하는 모험에 뛰어들었다는 것이다.[10]

구도자운동에 대한 비평

구도자운동은 분명 잃어버린 자를 향한 지역교회의 선교적 표현이라 할 수 있지만, 그에 대한 비평 또한 만만치 않다. 먼저, 사람들이 교회를 매력적이고 편안한 곳으로 느끼게 하기 위해 실시했던 개인 중심적 사역에 대한 비평이다. 근대 이후의 서구 사회는 철저하게 개인주의적 기반 위에서 발전했다. 종교 역시 예외는 아니다. 사회적 변화와 발맞추어 기독교는 점차 사유화되고 개인화되는 성향이 강화됐다. 사람들이 종교를 개인의 기호에 맞춰 선택할 수 있게 된 것이다. 그런 측면에서 구도자운동은 종교의 소비주의적 특성을 강화시키는 역할을 했다. 살지언트(K. H. Sargeant)의 지적처럼 '의무, 신조, 순응'에 강조점이 있었던 전통 교회와는 달리 이제는 종교

가 개인의 '선택, 경험, 진정성'의 영역으로 옮겨지게 된 것이다.[11]

두 번째는 복음을 분명하고 정확하게 전달하기 위해 사용했던 문화적 방식이 오히려 복음의 본질을 왜곡하는 방편이 될 수 있다는 위험성과 관련된다. 그들은 세상 사람들이 듣고 이해할 수 있도록 세상의 문화와 예술을 채용하고 기술과 심리학을 활용했다. 교회와 세상의 간격을 좁히기 위해 넥타이와 정장을 벗어던지고 청바지와 티셔츠를 입고 팝과 록 뮤직을 연주했다. 전통적으로 실천되었던 의식과 상징은 철폐되었고, 건물 역시 세속 공간과 차이를 느낄 수 없도록 디자인했다. 개인적(personal)이고, 실천적이며(practical), 대중적(popular)인 특성을 살리고자 엔터테이먼트적 요소를 사역에 수용했다. 메시지 역시 마찬가지였다. 교회 밖 사람을 위해 설교의 출발점은 언제나 사람들의 필요와 상처, 관심에 있었다. 당연히 죄, 지옥, 심판, 회개와 같은 언어들은 헌신된 성도들에게나 적합한 용어로 여겨졌다.[12] 결과론적으로 구도자 예배가 복음을 저버린 것은 아니었지만, 그것을 부드럽고 일상적인 모습으로 재포장하면서[13] 복음의 본질이 훼손될 가능성이 높아졌던 것이다.

세 번째, 비평가들은 이러한 관점에서 교회가 쇼핑몰 같은 개념으로 변질되는 것을 경계했다. 왜 쇼핑몰인가? 거기에는 각종 시설과 장치, 다양한 서비스와 프로그램이 구비되어 있다. 그들은 마케팅 전략을 통해 소비자를 끌어들이고 최상의 상품을 제공하기 위해 노력한다.[14] 소비자의 필요에 맞게끔 재구성된 교회의 모습을 상상해 보라. 어디에서 교회와 비즈니스의 차이를 발견할 수 있을 것인가. 구도자 예배를 통해 형성된 많은 대형교회가 직면한 문제가 바로 여기에 있었다. 공략할 대상을 정하고, 마케팅과 프로그램을 통해 사람을 모으는 데까지는 성공할 수 있었다. 그렇지만 그들을 그리스도의 제자로 만드는 데는 실패하였다. 이러한 모습은 구도자 교회의 대표격이라 할 수 있는 윌로우크릭이나 새들백교회 모두에게서 나타난 현상이었다.

구도자운동 이후

2008년 윌로우크릭교회는 그동안 구도자를 위해 드렸던 주말 예배를 기존 성도들을 위한 예배로 전환하기로 결정을 내렸다. 기존 성도들을 위해 드리던 주중 예배 역시 신학과 성경을 배우는 시간으로 대체하였다. 과연 무슨 일이 있었기에 30년 이상 지속해 온 사역에 변화를 시도한 것일까? 사실 이러한 결정은 그동안의 사역을 평가하고 성도들의 영적 성장을 진단하기 위해 3년여에 걸쳐 조사한 결과에 따른 조치였다. 거기서 얻어진 결과는 매우 충격적이었다. 왜냐하면 교회가 그동안 엄청난 금액과 인력을 들여 개발한 프로그램들이 성도들의 신앙 성장에는 결정적인 역할을 하지 못했음이 드러났기 때문이다. 아쉽게도 조사 대상의 25% 이상이 "자신이 영적으로 정체되어 있거나 자신의 영적 성장에 대한 교회의 역할이 불만족스럽다"라고 대답을 했다. 그들 중 1/4은 교회를 떠날 생각까지 하고 있었다. 그러나 더 충격적인 사실은 이러한 대답을 한 사람들의 대부분이 영적 성장의 가장 높은 단계에 속해 있던 사람들이었다는 점이었다.

그들은 이제까지의 사역을 이끌어 왔던 자신들의 가설이 잘못되었음을 인정하기에 이른다. 무엇보다 교회 활동이 영적 성장의 핵심이 될 것이라는 생각과 교회가 영적 여정의 가장 중요한 역할을 할 것이라는 가정이 틀렸음을 알게 되었다. 그동안 윌로우크릭이 던져왔던 메시지는 다음과 같은 것이었다.

"우리는 당신이 필요로 하는 것을 알고 있습니다. 그리고 그 필요를 채워줄 수 있습니다."

그러나 이러한 태도가 성도들로 하여금 부적절한 기대감과 건강치 못한 의존심을 가지게 하는 원인이 되었음을 알게 되었다. 대신 그들은 신앙생활 초기부터 예수 그리스도와의 깊은 관계를 형성하는 것이 중요하다는 사실을 발견할 수 있었다. 교회에 의존하지 않는 성도가 되는 것이 필요했다. 그러한 목표를 이루기 위해서는 메시지가 변하고, 교회의 역할이 변해야 했다. 예배 또한 상당한 영적 수준에 오른 사람들이 영향을 받을 수 있도록 깊어져야 했다.[15] 이런 이유로 윌로우크릭은 구도자 예배를 넘어서는 새로운 결단을 하게 되었다.

구도자운동의 의미와 도전

교회성장운동 이후 북미 지역에 가장 많은 영향을 미쳐 왔던 구도자운동은 이렇게 막을 내렸다. 물론 오늘날도 여전히 많은 교회에서 과거의 패턴을 사용하고 있지만 시대는 이 운동의 근본적 전환을 요구하고 있다. 그렇다면 이 운동이 가지는 의미와 도전은 무엇인가?

먼저 구도자운동은 역사적으로 교회성장운동과 맥을 같이하는 갱신운동으로 볼 수 있다. 그들은 전통적인 교회가 힘을 잃고 새로운 문화와 세대 앞에 무기력해졌을 때 과감하고 모험적인 시도를 통해 지역교회와 지도자들을 혁신으로 이끌었다. 사회과학적 방법을 활용하여 지역 공동체와 이웃의 특징을 발견하고, 그들에게 다가갈 효과적인 복음전달 방식을 찾는 과정은 맥가브란이 발전시킨 선교 방법론의 연속선상에서 이해될 수 있다. 교회가 사회과학적 방법을 활용하는 것에 대해서는 다양한 의견이 존재하지만, 복음을 전해야 할 대상을 깊이 이해하고 적합한 소통 방식을 찾는다는 면에서는 여전히 유용한 방법임을 잊어서는 안 된다.

구도자운동의 또 다른 유산은 현대의 젊은 교회들이 실천하고 있는 모험과 창조적 사역의 토대가 되었다는 점이다. 사실 구도자운동은 대형교회를 만드는 현상을 가속화시키는 원인이 됐지만, 반대로 이머징 교회나 선교적 교회운동이 태동할 수 있는 실천적 기반이 되기도 했다. 어쩌면 오늘날 실험되고 있는 교회의 다양한 사역은 당시 파격적이었던 구도자 예배가 복음주의권 교회에서 받아들여졌기 때문에 가능했던 일이다. 구도자운동으로 인해 다음 세대는 사역의 유연성을 확보할 수 있게 되었다.

다른 측면에서 한 시대를 풍미했던 사역도 시간과 장소를 초월해 적용되는 것은 불가능한 것임을 기억해야 한다. 윌로우크릭과 새들백교회는 자신의 성공에 머물지 않고 그동안 쌓아 온 경험과 자료를 공유하면서 영향력을 확장시켜 나갔다. 많은 교회들이 도움을 얻었고 비슷한 성공과 반성의 과정을 겪었다. 그러나 한국 교회에서는 그 양상이 달랐다. 무엇보다도 한국 교회는 외형적 틀과 프로그램을 도입했지만, 구도자운동의 정신까지는 흡수하지 못했다. 껍데기를 통해 성령의 바람을 타는 것은 불가능한 일이다. 불신자를 향한 소명의식으로 활활 타오르고, 자기 상황에 맞는 방식을 찾기 위해 노력했다면 어쩌면 이것이 한국 교회의 중요한 자산이 되었을 수도 있었을 것이다.

마지막으로 복음을 위한 참신한 사역도 훗날 제도화와 세속화가 되면 오히려 복음을 위협하는 수단이 될 수 있음을 배워야 한다. 구도자 교회는 다양한 수단을 사용하여 교회 밖 사람들과 효과적으로 연결되었지만, 그것이 굳어지자 사역과 이미지를 구속하는 틀이 되고 말았다. 복음을 위한 사역이 결국은 진리의 중심성을 상실케 하는 결과로 나타나게 된 것이다.[16] 그러므로 진정한 갱신운동은 자신을 살피되 성경적 가치와 원리에 초점을 맞추고 지속적으로 복음으로 돌아가는 운동이어야 한다.

윌로우크릭교회의 예배 장면

빌 하이벨스

갱신을 위한 적용

첫째, 잃어버린 자를 향한 열정을 불태우라.

현대 한국 교회가 잃어버린 가장 중요한 유산은 무엇일까? 그것은 바로 잃어버린 영혼에 대한 뜨거운 열정과 소명일 것이다. 교인들의 수평이동을 통한 성장이 일반화된 현실 속에서 교회들은 더 좋은 시설과 서비스, 다양한 프로그램을 통해 사람들을 끌어들이고자 하는 유혹을 받는다. 그러나 예수께서 세우신 교회 공동체의 원형은 결코 이러한 역학에 의해 움직이지 않았다. 잃어버린 영혼에 대한 열정은 빌 하이벨스가 구도자 중심 예배와 사역을 일으킨 핵심이었다. 오늘 우리의 가슴은 잃어버린 영혼을 향해 뛰고 있는가! 잃어버린 자를 향한 열정은 하나님의 심장임을 기억하라.

둘째, 위험을 감수하며 모험과 도전의 여정을 떠나라.

지난 세대 교회가 이룬 성공에 취해 어느덧 교회는 세상을 향한 모험과 도전을 잃어버리고 말았다. 교회는 하나님 나라의 개척자이며, 동시에 복음의 심장이 뛰는 현장이다. 그 나라를 위해 끝없는 고민과 새로운 도전을 이루어 갈 때 비로소 교회 공동체는 살아날 수 있다. 오늘날 우리가 성공이라고 믿어 왔던 많은 것들이 실상은 참된 교회의 본질과 사명과는 상관없는 것일 수도 있다. 그러므로 무엇인가? 교회의 갱신은 하나님 나라를 위해 "친숙한 길로부터 벗어나 기꺼이 새로운 길"을 걷는 모험과 도전을 통해 이뤄짐을 인식하라. 새로운 길을 가는 모험의 여정을 기꺼이 받아들이는 용기가 필요하다.[17]

셋째, 개인의 성공에 안주하지 말고 운동의 관점에서 사역을 일으
키라.

구도자 중심의 사역이 제2의 종교개혁이라는 찬사를 들을 만큼 교계에 큰 파장을 일
으킬 수 있었던 이유는 사역의 중심이 되었던 빌 하이벨스와 윌로우크릭교회가 자신
의 자산을 나누고 공유하려는 노력을 기울였기 때문이다. 다양한 콘퍼런스 열고 연
합회를 조성하여 함께 참여한 사역자들과 교회들에게 지속적인 교육과 노하우를 나
누는 실천을 감당했다. 하나님은 그러한 과정 속에서 부흥의 파도를 만드신다. 성장
과 영적 각성의 파도를 만들어 내신다. 부흥 자체를 만들어 내는 것은 우리 능력 밖
의 일이지만, 부흥과 갱신을 갈망하며 그러한 사역의 마중물이 되기 위한 갈망과 헌
신을 기울이는 것은 우리의 책임이다. 개인의 성공이 아닌 더 큰 연합과 협업을 통해
새로운 돌파구를 만들어 내는 촉매제가 될 수 있기를 꿈꾸고 기대하라.

나가는 말

　교회의 실존은 언제나 위기적 상황과 함께해 왔다. 끊임없는 외적 변화와 내부의 균열은 교회 공동체가 안주할 수 없는 긴장과 도전의 장이 되었다. 그러므로 교회는 현재에 안주하려 해서는 안 된다. 끊임없이 성경에 비추어 스스로를 점검하는 것이 필요하다. 그런 차원에서 교회가 병들어 가는 가장 확실한 증상은 우리의 가슴에 잃어버린 자를 향한 열망이 식어질 때다. 영혼에 대한 관심 없이 하나님의 나라를 세워 갈 수 없다. 구도자운동에서 배워야 할 것이 있다면 바로 이 점이다. 하나님의 관심이 머문 사람들에게 우리의 마음과 기도가 머물러야 한다. 그들을 향한 선교적 열정과 노력이 타올라야 한다. 바로 그러한 땀과 눈물과 헌신이 모여 하나님 나라는 확장되어지며 참된 갱신은 지속될 수 있음을 기억하자.

새들백교회의 예배 정경

EMERGING CHURCH MOVEMENT : RESPONDING TO POSTMODERN CHALLENGES

이머징교회운동

포스트모던의 도전에 응하다!

이머징 교회는 포스트모던 세대의 영적 갈망을 읽고
고전적 영성을 회복하기 위한 노력을 기울였다.
한국 교회도 영적 공동체로서의 회복을 위해서는
도덕적 회복과 더불어 종교 본연의 깊은 영성과
체험이 동반되어야 한다.
즉, 시대를 이해하고 다양한 실험을 통해
이 시대에 맞는 옷을 입되 참된 영성이
경험될 수 있다면,
교회는 다시 불타오를 수 있을 것이다.

들어가는 말

이머징 교회는 2000년대 이후 북미 교회 내 가장 뜨거운 논쟁이 되었던 운동이었다. 왜냐하면 그 형태와 사역이 기존 교회가 담아내기에는 어려운 부분이 많았기 때문이다. 그렇지만 이머징 교회라는 급격한 물살은 교회의 전통적 사역과 구조에 대한 본질적 의문을 제기하며 교회 됨의 의미를 다시 생각하게 하는 도전이 되었다.

이머징 교회가 들고 온 화두의 핵심은 '기존 교회는 더 이상 포스트모던의 시대에 해답이 될 수 없다'는 단언이었다. 하비 콕스(Harvey Cox)가 이야기한 것처럼, 21세기는 영성의 시대(The Age of Spirit)다. 그러나 이 시대의 영성은 종교적인 것과는 무관하다는 데 문제가 있다. 새로운 세대는 신비에 열려 있지만 반신조적(anti-dogmatic)이며 반제도적(anti-institutional)인 특성을 가지고 있기에,[1] 교리와 제도로 꼭꼭 묶여 신비를 잃어버린 전통적인 교회는 더 이상 시대의 해답이 될 수 없다는 것이다. 그런 의미에서 이머징교회운동은 현대문화에 고전적 요소를 채용하고 체험적 영성을 추구하며, 열려 있는 구조와 평신도들의 적극적인 참여를 유도해 기존의 모습과는 전혀 다른 교회를 만들기 원했다. 포스트모던에 상응하는 교회가 되기를 원했던 것이다. 그렇다면 이머징 교회의 모습은 어떠할까? 그 내면을 살짝 들여다보자.

Snapshot #1:

'Kairos'는 할리우드 지역의 끝자락에 자리 잡은 작은 교회 공동체이다. 10여 년 전 로스앤젤레스의 선교적 이웃이 되기 위해 시작된 이들은 작지만 참된 신앙 공동체를 지향하고 있다. 주일 예배는 2주에 한 번씩 오후 5시에 기존 교회의 작은 강당을 빌려서 드린다. 전체 성도가 모이지 않는 주일에는 소그룹별로 성도의 가정에서 식탁 교제를 하며 예배를 드린다.[2] 필자가 주일 예배에 참석하기 위해 교회 문을 열고 들어갔을 때 강당에는 이미 많은 사람들이 모여 있었다. 서로 안부를 묻고, 환대하는 모습이 인상적이었다. 구성원들의 연령대는 다양했지만, 20대 후반에서 30대의 다양한 인종과 커플이 주류를 이루었다.

예배가 시작되자 어린아이를 포함한 모든 성도들이 십자가를 중심으로 U자 형으로 배치된 의자에 앉아 찬양을 시작한다. 예배는 기술적 요소를 의도적으로 자제한 아날로그 형식이었다. 찬양팀에는 그 흔한 드럼도 없고 프로젝터도 사용하지 않았다. 사회자 없이 진행된 예배에 회중의 높은 참여가 눈에 띄었다. 설교자는 의자에 앉아 육성으로 대화하듯 말씀을 전했고, 설교 구성도 독특했다. 처음 20분은 본문의 내용을 풀어 설명하고, 후반 10–15분은 성도들이 스스로 자신의 삶에 어떻게 적용할 것인지를 나누는 형식이었다. 설교가 끝나자 성도 중 한 사람이 나와서 말씀을 읽고 성찬의 의미를 설명했다. 이후 성도들은 자율적으로 일어나 스스로 빵과 포도주를 먹고 의식에 참여했다. 예배에 대한 전체적이고 기본적인 순서는 있었지만 느슨하고 참여적인 특성이 강조된 느낌이었다.

예배가 끝나자 한 사람이 일어나 성도들을 집으로 초대하는 광고를 한다. 저녁식사를 나누며 교제를 이어 가기 위해서였다. 왜 그들은 2주에 한 번씩만 모여서 예배를 드리는 것일까? 왜 모든 가족이 함께 모여 예배를 드리고 현대적 기술을 사용하지 않는 것일까? 대답은 의외로 단순했다. 그들은 교회 설립부터 의도적으로 작은 신앙 공동체를 유지하기 원했고, 그 특성을 유지하면서 이웃과 공동체 속으로 들어가기 원했다. 또한 모든 성도들이 주인의식을 가지고 참여하되 다양한 인종과 세대가 함께 공존하며 세상 속에서 선교적 삶을 살아가는 공동체를 꿈꾸고 있었던 것이다.

Snapshot #2:

'Tribes of Los Angeles'는 다운타운의 예술가들이 주축이 되어 예배하는 신앙 공동체이다. 그들의 주일 모임은 기존 전통 교회의 예배와 비교할 때 파격적인 요소가 매우 강했다. 무엇보다 예배 장소가 달랐다. 그들이 주일 예배를 위해 매주 모이는 공간은 교회가 아닌 로스앤젤레스 다운타운에 위치한 공장 2층이었다. 조그마한 공간이 나름대로 아늑하게 느껴졌다. 뒤편에는 식사를 위한 테이블이, 앞쪽에는 십자가와 촛대, 몇 가지 상징물과 함께 여러 종류의 책이 준비되어 있었다. 오후 5시에 드리는 주일 예배는 만찬과 함께 시작된다. 각자 준비한 음식과 함께 성도의 교제를 나누며 성만찬을 통해 그리스도를 기념하는 시간을 갖는다.

식사가 끝나자 자리를 옮겨 찬양을 시작했다. 무엇보다 음악장르가 매우 특이했다. 대부분의 찬양은 성도들이 만든 곡을 부르고 있었는데, 피아노나 밴드 대신 반주를 미리 디지털로 녹음해 그것을 틀고 찬양을 불렀다. 이때 성도들은 각자 선택한 북을 치며 리듬을 맞췄다. 예배 시작 분위기는 고전적으로 느껴졌지만 음악은 급진적이어서 약간은 불편한 느낌이 들기도 했다.

찬양이 끝나자 성도 중 한 사람이 성경 본문을 읽고, 삼삼오오 모여 말씀 묵상과 함께 중보 기도를 했다. 설교 시간도 비슷한 패턴이었다. 설교자는 의도적으로 회중에게 질문을 던지기도 했고 성도들이 답변을 하기도 했다. 마지막엔 전 성도들이 일어나 원을 그려 손을 맞잡고 서로를 위해 기도하고 마무리 기도로 예배를 마쳤다. 'Tribes of Los Angeles'는 특별한 절기가 되면 그림 전시회를 통해 지역 주민과 소통하기도 하고 복음을 전하는 기회를 삼기도 한다.[3] 20대 중반에서 30대 중반의 백인 예술가들이 주를 이루는 교회 공동체의 특성이 예배와 사역에 깊이 배어 있는 것을 알 수 있었다.

전체적으로 예배와 모임은 사실상 많은 부분에서 낯설었다. 의도와 의미는 이해할 수 있었지만 파격적인 형식과 특징은 받아들이기 어려운 부분이 많았다. 예배를 마치고 돌아오는 길에 이머징 교회를 향한 전통 복음주의 교회가 보내는 우려와 걱정이 이런 것 때문이 아닐까 하는 생각이 들었다.

이머징 교회의 다양성

몇 가지 예를 통해 이머징 교회를 전반적으로 이해하는 것은 불가능하다. 왜냐하면 이머징 교회는 지역과 구성원들의 특성에 따라 그 표현 방식이 다르기 때문이다.[4] 그런 이유로 학자들은 하나같이 이머징 교회를 정의하는 것이 어렵다고 말한다.[5] 실제로 그들의 공동체는 특정 관심사를 가진 소수의 인종과 사람들이 모인 소그룹 형태로부터 다양한 인종과 거대 회중이 모이는 대형교회에 이르기까지 모습과 특징이 다르다. 여기에 신학적 성향과 지향성마저 다르기 때문에 이머징 교회에 대한 이해와 평가는 보는 관점에 따라 달라질 수 있다. 이러한 현상은 한국 교회도 다르지 않다. 한쪽에서는 이머징 교회를 다음 세대의 대안처럼 소개하고, 다른 한편에서는 전통 기독교를 파괴하는 이교집단처럼 몰아붙이기도 했다. 아쉬운 점은 새로운 운동을 소개한 주체들이 이머징교회운동의 현장에 대한 실제적이고 심도 있는 관찰과 연구 없이 서구 학자들의 비평에 근거한 이해에 머물렀다는 사실이다. 그런 면에서 필자는 이머징 교회를 연구하며 몇 가지 특권을 가질 수 있었다. 먼저는 미국에 거주하면서 다양한 이머징 교회 현장을 직접 방문하여 관찰할 수 있었던 상황적 여건과, 이 분야의 권위자인 라이언 볼저(Ryan Bolger) 교수와 함께 '이머징 교회'를 과목으로 가르치며 오랜 기간 축적된 연구를 가까이에서 배우고 공유할 수 있는 기회가 주어졌다는 점이다. 그러므로 본 내용은 이머징교회운동에 대한 실제적 관찰을 근거로 한 논증이며 그에 기반을 둔 선교적 평가가 될 것이다.

이머징 교회의 출현

이머징 교회를 이해하기 위해서는 먼저 당시 교회가 처했던 상황을 이해하는 것이 중요하다. 이머징 교회 역시 당시 서구 교회가 직면한 상황적 한계와 문화적 도전에 대한 응답으로 발생한 운동이기 때문이다. 앞서 살펴본 것같이 1990년대 서구 교회를 이끌어 가고 있던 중추 세력은 구도자 사역에 기반을 둔 대형교회들(seeker megachurches)이었다. 물론 구도자 사역의 시작은 기존 전통 교회가 지닌 무기력함과 경직성에 대한 반성으로 발생했던 운동이었다. 그러나 구도자 교회가 특정 형식과 방법론에 기울게 되자 이머징 교회의 주창자들은 영적 활력을 잃어버린 주류 교회들과 더불어 소비자 중심적인 구도자 교회들에 대한 비판을 가하기 시작했다.

현실적인 이유 또한 컸는데, 쇠락해 가는 주류 교회를 대신해 구원 등판했던 구도자 교회에서도 젊은이들의 이탈 현상이 심각해진 것이다. 과거 베이비부머 세대(Baby-Boomer Generation)에 적용했던 방식으로는 이후 등장한 X-세대를 공략하는 것이 불가능했다. 물론 X-세대를 위한 노력이 없었던 것은 아니다. 대형교회들은 젊고 유능한 X세대 사역자들을 채용하여 급진적인 문화 요소를 채용함으로써 젊은이들과 소통하기 원했다. 대화형식의 설교와 토론, 뮤직비디오와 영화, 시끄럽고 정열적인 음악, 촛불과 상징 등을 추가하여 세대에 맞는 대안 예배를 도입하기도 했다. 그러나 '교회 안의 교회[6]'로 불리던 이러한 시도는 궁극적 대안이 되지 못했다.[7] 왜냐하면 이러한 시도는 한때 성공적이었던 방식들을 약간 변형하여 적용하는 수준에 머물렀기 때문이다. 당시 교회는 문화 안에 근본적인 지각 변동이 일어나는 것을 감지하지 못했던 것이다.

이후 이러한 현상을 이해하기 위한 다양한 시도들이 이어졌다. 특히 1990년대 중 후반, 리더십 네트워크(Leadership Network)에 의해 조성된 젊은 리더자 네트워크(Young Leader Network)의 콘퍼런스와 포럼들은 교회에 새로운 통찰력을 제공했다.[8] 그들은 교회의 문제가 단순히 세대 차이의 문제가 아니라[9] 근본적인 인식론의 전환 때문임을 알게 되었다. 즉 이 시대는 과거를 규정하던 근대적 요소 대신 포스트모던 세계(emerging postmodern world)가 문화와 세계관을 대처하게 되었음을 뜻한다. 이머징 교회는 바로 이러한 인식론적 변화에 근거해 발생했다. 그들은 포스트모던 시대에 적합한 신앙적 가치와 신학적 재구성을 통해 새로운 형식의 접근을 시도하길 원했다.[10] 깁스(Eddi Gibbs)와 볼저(Ryan Bolger)의 설명처럼 "완전히 새로운 빛에서 교회를 보고 교회를 세상과 연결하자는 것"[11]이 그들의 의도였고 핵심이었다.

이머징 교회의 특징

포스트모던 시대의 신앙을 구현해 내는 이머징 교회는 어떤 특징이 있을까? 그리고 어떤 요소 때문에 이머징 교회는 그토록 우려 섞인 비판을 받는 것일까? 아마도 한국 교회 독자들에게 친숙한 이머징 교회에 대한 비판서는 D. A. 카슨(Carson)의 *Becoming Conversant with the Emerging Church*(2005)일 것이다. 이 책이 『잘못된 기독교 분별 시리즈—이머징 교회 바로 알기』라는 무시무시한 제목으로 출간되었으니 이를 본 독자들이 이머징 교회에 대한 알레르기 반응을 보일 것은 당연한 일이다. 그러나 이렇게 부정적 제목에도 불구하고 카슨은 이머징 교회에 대한 공헌과 도전에 대해서 간과하지 않는다. 특히 시대를 읽는 능력과 운동의 진정성, 우리 자신의 사회적 위치에 대한 인식, 전도에 대한 강조, 전통과의 연결고리를 찾는다는 면에서는 이머징 교회의 공과를 높이 샀다.[12] 이러한 긍정적 평가 위에 그는 이머징 교회가 철학적, 신학적 균형을 갖지 못함으로 기독교 진리를 위협할 수 있는 위험성이 있다고 주장하면서 비판적 논지를 견지했다. 아쉬운 점은 카슨의 비판과 평가는 특정 소수 저자의 저술과 주장에 한정되어 있다는 한계다.[13] 이머징 교회를 온전히 이해하고 평가하기 위해서는 문헌연구와 더불어 현상이 발생하고 있는 현장에 대한 깊이 있는 연구가 병행되어야 하는데 카슨은 이러한 점에서 공정하지 못했다. 그런 면에서 필자는 깊이 있는 현장 연구를 통해 이머징 교회에 대한 통찰력을 제공하고 있는 세 권의 다른 관점의 연구 서적을 주목했다.

첫 번째는 선교학적 관점에서 쓰여진 *Emerging Churches*(2005)라는 책이다. 공동 저자인 깁스와 볼저는 북미와 유럽을 위시해 50개 이상의 이머징 교회를 방문하고 다양한 인터뷰를 통해 본 저서를 완성했다. 그들의 연구 결과 "이머징 교회는 포스트모던 문화 내부로부터 일어나고 있는 선교적 공동체이며, 그들이 있는 장소와 시간 속에서 믿음을 가지고 살아가려는 예수의 추종자들로 구성된 선교적 공동체이다."[14]라는 정의를 내렸다. 그들은 이머징 교회의 궁극적 관심이 현시대에 맞게 복음을 전하는 것에 있다고 보았다. 같은 맥락에서 깁스와 볼저는 이머징 교회가 보인 기존 교회에 대한 비판과 저항적 성향을 다음과 같이 온정적으로 해석했다. "이머징 교회는 기독교의 근대적인 제도들을 제거하려는 것이지 신앙 자체를 제거하려는 것이 아니다."[15]

그렇다면 이머징 교회는 어떤 특징을 지녔는가?

첫째, 포스트모던 사회에서 예수의 삶을 따라 살아가고자 하는 노력이다. 그들은 신앙 공동체 안에서 산상수훈에 표현된 예수의 삶을 세상 속에서 구현하며 살기 원한다.[16]

둘째, 성(sacred)과 속(secular)으로 분리되어 있는 이분법적 태도를 거부하는 대신 통합적 영성을 지향한다. 그들은 세상 모든 곳이 하나님의 충만으로 변화될 수 있음을 믿는다. 따라서 특정 장소와 공간이 더 성스럽다고 생각하지 않는다. 당연히 다양한 예술, 그림, 슬라이드, 촛불, 고대의 상징, 미디어에 이르기까지 다양한 요소들이 예배를 위해 성스럽게 사용될 수 있다.[17]

셋째, 제도가 아닌 가족처럼 기능하는 공동체가 되는 것이다. 많은 이머징 교회가 대형교회 대신 소규모 공동체를 지향하고 탈 중심적이며 유기적인 관계를 중요하게 여기는 이유가 바로 여기에 있다. 그들은 주 7일 365일 연결되어 서로의 관계성을 발전시키고 주중 모임을 통해 이웃을 전도하고 선교하는 공동체가 되기를 원한다.[18]

두 번째 문헌은 내부자적 관점으로 쓰인 토니 존스(Tony Johnes)의 *The Church is Flat*(2011)이라는 책이다. 토니는 이머징교회운동의 초기 단계에서부터 지금까지 내부적 리더로서 학문적 연구를 발전시키고 있는 인물이다. 그는 미국의 이머징 교회 8곳에 대한 실증적 연구 방법(Emperical Research Method)을 통해 이머징교회운동에 나타난 실천(practices)적 특징을 밝혔다. 토니는 이것을 구체적 실천(Concrete Practices)과 덕의 실천(Practices of Virtue)으로 나누어서 설명했다. 먼저 '성례, 예배, 설교, 공동체' 등의 기존 교회와 차별화된 구체적 실천의 항목이었다.

가장 가시적인 차이는 매주 예배 때마다 드려지는 성찬예식이었다. 대부분의 교회가 성찬을 절기별로 드리는 데 비해 이들은 매주 다양한 형태로 그리스도의 몸을 먹고 마심으로 하나님의 임재를 경험할 수 있도록 돕는다. 이들 예배는 또한 현대적이고 문화 중심적이지만 예배의 형식이 특정 틀에 얽매이지 않는다는(informality) 면에서 기존 교회와 차별화가 두드러진다. 기획되고 틀에 맞추어진 예배가 아닌 유동적이며 자유로운 예배를 지향한다. 따라서 예배에는 어린이들이나 평신도들의 참여가 두드러지기도 한다.

다음은 설교 부분이다. 설교는 이머징 교회의 예배에서도 중심적 역할을 한다. 그러나 대부분의 설교는 설교자의 독백 형식의 스피치가 아니다. 그들은 의도적으로 설교를 준비하는 과정에서부터 협력을 추구하고 열린 방식을 지향한다. 구성원들이 성경을 해석하는 과정에 협력할 수 있는 기회를 제공하고 설교 중에도 성도 스스로 말씀을 적용할 수 있도록 시간을 부여한다.

또 하나의 특징은 공동체에 대한 강조이다. 이들에게 있어 공동체는 교회의 핵심 가치이다. 공동체성을 유지하기 위해서 그들은 오프라인의 소그룹 모임뿐 아니라 IT와 SNS 등을 적극적으로 활용하여 공동체성을 유지하기 위해 노력한다.[19]

다음은 덕의 실천이다. 환대(hospitality)는 이머징 교회가 개인주의와 실용주의로 점철된 현대 교회에 던져 준 중요한 도전 요소이다. 이들 교회는 따뜻함이 있고, 처음 오는 이들을 받아들이는 포용성이 강하다. 신학적인 측면에서도 이머징 교회는 다양한 관점과 전통적 가치를 수용하는 데 열린 자세를 취한다. 바로 이 부분에서 이머징 교회는 다양한 줄기로 나눠진다. 전통적 신앙 유산을 계승하려는 쪽과 진보적이며 혁신적 신학을 주장하는 쪽이 함께 포진되어 있어 신학적 스펙트럼이 넓은 것이 특징이다.[20] 그 외에도 창조적 예술에 대한 가치, 모든 신자의 제사장적 이해, 평신도의 가치와 협력, 거룩한 공간에 대한 변화된 인식 등이 기존 교회와 구별되는 특성으로 나타났다.[21]

세 번째는 외부자 관점이다. 마티(Gerardo Marti)와 가니엘(Gladys Ganiel)이 출간한 *The Deconstructed Church*(2014)는 사회학자의 눈으로 최근까지의 이머징교회운동을 정밀하게 분석하여 평가한 책이다. 그들의 논지는 이머징 교회가 '해체'(deconstruction)와 '재구성'(reframing)의 과정을 통해 이미 하나의 제도로 발전했고, 자신만의 신앙, 실천, 정체성 등을 세워 가고 있다는 것이었다.[22] 그렇다면 이머징 교회가 주창하고 있는 해체는 어디에 초점이 맞춰 있는가? 그들은 기존 제도, 경직된 신학, 소수에 집중된 리더십 등을 비판하고, 실험과 창조적 모험을 지지한다. 나아가 종교적 긴장과 대립을 완화하고자 하는 중립적 종교 공간을 만들기 원한다.[23]

이러한 저항과 비판을 통해 실시된 해체 작업은 곧 새로운 구성으로 이어졌다. 곧 설교와 리더십, 공예배, 지역 공간과 관련한 특성이 그것이다.

첫째, 전통 교회에서 설교는 안수 받은 목회자의 전유물이었다. 그러나 이머징 교회에서는 공동체적인 상호작용이 많을 뿐만 아니라 설교 중 성도들의 참여와 나눔, 적용이 자연스럽게 이루어진다.

둘째, 수직적 리더십(hierarchical leadership) 대신 수평적 리더십(flat leadership)을 지향한다. 리더십은 통제가 아닌 평등한 관계와 자발적 참여를 이루기 위해 애쓴다.

셋째, 영적이면서 자유롭고 새로운 형식의 예배이다. 그들은 정형화된 예배를 탈피하고, 모든 사람들이 그들 자신의 방식으로 하나님께 응답할 수 있는 예배 환경을 조성하기 위해 노력한다. 이를 위해 다양한 기독교 전통을 받아들이고 상황에 맞는 문화적 방식을 추구한다. 이머징 교회 예배에 초, 상징, 그림과 같은 요소들이 활용되는 것은 바로 그런 측면에서 고대—미래(ancient-future)의 만남이 이루어지는 것을 뜻한다.

넷째, 지역과 장소에 대한 고정관념을 거부하는 것이다. 이머징 교회는 장소에 대한 자유로움이 있다. 교회의 전형적 이미지를 깨고, 식당이나 아트 뮤지엄, 가게, 창고, 공장, 커피숍, 사무실, 폐허가 된 오래된 교회 건물 등에서도 모임을 갖는다. 내부도 높은 강단, 강대상, 장의자, 오르간 같은 것들을 모두 제거했다. 그 이면에는 일상생활의 현장이 영적인 공간이 되어야 하고, 어느 곳이든 신앙 공동체가 모임으로써 거룩해진다는 믿음이 있기 때문이다. 모든 곳에 거하시는 하나님의 내재적 편재와 그것을 실천하고자 하는 열망이 있음을 발견하게 된다.[24]

이머징교회운동에 대한 평가와 전망

이상과 같은 관점에서 발견하게 되는 주요한 사실은 무엇인가? 이머징 교회의 가장 큰 특징 중 하나는 이제까지 진행되어 왔던 그 어떤 운동보다 저항적이고 파격적이라는 데 있다. 그들은 개신교의 기본 정신이 'Protest'(항의/저항)에 있다는 사실에 기반을 둔 운동을 전개해 왔다. 그러나 중요한 것은 그 의도가 기독교의 복음과 진리를 헤치려는 것이 아니라는 점이다. 오히려 복음을 가로막는 관습과 제도, 전통과 신학에 대해 그들은 저항한다. 전통과 제도에 갇힌 교회는 기독교 유산의 많은 부분을 특정 형식과 의식에 묶어 버렸다. 유기적이며 생명력 있는 역동성을 잃어버린 기독교는 여느 종교와 다를 것 없는 종교단체가 될 뿐이다(호 6:6).

이머징 교회는 제도적 교회가 잃어 가고 있던 그리스도 중심의 삶과 예배, 영적 체험을 원했다. 모든 성도가 주체가 되어 함께 예배하고, 사역에 참여하는 구조를 만들고, 의식이 아닌 임재가 있는 예배와 모임을 위해 고전적 영성을 현대 문화에 입히는 작업을 시도했다. 동시에 소비자의 필요와 기호에 맞춰 변질되어 가는 사역에도 반기를 들었다. 인간 중심에서 하나님 중심으로 무게 추를 옮겨 가며 모임 속에서 하나님이 경험되어질 수 있도록 돕는 다양한 실험을 실시했다.

그런 맥락에서 필자는 이머징교회운동의 특징이 단순한 '해체'와 '재구성'이 아니라, '비복음적인 요소에 대한 해체(deconstructing)'와 '복음에 기초한 재구성(reframing)'을 위한 노력의 일환이었다고 평가하고 싶다. 그들의 노력이 포스트모던 시대에 복음을 담아낼 '새로운 틀'에 대한 논의를 이끌어 내는 공헌을 했다는 점에는 이견이 없을 것이다.

그럼에도 불구하고, 이머징 교회를 무조건적으로 수용할 수 없는 이유가 있음을 간과해서는 안 된다. 실제로 어떤 사역 현장에서는 빈약한 신학적 기반 위에 무분별한 해체와 실험이 시행되고 있었다. 선조들의 아름다운 신앙 유산과 전통까지 거부된다면 이는 참된 기독교가 아니다. "교회의 미래는 매 주일 같은 일을 하는 것"[25]에 달려 있다는 스탠리 하우어워스(Stanley Hauerwas)의 권면은 그런 의미에서 매우 중요하다. 과연 이머징 교회의 새로운 표현이 다음 세대에도 반복될 수 있을 것인가에 대한 물음은 심각한 고민을 불러일으킨다. 교회의 변화는 역사와 전통 속에서 함께하셨던 하나님의 경륜을 인정하고 참된 복음을 위해 과거와 현재가 소통하며, 현 시대에 살아 역사하는 능력으로 전달되기 위해 요청되는 것임을 기억할 필요가 있다.

그런 의미에서 이머징교회운동에 대한 무조건적인 긍정과 비판은 금물이다. 감사한 것은 현재 진행 중인 이머징교회운동에 자기 정화가 이미 이뤄지고 있다는 점이다. 실제로 그동안 이머징교회운동은 내부적으로 다양한 변화를 겪어 왔다. 에드 스테처(Ed Stetzer)가 분석한 것처럼, 거기에는 (1) 보수적이며 복음적 신학을 견지하되 현대적 스타일과 접근을 추구하는 연결주의자(Relevants)들과 (2) 복음과 성경에 대한 정통적 시각을 견지하면서도 성육신적 사역과 유기적인 초대교회 모델로 돌아가고자 하는 재건주의자(reconstructionists) 그룹, (3) 기존의 방법과 신학 모든 부분에 의문을 제기하며 재형성을 시도하는 수정주의자(revisionists)들이 속해 있었다.[26] 이 그룹들은 다시 보수적이고 전통적 신학에 머물기 원하는 'Emerging' 그룹과 급진적 개혁을 추구하는 'Emergent' 그룹으로 나뉘었다. 이후 이머징 교회가 파괴적이고, 급진적인 집단으로 오해를 받게 되자 많은 교회와 지도자들은 스스로 '이머징 교회'라는 라벨을 떼어 버렸다. 한때 이머징 교회의 상징과도 같았던 빈티지 페이스교회의 댄 킴벌, 마스 힐교회의 마크 드리스콜, 모자이크의 어윈 맥머너스나 락하버교회 등 그 수는 매우 광범위하다. 당연히 이머징교회운동은 큰 타격을 입었고, 이 같은 움직임 속에서 '이머징 교회의 죽음'[27]이 성급하게 선언되기도 했다.

현 상황은 운동으로서 이머징 교회는 약화되어 가지만 그 여파는 특정

그룹을 넘어 다양한 영역에 이미 침투했고 흡수되었다고 보는 편이 옳을 것 같다. 오늘날 북미 지역에서 발생하고 있는 새로운 교회운동은 이머징 교회운동의 파격적 실험으로 인해 훨씬 더 자유롭고 다양한 양태의 사역이 가능해졌기 때문이다. 포스트모던 시대에 적합한 교회가 되기 위한 실험과 노력이 새로운 형태의 현대 교회의 가능성을 열어 놓은 것이다. 그런 맥락에서 지나친 파괴와 급진적 사역을 주장하는 흐름은 자연스럽게 소멸되어 갈 것으로 예상된다.

갱신을 위한 적용

첫째, 본질적인 것과 비본질적인 것을 식별할 수 있는 안목을 형성하라.

모든 것이 상대화되고 다원화되어 가는 시대 속에서 교회가 교회다워질 수 있는 길은 교회 됨의 본질을 붙잡는 것이다. 제도화의 위험은 비본질적인 것을 본질로 오해하고 착각하게 만든다는 데 있다. 우리가 붙잡아야 할 것은 성경적 가치와 유산이다. 신학도 마찬가지다. 한 시대의 신학을 절대화해서는 안 된다. 모든 신학은 성경에 계시된 삼위일체 하나님으로부터 시작되어 예수 그리스도의 삶과 사역을 통해 확증된 진리를 교회가 실천하려 할 때 의미가 있다. 과거의 전통과 제도로부터 흘러오는 건강한 유산을 시대에 맞게 재해석해 상황화시키는 노력을 기울이라. 성경적 복음을 붙잡고 시대에 맞는 유연성을 갖는 것은 선교적 교회의 핵심가치다.

둘째, 새로운 실험과 이에 대한 건설적 비평을 통한 피드백 루프 (feedback loops)를 형성하라!

성령은 창조의 영이시다. 교회는 시대에 맞는 사역을 개발하고 끊임없이 세상과 소통해야 한다. 동시에 그러한 사역은 건설적인 비평을 통해 발전을 이루어야 한다. 오늘날 우리에게 요구되는 것은 시대를 고려한 새로운 사역이 시도될 때 그것을 향한 격려와 배려, 혹은 기다림의 태도를 갖는 것이 중요하다. 건전한 신학과 참된 복음에 대한 목마름이 있는 한 교회는 결코 무너지지 않을 것이기에 기다림의 여유는 필수적이다.

셋째, 영성의 시대에 맞는 체험적 영성을 회복하라!

포스트모던 시대는 영성의 시대다. 이 시대의 젊은 세대들은 자신이 경험하고 체험
한 것에 대한 가치를 중요하게 여긴다. 근대시대에서는 가볍게 여겼던 주관적 감성
과 내재성을 중시하며, 체험과 경험에 의해 신뢰와 믿음이 형성된다. 사실, 교회야말
로 영적인 공동체이다. 그런 면에서 영성은 추상적 용어가 아니며, 체험과 경험을 통
해 도달할 수 있는 영역이다. 의식과 제도에 갇혀 영적 능력을 상실한 교회는 실상은
죽은 교회와 다를 바 없다. 이머징 교회는 포스트모던 세대의 영적 갈망을 읽고 고전
적 영성을 회복하기 위한 노력을 기울였다. 한국 교회도 마찬가지다. 영적 공동체로
서의 회복을 위해서는 도덕적 회복과 더불어 종교 본연의 깊은 영성과 체험이 동반
되어야 한다. 즉, 시대를 이해하고 다양한 실험을 통해 이 시대에 맞는 옷을 입되 참
된 영성이 경험될 수 있다면, 교회는 다시 불타오를 수 있을 것이다.

나가는 말

제임스 쿠제스(James Kouzes)와 배리 포스너(Barry Posner)는 그들의 책 『리더』에서 "열정을 좇고 꿈을 이루려면 관습에서 벗어나야 한다… 항상 해온 방식으로는 새로운 일이나 위대한 일을 이루어 낼 수 없기 때문이다. 검증되지 않은 전략을 실험해야 한다. 우리를 가두는 규범들을 무너뜨려야 한다."[28]고 조언한다. 지속되는 도전 속에서 과연 우리는 어디에 갇혀 있는가. 모든 주변 상황이 부정적으로 흘러갈 때, 그것을 합리화할 수 있는 수많은 이유들 가운데 이것에 대해 저항하고 도전할 용기가 우리에게 있는가. 교회는 계속해서 새로운 지평을 찾고, 위험을 감수하며, 실험을 할 수 있어야 한다. 한곳에 머물러서는 사명을 이룰 수 없다.[29] 움직이고 변화하며 그의 나라와 의를 구할 때, 교회는 새로운 생명력을 얻게 된다.

MISSIONAL CHURCH
MOVEMENT:
RETURNING TO
THE ESSENCE OF
THE CHURCH

선교적교회운동

교회의 본질로 돌아가다

선교적 교회는 '교회가 무엇을 행하느냐'(doing)의
문제가 아닌 '교회가 무엇이냐'(being)의
문제에 초점을 맞췄다.
교회는 삼위일체 하나님과의 관계에서
정체성이 정립되어야 하며,
세상 속에서 역할이 규정되어야 한다는 것이다.
이를 통해 하나님 스스로가
선교하시는 하나님이라는 사실을 발견하게 된다.

들어가는 말

1990년대 북미 지역은 포스트모던 시대의 강력한 물결에 대응하는 두 가지 중요한 교회갱신운동이 형성되었다. 하나는 전통과 제도에 묶여 시대적 대응에 실패하고 있던 기성 교회에 도전하며 "새로운 그리스도인/새로운 교회"(New Kind of Christian/New Kind of Church)의 기치를 걸었던 이머징교회운동(Emerging Church Movement)이며, 다른 하나는 보다 성경 신학적 측면에서 교회의 본질과 원초적 사명에 대한 탐구를 통해 교회의 회심을 촉구했던 '선교적교회운동'(Missional Church Movement)이다. 선교적 교회의 초기 주창자들은 교회의 본질을 '하나님의 선교에 대한 교회의 참여'(participating in God's mission)로 규정하며 이 시대의 문화와 복음 사이에서 교회의 선교적 역할에 초점을 맞추었다. 실제로 선교적 교회는 이론적 탐색을 지나 지역교회가 하나님의 선교에 참여할 수 있는 다양한 상상력을 불어넣었다. 특히 전통교회에는 급진적 변화와 갱신을 요구하고, 젊고 새로운 교회들에는 역동적이며 창의적인 사역을 시도하도록 격려하면서 이제는 미 전역을 넘어 전 세계로 흘러가는 운동이 되었다.

선교적 교회가 이토록 강력한 변화의 토대가 되는 것은 이 시대를 향한 하나님의 섭리임과 동시에 1990년대 이후 발생해 온 교회갱신운동의 약점과 결핍에 대한 보다 본질적인 고민의 결과로 나온 시대적 결과물이기 때문이다. 한국 교회도 예외는 아니어서 선교적 교회에 대한 관심이 날로 높아지고 있다. 그러나 이제까지 한국에 소개된 선교적 교회에 대한 내용은 주로 역사적 기원과 교회론적 차원에 집중되어 있었기에, 본 장에서는 선교운동사적 측면에서의 현상과 특징을 이해하고 그것이 교회갱신운동에서 가지는 의미를 고찰해 보고자 한다.

먼저 선교적교회운동을 이해하기 위해서는 동시대에 발생했던 이머징교회운동과의 관계를 살펴볼 필요가 있다. 왜냐하면, 선교적 교회가 운동으로 발전하는 데는 이머징 교회와의 상호 작용이 큰 역할을 했기 때문이다.

빈티지 페이스교회(Vintage Faith Church) : 'Emerging'에서 'Missional'로의 전이

캘리포니아 북쪽 아름다운 해변 도시인 산타크루즈(Santa Cruz)에 자리 잡은 빈티지 페이스교회(Vintage Faith Church)는 한때 이머징 교회를 이끄는 대표주자였다. 새롭고 도전적인 사역과 더불어 댄 킴볼(Dan Kimball)이라는 대표적 인물이 갖는 상징성 때문에, 주일이면 이머징 교회를 배우고 체험하고 싶어 했던 많은 사람이 찾아드는 명소가 되었다.

수년 전 필자가 처음 교회를 찾았던 이유 역시 마찬가지였다. 무엇보다 이머징 교회에 대한 호기심이 컸다. 과연 책에서만 읽었던 이머징 교회의 사역이 실제 현장에선 어떻게 구현되고 있을지가 매우 궁금했다. 가장 먼저 눈에 띈 것은 전통적 교회 건물 앞에 세워진 '빈티지 페이스교회(Vintage Faith Church)'라는 사인이었다. 이름이 가진 묘한 뉘앙스처럼, 스테인드글라스를 가진 벽돌 건물 내부엔 1세기의 고전적 영성과 가치가 느껴지는 분위기가 조성되어 있었다. 어두운 실내 공간 구석구석에 놓여 있는 다양한 상징물과 예배의 영성을 작품으로 담아 진열된 예술품들, 향초와 그 향기로 은은하게 채워진 공간은 기존 교회에서 느낄 수 없는 색다른 경험이 되기에 충분했다. 예배 또한 차별성이 있었다. 평소 웅장한 음악과 화려한 조명, 각종 현대적 요소가 가미된 1시간짜리 잘 짜인 문화공연 같은 예배에 익숙한 사람이라면, 빈티지 페이스교회의 고전적 예배는 더욱 신선하게 다가왔을 것이다. 그들은 예배 중 구약과 신약을 봉독하고, 설교 중 시와 그림을 그리고, 매주 성찬식을 거행하며, 기도와 묵상을 통해 자유롭지만 깊이 있는 영성을 추구했다.

너무 강하지도 자극적이지도 않은 고전적 예배는 이제까지 우리의 예배가 얼마나 고정적인 틀에 박혀 반복적인 의식을 거행해 왔었는지를 되돌아보게 하는 자극제가 됐다. 그러나 필자의 마음을 강하게 흔들어 놨던 요소는 예배 자체의 외적인 분위기보다 그곳에 참여하고 있던 회중의 모습이었다. 히피 문화의 중심지로 아름다운 해변과 예술, 자유로움이 가득 찬 도시에 있는 교회답게, 회중 속엔 여전히 저항적 태도로 자유를 갈구하며 사는 젊은이들이 많이 보였다. 그러나 자유로운 복장에 문신이 가득한 백인 청년들이 하늘을 향해 두 팔을 들고 예배에 몰입하고 있는 모습은 참으로 감동적이었다.

예배를 마친 후 필자는 교회 지도자 중 한 사람과 인터뷰를 했다. 이머징 교회로서 빈티지 페이스교회에 대해 질문을 하려 하자 그녀는 얼굴에 미소를 머금고 손을 저으며 뜻밖의 이야기를 꺼냈다. 그들의 교회는 이제 이 머징 교회가 아니라는 말이었다. 무슨 말인가? *The Emerging Church*, *The Emerging Worship*, *The Emerging Culture*, *Listening to the Beliefs of Emerging Churches* 등 이머징 교회에 대해 가장 대중적이며 인기 있는 책을 썼으며, 그 사역의 표본으로 여겨졌던 댄 킴볼과 빈티지 페이스교회가 이머징 교회가 아니라는 말에 필자는 당황하고 말았다.

그녀의 설명은 이랬다. 처음 교회의 리더였던 킴볼이 이머징교회운동에 참여했던 목적은 기독교 문화에 익숙지 않은 기독교 후기 시대(post-Christianity)를 살아가는 젊은 세대에게 복음을 증거하기 위해서였다. 그들은 기존 교회 내에서 젊은이 사역을 하면서 구도자 중심의 문화적 방법이 더 이상 통용되지 않는다는 사실을 발견했다. 킴볼은 교회를 떠난 세대들에게 복음을 증거하기 위해 종교적 요소를 제거하려 했던 구도자 중심적 사역에 회의를 느끼며 이렇게 말했다.

"하나님의 사랑을 이 십 대 아이들에게 전하고자 영적인 모든 요소를 제해 버리려 그렇게 애썼건만, 쓸데없는 일이었다."[1]

포스트모던 시대의 이머징 세대는 세상 문화가 아닌 깊이 있는 영성을 갈구했다. 그들은 세상과 똑같아지는 교회보다 세상과 구별되고 세상에서 경험할 수 없는 체험을 원했다. 요란한 록 음악과 화려한 밴드, 드라마와 동영상은 그 자체로 새로운 세대에게 더 이상 매력적이지 않았다. 그래서 찾게 된 것이 고전적 영성이었다. 그들은 1세기의 분위기와 전통적 상징을 통해 성경적 영성을 회복하고자 노력했다.[2] 놀랍게도 그러한 현상은 거의 동시다발적으로 미국 전역에서 발생했는데, 빈티지 페이스교회는 거의 최초로 예배와 사역에 이 같은 방식을 적용한 교회였다. 그 결과는 매우 놀라웠다. 수백 명의 젊은이들이 모여들면서, 그들은 이머징 교회를 이끄는 대표적 교회로 떠올랐다.

그랬던 교회가 이머징의 정체성을 스스로 벗어던져 버렸다. 그 이유 또한 단순했다. 이머징 교회가 포스트모던적 질문과 사유를 기반으로 기존 체제에 대한 해체와 저항을 강조하면서, 일부 지도자들은 스타일과 형식을 넘어 전통과 신학에까지 회의(懷疑)를 제기하기 시작했다. '속죄, 칭의, 심판, 그리스도의 배타성'과 같은 전통적 신학 주제에서부터 '낙태, 동성애'에 이르는 민감한 주제에 이르기까지 그들의 도전은 거칠 것이 없었다. 그러나 그러한 모험은 기존 교회의 회심과 갱신을 끌어낼 정도로 설득력 있는 신학으로 발전하지 못했다. 마이클 패톤(Micaheal Patton)의 표현처럼 그들의 신학은 종착역 없이 계속해서 흘러갔고[3] 이런 흐름에 대한 기성 교회의 우려와 비판은 더욱 강하게 일어났다. 실제로 보수적 복음주의 교회 내에서는 이머징 교회를 새로운 '자유주의운동'으로 단정하기에 이른다. 킴볼의 결단은 바로 그러한 지점에서 이루어졌다. 원래 대부분의 이머징 리더들은 자신을 스스로 복음주의자로 여기고 교회를 갱신하는 차원에서 이머징교회 운동에 합류했다. 그들이 원한 것은 결코 복음주의와의 결별이 아니었다. 그들에게는 자유주의가 아닌 복음주의 안에서 갱신운동을 전개할 기반이 필요했다.

'Missional'과의 만남이 극적인 이유가 바로 여기에 있다. 애초부터 에

디 깁스나 라이언 볼저 같은 선교학자들은 이머징 교회에 대한 심도 있는 연구를 통해 그 안에 담겨 있는 '선교적' DNA[4]를 주목해 왔다.[5] 'Emerging Missional Church'라는 중간기적 용어는 이머징 교회의 현상과 그 속에 담긴 선교적 특성이 부각되어 만들어진 용어다.[6] 그러나 이머징 교회라는 용어 자체가 가지는 부정적 이미지 때문에 킴볼과 같은 복음주의 목회자들은 'emerging church'를 포기하고 'missional church' 운동에 가담하게 된다. 이러한 변화는 이머징 교회의 쇠퇴와 선교적 교회에 활력을 불어넣는 윤활유가 되었다. 초기 '선교적 교회'가 가진 태생적 한계, 즉 이론적이며 신학적인 관념에 묶여 있던 한계가 실천으로 확장되는 계기가 마련된 것이다. 그렇다면 선교적 교회는 무엇인가? 그 출현 배경과 특성을 살펴본 후 운동의 흐름을 종합적으로 고찰해 보자.

David Platt

Alan Hirsch

선교적교회운동의 태동과 도전

'선교적 교회'는 포스트모던 시대의 서구 교회가 직면한 위기에 대한 또 다른 갱신운동으로, 선교학적 관점에서 교회의 본질과 사명을 재조명하며 발생한 신학적 지성운동이었다.

알려진 것처럼 북미의 선교적 교회의 논의는 레슬리 뉴비긴(Lesslie Newbigin)의 영향과 함께 촉발되었다. 당시 유럽 교회는 전쟁의 폐허와 세속화, 다원주의 같은 후기 근대 문화의 거센 도전으로 깊은 무력감에 빠졌다. 삶의 문제에 해답을 주지 못하는 교회에 실망한 젊은이들이 교회를 떠나기 시작했고, 지도자들 사이에선 더 이상 과거의 기독교 국가의 영광을 회복할 수 없다는 자각이 팽배해졌다. 이제는 교회성장을 이끄는 방법과 전략, 프로그램이 아닌 보다 근본적인 질문 즉, '복음이란 무엇인가?', '교회란 무엇인가?'에 대한 원론적 탐구로 돌아가야만 했다. 그러한 상황 속에서 던진 뉴비긴의 질문은 서구 교회 전체에 엄청난 파문을 불러일으켰다. '복음과 근대 서구 문화와의 선교적 만남은 무엇을 의미하는가?'[7] 이는 곧 해결책이 사라진 현대 문화 속에서 교회 공동체가 어떻게 선교적 접근을 할 수 있을 것인가에 대한 문제와 직결되는 질문이었다.

포스트모던의 유입과 급속한 세속화의 흐름은 북미 교회에도 예외는 아니었다. 이제는 새로운 문화적 상황에 대한 연구 없이 복음을 증거하는 것이 불가능한 시대가 되었다. 이러한 과정 가운데 1980년대 후반 출범된 GOCN(Gospel and Our Culture Network)[8]은 본 논의를 발전시키는 데 중추적 역할을 했다. 눈여겨볼 사항은 본 네트워크의 초기 멤버들이 주로 제도권 내에서 활동하던 신학자들이었다는 점이다. 그들은 정기적인 모임과 토론을 통해 당시 서구사회가 경험하고 있던 문화 변동과 복음의 관계를 우선적으로 탐구했다. 본 모임의 특징은 현시대의 키워드인 개방과 협업이 가능한 구조 속에서 이뤄졌다는 점이다. 연구 주제에 흥미가 있는 사람은 누구나 참여할 수 있었고, 연구와 토론을 통해 취합된 내용은 책과 소식지로 출간되었다. 일종의 신학적 지성운동의 장이 마련된 것이다. 그들은 위기에 처한 기독교의 현실을 이해하기 위해 문화를 연구했고, 복음과 교회의 존재론적 역할을 성경적, 신학적으로 파헤치는 작업을 했다.[9]

그 결과로 나온 책이 바로 *Missional Church: A Vision for the Sending of the Church in North America*(1998)[10]이었다. 놀랍게도 책이 출간되자마자 대중의 이목을 집중시켰고 'missional'이라는 신조어는 교회의 본질 회복의 상징처럼 사람들의 의식에 각인되기 시작했다.

그렇다면 본 저서가 일으킨 충격은 무엇 때문인가? 사실 이전까지의 갱신운동은 교회성장을 위한 전략과 프로그램에 치중되어 있었다. 따라서 수적 성장과 가시적인 성과에 목마른 교회 내부의 필요를 채워 주기에 급급했다. 그러나 선교적 교회의 초기 주창자들은 보다 본질적인 접근을 전개했다. 즉 '교회가 무엇을 행하느냐(doing)의 문제가 아닌 '교회가 무엇이냐(being)의 문제에 초점을 맞췄다.[11] 이를 통해 발견된 사실은 무엇인가? 교회는 삼위일체 하나님과의 관계에서 정체성이 정립되어야 하며, 현존하는 세상 속에서 역할이 규정되어야 한다는 점이었다. 그들은 다시 성경과 신학으로 돌아가 삼위일체 하나님과 교회의 사명을 숙고하기 시작했다. 가장 기본적인 발견은 하나님 스스로가 선교하시는 하나님(God is a missionary God)이라는 사실이었다. 이를 통해 교회는 하나님으로부터 보냄을 받은 백성들의 공동체임을 재확인할 수 있었다. 데이비드 보쉬(David Bosch)는 이러한 내용을 다음과 같이 정리했다.

> 선교는 하나님의 본성으로부터 발생하는 것이다. 선교는 교회론이나 기독론이 아닌, 삼위일체의 교리에서 이해되어야 한다. 성부 하나님께서 아들을 보내시고, 성부와 성자께서 성령을 보내시는 하나님의 선교(missio dei)라는 고전적 교리는 또 다른 운동을 포함하기 위해 확장되었다. 성부, 성자, 성령께서 교회를 세상으로 보내신다는 사실이다.[12]

하나님 그분이 선교의 주체가 되신다는 것과 교회는 그분의 선교에 동참하기 위해 부름(calling)을 받고 다시 세상으로 보냄(sending)을 받은 존재라는 주장은 당시 교회가 주도해 왔던 사역의 근간을 뒤흔드는 엄청난 변화를 몰고 왔다. 왜냐하면, 그때까지만 해도 교회는 여전히 세상의 중심이 되고자 하는 기독교 국가(Christendom)의 정신과 태도를 견지해 왔고 그런 관점에서 선교는 교회의 여러 프로그램 중 하나로 여겨졌기 때문이다. 그러나 하나님 스스로가 선교의 하나님이시라면 보냄 받은 존재로 교회 공동체는 본질상 선교적이어야 한다. 교회는 선교를 하나의 프로그램으로 취급해서는 안 되며, 모든 성도가 함께 하나님의 선교에 참여하는 선교적 공동체가 되어야 한다. 그렇다. 교회는 본질상 선교적이며, 선교는 교회에 우선한다. 바로 이 지점에서 교회와 선교를 구분하는 이분법적 관점은 완전히 붕괴된다.[13] 이제 교회는 복음의 해석자로서 세상 속에서 하나님 나라의 표징(sign)과 도구(instrument)와 맛보기(foretaste)가 되어야 하며,[14] 하나님의 선교가 진행되고 있는 현장 속에서 그분의 선교에 동참해야 할 실천적 과제 앞에 서게 되었다.

선교 공동체 모임

Missional Church

Verge Conference

선교적 교회의 확장

북미 지역이 선교지가 되었다는 새로운 상황인식과 더불어 선교적 존재로서 교회의 정체성이 재고되자 교회는 과거에 대한 답습을 포기하고 새로운 패러다임으로 재편성되어야 했다. 그러나 바로 이 지점에서 또 다른 과제를 발견하게 된다. 즉 이론 중심적인 개념이 어떻게 실제 사역에 구현될 수 있는지에 대한 실례가 필요했다. *Missional Church*를 읽고 선교적 교회에 대한 비전을 가진 독자일수록 더 큰 갈증을 느꼈다. '선교적 교회는 어떻게 하나님의 선교에 동참할 수 있는가? 교회 구성원 전체가 참여하는 선교적 공동체는 어떤 모습이어야 하는가? 선교적 교회는 새로운 교회인가? 전통적인 교회 구조 내에서도 실천 가능한가? 모델이 존재하는가? 존재한다면 어떤 교회가 선교적 교회인가?' 등의 원초적 질문들이 쏟아져 나왔다.

초기 선교적 교회의 주창자들은 이러한 필요성에 대한 반응으로 선교적 교회의 지표를 제시하고, 현존하는 지역교회 가운데 선교적 교회로 이해될 수 있는 모델들을 연구해 발표하기도 했다.[15] 그러나 학자들의 관점만으로는 실제 사역 현장에서 뛰고 있는 실천가들의 필요를 채워 주기엔 충분하지 못했다. 이때, 보다 현실적 안목을 가진 새로운 'thinker'들이 등장하게 된다. 이들은 초기 주창자들보다 훨씬 더 과격하고 실험적인 측면에서 실천가들을 독려했다. 성육신과 상황화에 기초한 실천 방식이 제시되면서 선교적 교회에 대한 관점은 신학적 토론에서 사역 원리와 방식으로 옮겨지게 되었다. 이후 놀라울 정도로 빠르게 이론가와 실천가들이 융합된 콘퍼런스가 조직되고 각종 사례가 제시되면서 선교적 교회는 이론을 넘어 운동으로 발전하게 되었다.

실제 현장에서 본 운동은 크게 두 가지 흐름으로 전개되었다. 첫 번째는 전통적이고 제도적인 교회가 선교적 교회로의 회심을 시도하는 경우다. 데럴 구더(Darrell Guder)가 이야기한 것처럼, 교회가 온전한 사명 공동체가 되기 위해서는 지속적인 회심을 경험해야 한다. 선교적 교회는 실제로 많은 기성 교회들에게 영향을 미쳤다. 그동안 아무런 의심 없이 습관적으로 해왔던 사역들을 하나님의 선교라는 관점에서 재고하게 되자, 교회는 다양한 측면에서 새로운 사역을 실천할 수 있게 되었다.[16]

두 번째 흐름은 앞서 살펴본 것과 같은 젊은 교회들의 동참이다. 대다수의 이머징 리더들은 실용주의와 마케팅, 소비주의에 물든 교회에 저항하며 등장했다. 그들은 성경적이며 본질적인 교회로 돌아가기 원했다. 예수의 가르침을 따라 세상에서 그리스도께서 부여하신 사명을 실천하는 선교적 공동체가 되기를 꿈꾸었던 그들에게 선교적 교회의 가치와 정신은 자신의 존재 이유와 방향을 설정하는 기초가 되었다. 이러한 흐름은 모양과 형태는 다르지만 자신이 놓여 있는 지역사회에서 선교적 표현을 하기 위한 시도와 실험으로 이어졌고, 이는 곧 선교적 교회가 정형화되지 않고 다양한 형태로 발전할 수 있는 원동력이 되었다.

선교적 교회의 사역 패러다임과 적용

교회의 선교적 본질과 새롭고 실험적인 사역이 만나자 교회는 기존의 틀에 머물지 않고 더욱 유연하고 선교 중심적인 체질로 변화되었다. 그렇다면 그러한 교회운동이 만들어 낸 새로운 사역 패러다임은 무엇인가?[17] 무엇이 한국 교회에 적용될 수 있는가? 그것은 바로 선교가 교회의 본질이며 존재 이유로 자리 잡게 되었을 때 발생할 수 있는 모든 경우의 수를 포함한다.

첫 번째로 선교적 교회는 어떻게 성도들을 세상으로부터 불러 모을 것인가에 대한 관심에서 어떻게 다시 세상으로 보낼 것인가를 고민한다. 모이는 교회에서 흩어지는 교회로, 불러 모으는 사역에서 보내는 사역으로 초점이 옮겨지는 변화를 경험하게 된다.

두 번째는 선교지에 대한 인식 변화가 필요하다. 그리스도의 복음과 하나님 나라의 회복이 필요한 모든 곳이 선교지라면, 우리가 살아가는 삶의 현장 역시 선교지임을 인식하게 된다. 이러한 관점은 교회가 지역사회와 공동체를 바라보는 시선을 바꾸어 놓았다. 삶의 현장에서 복음을 증거하고 악의 권세 아래에 놓인 지역사회를 변화시키기 위해 교회 공동체는 세상 속으로 침투하고 하나님의 백성을 보내는 사역을 감당해야 하며, 동시에 열방을 섬기고 복음을 증거 하는 글로컬(glocal) 한 사역을 하게 된다.

세 번째로 선교적 교회는 성육신적이며 상황화된 사역을 통해 전개된다. 교회의 선교는 제국주의(imperialism)나 온정주의(paternalism), 혹은 이원론(dualism)적 태도를 통해서 이루어질 수 없다. 그리스도의 성육신을 본받아 세상의 문화를 존중하고 사랑하되 영적 분별을 통해 세상 문화를 선하게 활용하고 변화시킬 수 있는 사역을 실천할 수 있어야 한다.

네 번째는 선교적 공동체로서의 교회 조직을 변화시키는 문제다. 교회는 선교를 촉진하고 함께 선교에 동참할 수 있도록 교회 조직을 개편하고 지지해야 한다. 특별히 성도들이 세상에서 선교적 사명을 감당하기 위해서는 그들을 훈련하고 파송하며, 함께 동역할 수 있는 공동체가 필수적이다. 선교적 공동체로서 교회는 선교 의식을 인식하고 확장하기 위해 예배하며, 다시 그들을 세상으로 보내는 역할을 한다. 동시에 소그룹은 성도들이 서로 연결되어 주 중에 함께 지역을 섬기고 사역을 감당할 수 있도록 하는 선교적 공동체로 그 역할이 바뀌어야 한다.

다섯 번째는, 선교적 제자로서 성도의 정체성을 강화시키는 문제다. 하나님의 백성인 성도는 종교적 서비스를 받기 위해 모인 소비자와 같은 존재가 아니다. 성도 한 사람 한 사람 모두는 하나님의 선교에 동참하기 위해 부름 받은 존재이며, 다시 세상으로 보내심을 입은 선교사이다. 선교적 교회는 성도들이 세상에서 선교적 제자로 살아갈 수 있도록 훈련하는 과제를 안고 있다.

여섯 번째는 선교적 교회를 이끌어 가는 새로운 리더십 스타일에 대한 요청이다. 선교적 리더는 교회 전체가 선교적 영성으로 뒤덮여 하나님의 선교를 식별할 뿐 아니라 교회 공동체 모두가 선교적 사명을 감당할 수 있는 문화와 환경을 조성할 수 있는 사람이다. 분명한 사실은 이러한 환경이 한 사람의 독단적 리더십에 의해 형성될 수 없다는 점이다. 모든 사람이 참여하고 함께 고민하며 이끌어 가는 은사 중심의 팀 사역이 요청되는 것은 매우 자연스럽다.

교회가 선교적 사명을 인식하게 되면 사역의 방식과 내용 역시 바뀌게 된다. 에드 스테처(Ed Stetzer)와 데이비드 풋맨(David Putman)은 선교적 교회의 사역 방식을 다음과 같은 10가지로 제시했다.

(1) 프로그램에서 프로세스로(from programs to processes)

(2) 교회성장에서 사명인식으로(from demographics to discernment)

(3) 모델에서 선교로(from models to missions)

(4) 매력적인 사역에서 성육신적 사역으로(from attractional to incarnational)

(5) 획일성에서 다양성으로(from uniformity to diversity)

(6) 전문성에서 열정으로(from professional to passionate)

(7) 머무름에서 보냄으로(from seating to sending)

(8) 결정에서 제자로(from decisions to disciples)

(9) 덧셈에서 증식으로(from additional to exponential)

(10) 기념물에서 운동으로(from monuments to movements)[18]

물론 이상의 사역 프로그램과 특성은 기존의 전통 교회에서 발생하고 있는 현상이라기보다는 새롭게 부상하고 있는 젊은 교회들에서 발견되는 특징들이다. 그러나 그렇다고 해서 기존의 전통 교회가 새로운 형태의 교회를 쫓아갈 필요는 없을 것이다. 문제는 교회 공동체가 선교적 사명을 얼마나 깊이 있게 인식하고 있으며, 그것이 성도 개개인과 깊이 있게 공유되고 있는가와 관련이 있다. 교회의 사역은 획일적일 수 없다. 규정된 하나의 모델이 있는 것도 아니다. 세상 어디에도 완벽한 모델은 존재하지 않는다. 선교적 교회가 되기 위해서는 교회 공동체는 선교적 부르심에 대한 식별(discerning), 이를 실행하기 위해 요구되는 적절한 훈련(equipping), 그리고 지역과 열방을 향한 실제 사역(engaging)이 이루어지는 과정을 수립하고 이를 위한 내적 사역과 외적 사역이 균형을 이뤄야 한다.[19]

갱신을 위한 적용

첫째, 선교적 교회로의 끊임없는 회심을 추구하라.

교회는 건물도 주일에 한 번 만나 드리는 예배 모임도 아니다. 진정한 교회는 세상으로부터 부름 받은 하나님 백성의 거룩한 공동체이고 동시에 세상의 구원을 위해 보냄 받은 제자들의 공동체이다. 그러나 현대 교회의 모습은 어떠한가? 선교가 교회의 존재 이유이며, 모든 성도가 주체가 되어서 감당해야 할 사명임을 망각할 때가 너무 많다. 잃어버린 선교적 DNA를 회복해야 한다. 누군가의 사역이 아닌 모든 성도들의 사역이 되어 교회 공동체 전체가 하나님의 선교에 참여하게 될 때 교회는 주님께서 원래 의도하셨던 본연의 모습으로 회복될 수 있다.

둘째, 선교가 일상이 되는 문화를 형성하라.

선교적 교회로의 갱신은 선교가 프로그램이 아닌 성도의 일상이 될 때 가능해진다. 모두가 하나님 나라에 대한 꿈을 꾸고 그의 선교에 동참하기 위한 삶을 살게 될 때, 교회는 비로소 선교적 교회가 된다. 그러나 선교가 일상이 되는 교회로의 전환은 결코 쉽지 않다. 의도적인 노력과 구조적 조정, 거기에 성령의 역사하심이 있을 때 가능하다. 당연히 문화를 형성하기 위한 고민과 사역 형성이 앞서 행해져야 한다. 중요한 것은 충분한 시간을 가지고 천천히 체질을 변화시키는 과정이 요구된다는 점이다. 그 과정 속에서 다양한 시도와 경험, 스토리와 감동이 쌓일 때 선교는 부담이 아닌 삶으로 들어온다. 일상의 삶에서 선교를 꿈꾸고 행하고 나눌 수 있는 문화를 만들

라. 선교가 촉진되고 격려 받을 수 있는 메시지를 전하고, 그러한 시도가 공유되며, 함께 울고 웃을 수 있는 환경을 구축하라. 하나님께서 일하시도록 장을 열라.

셋째, 개인과 교회 공동체의 부르심을 확인하고 주어진 사명에 집중하라.

모든 개인에게는 삶을 통해 이뤄야 할 자신만의 사명이 있는 것처럼, 교회 공동체도 각자 교회에게 주신 독특한 소명이 있다. 그것이 이 땅에 많은 교회가 세워졌고, 그들이 아름답게 존재할 수 있는 이유이다. 작은 교회이기 때문에 선교를 할 수 없다는 인식이야말로 근대적이며 제국주의적 선교 사상이 낳은 병폐에 지나지 않는다. 모든 교회는 각자의 자리에서 자신만의 모습으로 하나님의 선교에 참여해야 한다. 그것을 찾아내는 것이 선교적 여정의 시작점이며, 그 사명에 집중하는 것이 선교적 교회의 독특성이다. 우리 교회는 무엇을 위해 부름을 받았는가! 우리 교회 공동체가 할 수 있는 독특한 사명은 무엇인가! 우리가 가진 자원과 주어진 부담이 무엇인지를 확인하면서 하나님의 선교를 꿈꾸게 될 때, 모든 교회는 규모에 상관없이 하나님 나라를 위한 사역을 감당하게 될 것이다. 그것이 바로 우리 교회가 세워지고 부름 받은 이유이다. 하나님의 나라는 그런 교회 공동체가 모여 아름다운 모자이크를 완성한다.

넷째, 선교적 교회로의 여정은 리더 자신의 삶을 통해 촉발되고 이끌어진다.

선교적 교회를 연구하면서 발견한 공통적 사실 중 하나는 리더가 갖는 역할과 중요성이다. 사실, 선교적 교회의 리더십은 과거 지도자 한 사람에게 집중된 전제적 리더십이나 수직적 리더십 대신 사람들을 세우고 섬기는 변혁적 리더십(transformational leadership)이나 공유 리더십(shared leadership) 유형이 훨씬 자연스럽다. 그렇다고 해서 리더의 역할이 과거에 비해 축소된 것은 아니다. 오히려 리더 자신은 자신의 사역을 함께 감당할 다른 리더들을 세우고 그들에게 리더십을 위임 혹은 공유하는 일에 더 많은 노력을 기울인다. 그러나 이런 테크니컬한 부분 이외에 정말 중요한 것은 리더 자신이 선교적 삶을 최전선에서 살아가면서 성도들에게 모델이 되어야 한다는 점이다. 앞에서 이끌되 힘과 권위로서가 아닌 실천을 통해 선교적 삶을 자극하고 촉진한다. 그 어떤 설교와 가르침보다 더 강력한 파워가 여기에서 발생한다. 선교적 교회로서 회심을 경험하고 변화되기 원한다면, 리더의 삶이 먼저 앞서야 함을 기억하라. 갱신은 바로 이 지점에서부터 시작된다.

나가는 말

선교적 교회를 이야기할 때 나타나는 반응은 대게 유사하다. 개념은 충분히 공감하지만, 실제로 선교적 교회를 실현하는 것이 난해하다는 것이다. 이는 처음 *Missional Church*가 출간되었을 때 일었던 비평이기도 했다. 또 다른 측면에서 혹자는 선교적 교회가 너무 지역 중심적 운동이라는 점을 꼬집기도 한다. 지역사회에 집중하다 보면 해외 선교에 대한 관심이 줄어드는 부작용이 발생할 수 있다는 우려다. 관점과 이해의 폭이 다르다 보니 한국에서는 선교적 교회를 기성 교회와 차별화된 사회운동이나 특수 목회로 이해하는 경향도 있는 것을 본다. 그러나 이러한 우려와 편견은 선교적 교회에 대한 오해로부터 비롯된 결과라 할 수 있다.

북미 지역에서 선교적 교회는 새로운 종교개혁이나 종교적 르네상스와 같은 용어로 표현될 만큼 거대한 파도를 일으키며 확장되고 있다. 물론 이러한 흐름에 편승해 선교적 교회가 마치 새로운 유행어처럼 남용되고 있는 것도 사실이다. 그러나 선교가 하나님으로부터 시작되고 성령께서 이끄시는 사역임을 인정한다면, 교회는 선교적 꿈을 꾸고 선교적 DNA를 회복하기 위해 최선의 노력을 기울여야 한다. 새로운 시도를 통해 다양한 모델이 나와야 하고, 기존의 전통 교회 역시 선교적 회심을 통해 본질적 사역에 닻을 내려야 한다.

필자는 그런 면에서 교회의 미래를 긍정해 본다. 왜냐하면, 오늘날 현장에서는 선교적 교회의 가치 위에 노력하는 수많은 신앙 공동체가 있기 때문이다. 하나님은 다양한 교회를 통해 아름다운 모자이크를 완성해 가신다. 한 교회가 완벽한 모습으로 선교적 교회를 대변하는 것이 아니라 각기 주어진 은사와 소명에 따라 하나님의 선교에 동참하게 될 때, 교회는 하모니를 이루고 하나님의 나라를 함께 그려 갈 수 있다. 그러므로 이 시점에서 우리에게 중요한 질문은 무엇인가?

우리 교회는 선교적 DNA를 가지고 있는가? 우리에게 주어진 은사와 자원을 기반으로 한 독특한 소명을 발견했는가? 우리는 교회의 성장이 아니라 하나님 나라를 위한 통전적 그림을 가지고 있는가? 성도들을 그리스도의 제자로 훈련해 세상으로 보낼 준비를 하고 실천하고 있는가? 하나님의 선교에 동참하여 하나님의 나라를 만들어 갈 그 아름다운 꿈과 그림을 가지고 있는가?

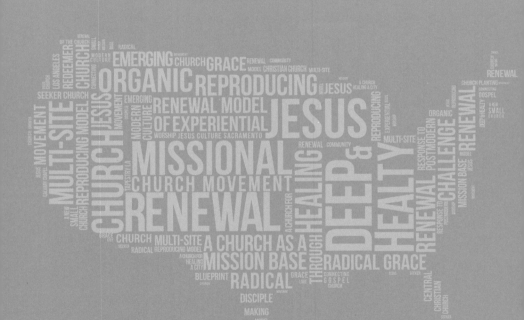

Part 2

북미 교회
갱신운동과 모델

2부에서는 북미 교회 갱신운동의 흐름을 보여 줄 수 있는 새롭고 신선한 모델을 살펴보고자 한다. 포스트 크리스천(post-christian) 시대를 살아가고 있는 이들 교회들은 특정 형식과 모델을 넘어, 각자 창의적인 모습으로 자신의 사명에 충실한 모습을 보인다. 자신에게 부여된 자원과 은사, 부르심에 따라 새로운 교회 운동을 만들어 가고 있는 것이다. 세속의 한가운데서 거룩한 영성을 소유하며 세상을 변화시키는 새로운 교회들! 그들은 복음에 뿌리내린 진정한 신앙 공동체로서 건강한 자기 정체성을 형성하고 창의적인 방식으로 예수의 복음을 증거하기 위해 급진적 노력을 기울이고 있다.

우리는 본질에 기초한 진정한 선교 공동체가 되지 않고서는 그 어떤 선교도 불가능한 시대를 살고 있다. 역사상 어느 때보다 복잡하고 다원화된 시대 속에서 성령의 창조적인 영성에 이끌리어 세상으로 침투해 하나님 나라를 형성해 가는 다양한 모델을 살펴보면서, 오늘날 한국교회가 배우고 적용해야 할 교훈과 방향성을 발견해 보자.

A MODEL OF RADICAL DISCIPLE-MAKING : BLUEPRINT CHURCH

급진적 제자화 모델
블루프린트교회

블루프린트교회의 사역 플랫폼은 단순하다.
그러나 그 안에는 두 가지 철학이 교차되어 있다.
즉, 성육신적(incarnational) 사역을 통해
세상을 찾아가는 선교적(missional) 교회가 되는 것과
참되고 아름다운 공동체로서
세상에 소망을 주는(attractive) 대안 공동체가 되는 것이다.

급진적 제자화

*The Radical Disciple*이라는 책은 20세기 복음주의를 대표하는 존 스토트(John Stott)의 마지막 작품이었다. 그는 왜 'Radical'이란 용어를 사용했을까? 그에 따르면 이 시대의 교회는 진정한 의미의 제자도를 상실했다. 참된 제자도는 전심을 다하는 제자도(wholehearted discipleship)이어야 하며, 그런 차원에서 '래디컬'이라는 용어 안에 담긴 본뜻, 즉 '뿌리'에 기초를 두고 철저한 헌신을 하는 그리스도의 참된 제자들이 필요함을 그는 강조했다.[1]

오랜 시간 교회가 제도의 틀에 갇혀 있게 되면서 제자도에 대한 본질 역시 변질되었다. 이러할 때 참된 교회에 대한 목마름을 가진 세대가 출현하면서 급진적 제자도에 대한 관심은 더 높아져 갔다. 특히, 선교적 교회의 관점에서 교회를 이해하는 지도자들은 '하나님 나라에 기초한 복음'을 이해하기 위해 '복음서'로 돌아가려는 노력을 많이 기울였다.[2] 이는 과거의 전통과 습관에 의해 형성된 사역이 아니라 성경에 기록된 그리스도의 삶과 방식에 기초한 사역의 회복을 의미했다. 그 중심에 바로 제자도에 대한 이해가 있다.

오늘날 '제자도'나 '제자훈련' 같은 말은 교회의 일상 언어가 됐다. 많은 교회들이 막대한 자원과 인력을 동원해 제자를 만들기 위해 노력하는 것 또한 사실이다. 그러나 현실은 어떠한가? 프로그램은 있으되 제자는 만들어지지 않는 이상한 현상을 경험하고 있다. 바로 여기에 제자도와 제자훈련에 대한 근본적 문제가 발견된다. 언제부터인가 현대 교회의 제자훈련은 강의와 학업을 통한 형식화된 교육 방식이 주를 이루게 됐다. 삶이 결여된 채, 정보와 지식을 제공하고 이론과 원리를 가르치는 교육이 주가 되었다.

그러나 참된 제자는 정보와 지식만으로 만들어지지 않는다. 제자는 가르치는 자의 삶을 통해 전수되고 형성된다. 그것이 바로 예수 그리스도가 보여 주신 방식이었다. 그는 일상의 삶을 통해 배울 수 있는 환경을 구축하셨고, 실천을 통해 습득해 나가는 일종의 담금교육과 도제교육 방식을 사용하였다. 예수님은 제자들과 함께 사셨고, 가르치셨고, 능력을 부여하셨다. 그들을 세상으로 보내셨고 사역에 대한 피드백을 통해 교정해 주셨고, 발전할 수 있는 기회를 부여하셨다. 삶을 통해 제자를 길러 내신 것이다.

그렇다면 오늘날에도 이러한 사역이 가능할 것인가? 많은 사람들이 애틀랜타(Atlanta, Georgia)에 소재한 블루프린트교회를 주목하는 이유가 여기에 있다. 그들은 기존의 제자훈련 방식과 전혀 다른 접근을 통해 헌신된 제자를 길러 내고 있다. 이제 그들의 사역 방식과 노력을 통해 형성된 급진적 제자 공동체의 특징과 방식을 살펴보자.

도시를 품은 블루프린트교회

블루프린트교회는 2010년 담임목사인 다티 루이스(Dhati Lewis)와 함께 시작됐다. 불과 수년 전 25명의 헌신된 성도들과 함께 시작된 교회가 현재는 400-500명의 다민족 성도들이 모이는 중형교회가 됐다. 그러나 교회의 내부를 들여다보면 단순한 구조와 사역으로 놀라게 된다. 그들에게는 성장을 위한 마땅한 전략이나 내세울 프로그램이 없다. 블루프린트교회가 지향하고 성도들이 느끼는 핵심은 견고한 성경적 가르침과 그 가르침을 실천하는 목회자와 평신도 리더들의 삶, 그리고 그것이 일상의 삶 속에서 실현될 수 있도록 구성된 소그룹 정도로 요약될 수 있다.

우선 교회에 들어서면 무엇보다 따뜻하고 친근한 분위기가 흘러넘친다. 성장하는 다른 교회들처럼 세련되고 화려한 예배도 없고 누군가의 쇼맨십이나 연출된 각본도 느껴지지 않는다. 그곳에는 그저 하나님을 사랑하고 이웃을 사랑하라는 사명에 충실한 제자들과 뜨거운 찬양, 그리고 헌신이 있을 뿐이다. 너무나도 가족적이고 지역적인 특색이 드러나는 교회가 바로 블루프린트 공동체이다.

이 공동체에 관해 주목할 만한 것 중 하나는 처음 교회를 개척했던 멤버들의 특성이다. 그들은 모두 텍사스에서 건너온 사람들이었다. 무엇이 이들을 낯선 도시로 건너오게 했고, 이렇게 짧은 시간 내에 건강한 성장을 이루게 했을까? 거기에는 설립자인 다티 루이스 목사의 독특한 제자훈련 방식이 핵심적 역할을 했다. 그렇다면 루이스는 어떤 인물이며, 그가 지닌 제자도의 철학과 사역은 어떤 특성을 가지고 있는 것일까?

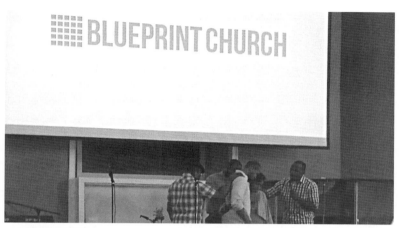

개척자, 다티 루이스

다티 루이스는 어린 시절부터 프로 선수였던 아버지처럼 유명한 미식축구(NFL) 선수가 되는 꿈을 꾸며 자랐다. 타고난 재능과 피나는 노력을 통해 선수로서 그의 장래는 밝아 보였다. 그러나 아쉽게도 그가 원했던 일류 대학팀엔 뽑히질 못했다. 루이스는 이때 심각한 실존적 위기를 경험하고, 삶에 대한 깊은 고민 속에서 진리를 찾기 위한 여정을 시작한다. 불교, 이슬람, 기독교, 아프리카 종교 등 많은 종교를 탐구하면서 구도자의 길에 들어선 것이다.

그러던 어느 날 루이스는 친구의 어머니가 건네준 성경을 읽으며 교회에 앉아 있는 자신을 발견하게 되었다. 그렇게 하나님은 루이스를 찾아오셨고 그의 삶에 개입하셨다. 이후 루이스는 미식축구 명문팀인 노스텍사스대학교(UNT)에 들어가게 된다. 선수로서의 꿈을 이루어 갈 수 있는 터전이 마련되었지만 하나님의 계획은 다른 곳에 있었다. 그곳에서 그는 신실한 믿음의 친구들을 만나고, 깊은 신앙적 체험을 할 수 있는 신앙 공동체에 들어가게 된다. 하나님은 그의 계획을 흔드셨고 목회자의 소명을 부여하셨다. 무엇보다 전도와 제자훈련을 배워 가면서 자신의 소명이 제자를 만드는 일에 있음을 발견하게 됐다. 당시 그의 눈에 비친 캠퍼스는 인생에 대한 공허함과 진리에 목마른 사람들로 가득한 곳이었다. 그는 믿음의 친구들과 함께 캠퍼스 사역을 시작했고 놀라운 열매를 맺는 경험을 하게 된다.

졸업 이후, 그의 사역은 텍사스 전역으로 확장되었다. 여러 대학에서 그의 사역을 필요로 했기 때문이다. 루이스는 대학생선교회(CCC)에 들어가 캠퍼스 사역을 하고, 지역교회와의 협력을 통해 교회를 개척하는 등 사역자로서 자리를 잡아 갔다. 그는 신학을 공부하기 위해 달라스신학교(Dallas

Theological Seminary)에 입학했고, 그곳에서 새로운 비전을 발견한다. 그것은 상황화 이론에 기초해 적용해 왔던 사역 방식을 캠퍼스가 아닌 세속화된 도시에 적용해 보는 것이었다. 진정한 예수님의 제자를 만들어 세상을 변화시키는 비전, 그것이 루이스 부부와 25명의 동역자들을 텍사스에서 애틀랜타로 옮겨 오게 하는 원동력이 됐다.

다티 루이스의 가족

삶을 통한 제자도(Life-on-Life Discipleship)

필자에게 있어 가장 궁금한 점은 '어떻게 25명이나 되는 개척 멤버가 텍사스에서 애틀랜타로 옮겨 오게 되었는가.' 하는 데 있었다. 무엇이 그들로 하여금 삶의 터전을 옮겨 가면서까지 교회를 개척하는 일에 헌신하게 했을까? 바로 여기서 우리는 삶을 통해 이루어지는 루이스의 독특한 제자훈련 방식을 만나게 된다.

루이스는 캠퍼스 사역을 하던 시기부터 제자를 만들라는 예수님의 명령을 어떻게 수행할 것인가를 놓고 깊은 씨름을 해왔다. 이를 위해 그는 제자훈련과 관련된 많은 책을 읽고 연구했다. 거기서 발견된 한 가지 공통점은 예수님께서 제자들과 함께하셨다는 점이었다. 루이스는 기존의 제자훈련에 대한 많은 의문점을 가지게 됐다. 개인주의가 극도로 발전하고 공동체적 삶이 사라진 현실 속에서 현대 교회가 취하고 있는 방법은 어떠한가! 혹시 우리의 방식에 가장 중요한 핵심이 빠져 있는 것은 아닌가! 제자를 만드는 과정이 스타벅스에서 커피를 마시며 단기간에 이루어질 수 있는 것으로 이해되고 있지는 않은가! 제자들과 함께 거하셨던 예수님의 모습을 보면서 그의 고민은 깊어지기 시작했다. 예수님의 방식을 따른다면 나는 어떻게 그들과 함께할 것인가! 이런 과정 속에서 루이스 부부가 도달한 해결점은 바로 '삶을 통한 제자도'(life-on-life discipleship)였다.

원리는 단순하다. 그것은 사람들을 관계 속으로 초대해 도전을 주는 방식이었다. 루이스 부부는 이러한 사역을 자신의 삶에 접목했다. 사람들을 집으로 초청해서 일정 기간을 함께 살았다. 그러면서 집중적인 훈련을 시켰다. 필자는 여기서 몇 가지로 인해 놀랐다. 첫째는 이러한 훈련 방식이 시작된 시점이다. 그는 이러한 사역을 캠퍼스 사역을 하던 초기(2002년)부터 실시했다. 당시 그들은 6명의 미혼 성도를 집으로 초대해 3주 동안 함께 거했다. 그렇게 시작한 훈련을 지금까지도 지속하고 있는 것이다. 그들은 6-8명의 사람들을 집으로 초대해 3-4주 정도의 강도 높은 훈련을 한다. 물론 그의 집은 1년 365일 여러 종류의 훈련을 받는 사람들로 늘 북적인다.

7명의 자녀를 가진 대가족이 365일 다른 사람과 한집에서 살면서 훈련하는 모습은 상상하기조차 어렵다. 그러나 그들은 예수님이 그러했던 것처럼, 참된 제자는 공동체적 환경에서 만들어진다는 사실을 믿고 있다. 루이스는 말한다. "우리는 가족적 상황 속에서 복음으로 성장할 수 있는 건강한 사람들을 세워 가기 위해 훈련을 실시하고 있습니다." 바로 이러한 신념 위에서 "복음이 사람을 변화시키고, 변화된 사람이 세상을 변화시킨다."는 사역 철학을 세웠다. 복음, 가족, 선교라는 사역의 중심축이 더욱 선명해졌다.

교회를 개척하기 위해 텍사스에서 이주해 온 25명의 자원자들은 바로 이러한 과정을 통해 세워진 제자들이었다. 그들은 모두 루이스의 집에서 거하면서 가족 됨을 경험했고, 복음을 위해 모험을 감수하는 그리스도의 군사들이었다. 훈련은 아침부터 저녁까지 하루 종일 이어진다. 이 시간은 전적으로 그리스도께 더 깊은 헌신을 하고, 성경을 공부하고, 복음을 나누는 능력을 증진시키며, 삶 속에 적용할 수 있도록 구성되었다.

사역을 진행하면서 만나게 된 어려움도 많았다. 자신의 삶을 철저하게 오픈하는 것은 자신의 문제와 약점까지도 드러내야 한다는 의미이기도 했다. 그런 상황이 닥칠 때마다 그들은 가식적인 삶 대신, 제자로서 문제를 풀어 가는 방식을 보여 주려 노력했다. 감사하게도 이러한 노력은 참여자들의 인생에 깊은 도전과 변화를 불러일으켰다. 훈련받은 성도가 동일한 DNA를 품고 확산시키는 주체가 되었다. 교회에 제자를 만드는 문화가 조성되고, 제자가 다른 제자를 양성하는 현상이 발생했다. 놀랍게도 현재 교회는 전체 교인의 40% 이상이 다른 사람과 함께 살면서 제자를 만드는 사역에 동참하고 있다. 리더의 삶이 성도들을 변화시키고 그들을 전염시킨 것이다. 루이스는 이러한 경험을 통해, "진정 제자를 만들고자 한다면, 우리는 복음을 위해 자신의 삶을 기꺼이 포기할 수 있어야 한다."라고 도전한다.

선교적 공동체(Missional Community)

제자로서 자신의 정체성이 형성된 성도들은 교회 안에서뿐만 아니라 세상 속에서 하나님 나라를 확장하고 회복하기 위해 보냄을 받는다. 교회는 이러한 사역을 지지하고 돕기 위해 소그룹 사역을 선교적 공동체로 변환시켰다. 현재는 약 15개의 선교적 공동체가 지역별로 조직되어 있다.

그렇다면 선교적 공동체는 어떠한 모습을 띠고 있는가? 우선 일반적인 교회의 소그룹과 비교할 때 사이즈와 목표, 내용이 다르다. 선교적 공동체는 약 20-50명까지를 한 그룹으로 묶는다. 일반 교회에서 실시하는 소그룹보다 규모가 큰 편이다. 그 이유는 이들 공동체의 목적이 세상에서 선교적 사명을 감당하는 제자들의 모임에 맞춰 있기 때문이다. 사역을 실천하기 위해 요구되는 최소한의 인력과 재정, 증식과 분가, 현대인들이 원하는 일정의 공간을 제공하는 최적화된 숫자 등이 고려된 규모이다.

선교적 공동체가 사역 중심적 소그룹을 지향하기 때문에 형식과 내용은 각자 다르다. 그러나 공동체가 품고 있는 핵심 가치는 같다. 무엇보다 최우선적인 가치는 하나님과의 수직적 관계와 구성원들과의 수평적 관계를 발전시키는 일이다. 동시에 복음을 증거하고 세상을 변화시키기 위해 다양한 노력을 기울인다. 일반적으로 선교적 공동체의 공식 모임은 다음과 같은 요소들을 포함한다. 식사, 교제, 성찬, 찬양과 경배, 기도와 중보, 성경공부, 나눔과 간증, 복음을 전하고자 하는 지역 공동체를 위한 기도, 선교 사역을 위한 계획 등이다. 감사하게도 이들 공동체는 공식적인 모임 이외에도 빈번한 비공식적인 모임을 스스로 갖는다. 경건의 시간을 위해 아침 모임을 갖기도 하고 저녁 식사와 가족들의 교제 시간을 만들기도 한다.

선교적 공동체를 이끌어 가기 위해서는 좋은 리더가 필요하다. 블루프린트의 경우, 선교적 공동체의 리더십은 한 명의 대표 리더와 8명의 리더들이 팀(core team)을 이룬다. 대표 리더는 공동체를 이끌어 갈 수 있도록 훈련을 받은 검증된 사람이어야 한다. 그들의 일차적 책임은 목자로서 전체 공동체 구성원들을 세밀하게 돌보고 8명의 헌신된 멤버로 구성된 핵심 팀(core team)을 이끄는 일이다. 이에 반해 핵심 팀은 선교적 공동체가 운영될 수 있도록 하는 실제 업무를 맡는다. 예를 들면 운영 담당자, 식탁과 교제 담당자, 새로운 멤버를 환영하는 담당자, 중보기도 담당자, 멤버들의 필요를 발견하고 돕는 담당자 등 각자의 독특한 사역이 주어져 있다. 역할은 다르지만 구성원들이 서로 연결되고 연합될 수 있도록 돕는 공동의 목표를 가지고 협력한다. 당연히 사역의 우선순위는 이벤트나 프로그램, 규모나 성과에 있지 않다. 사역의 초점은 언제나 사람이다. 선교적 공동체 안에서 구성원들이 유기적 관계(organic relationships)를 맺을 수 있도록 하는 것이 사역의 우선순위가 된다.

선교적 공동체의 또 다른 기능은 지역사회를 위한 섬김과 전도의 역할을 한다는 점이다. 대도시에서 살아가는 사람들은 소속과 관계에 목마르다. 만약 우리가 진정한 공동체를 형성할 수만 있다면, 그 공동체는 불신자들을 전도하기 위한 가장 좋은 통로가 될 것이다. 블루프린트에서는 실제로 많은 사람들이 선교적 공동체에 먼저 속하고, 이후 교회에 출석하고 믿음을 갖는 것을 본다. 포용과 사랑을 실현하는 제자들의 공동체가 관계에 목마른 사람들에게 매력적으로 보이는 것은 매우 자연스러운 현상이다.

그러나 이들 공동체의 사역은 여기서 머물지 않는다. 더 적극적인 차원에서 각 공동체들은 세상을 변화시키기 위한 다양한 사역을 찾아서 섬긴다. 일례로 어떤 공동체는 노숙자들을 돌보기 위해 음식과 집을 마련해 주고, 다른 공동체는 지역 노인시설을 정기적으로 찾아가 돌봄을 실천한다. 어떤 이들은 청소년들을 위한 지역 운동 팀에 들어가 자원봉사를 하기도 하고, 학교 활동을 통해 영향력을 미치기도 한다.

당연히 블루프린트의 공동체 사역은 삶을 통한 제자도와 깊은 연관을 가진다. 자기 가정을 오픈하고 다른 사람과 함께 살아가는 것에 익숙한 성도들이, 확장된 개념의 공동체를 이루고 하나님의 일을 함께 이뤄 가는 모습은 본 교회만의 특징이며 자랑이다.

오늘날 많은 교회들이 소그룹 사역에 많은 관심과 노력을 기울이지만 만족할 만한 열매를 얻지 못하는 이유는 무엇 때문일까? 그것은 바로, 관계와 신뢰가 피상적이기 때문이다. 대부분의 성도들은 누군가를 믿고 의지하며 자기 자신의 삶을 공유하는 훈련을 받아 본 적이 없다. 세상을 섬기되 함께 섬기는 법을 알지 못하기 때문에 우리의 제자도는 충분하지 않다. 블루프린트는 그런 측면에서 선교적 공동체가 형성되고 발전할 수 있는 가장 중요한 자산을 가지고 있다. 바로 삶을 통한 제자도가 그 기반이 되고 있는 것이다.

사역 플랫폼(Primary Platforms)

루이스에 따르면 블루프린트교회는 네 개의 플랫폼을 기반으로 사역이 운영된다.

첫 번째는 주일 예배이며, 두 번째는 선교적 공동체이다. 이들은 모이는 교회로서 하나님을 예배하고, 흩어지는 교회로서 세상을 섬긴다. 세 번째는 'The Start and Stop Program'이다. 여기에 포함되는 것은 교회에서 열리는 특별한 행사들을 의미한다. 예를 들어 수련회나 콘퍼런스, 세미나, 교육 등 시작하는 날과 끝나는 날이 있는 행사들을 일컫는다. 마지막은 웹과 소셜 미디어이다. 일상의 삶을 통해 제자훈련을 하는 교회인데 소셜 미디어와 웹을 중요한 사역 기반으로 여긴다는 것이 어색할 수도 있다. 그러나 이러한 첨단 기술들은 예전보다 훨씬 더 빠르고 자유로운 커뮤니케이션을 촉진하는 도구가 된다. 교회는 24시간 세상 문화에 노출되어 있는 성도들을 신앙으로 묶어 줄 수 있어야 한다. 그런 의미에서 미디어와 소셜 네트워크는 21세기 사역의 중요한 도구임에 틀림없다. 블루프린트는 성도들이 세상에서 제자로 살아가기 위한 자원을 공급하고 교회가 세상과 소통하기 위한 통로로써 이들을 선교적 도구로 적극 활용한다.

블루프린트교회의 사역 플랫폼은 단순하다. 그러나 그 안에는 두 가지 철학이 교차되어 있다. 즉, 성육신적(incarnational) 사역을 통해 세상을 찾아가는 선교적(missional) 교회가 되는 것과 참되고 아름다운 공동체로서 세상에 소망을 주는(attractive) 대안 공동체가 되는 것이다.

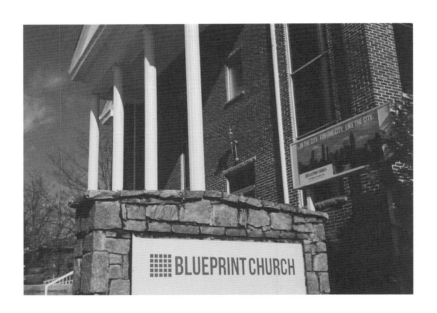

첫째, 사역의 고민과 해결점을 성경으로부터 도출하라.

루이스의 고민은 가장 기본적인 것으로부터 시작됐다. 교회란 무엇이고, 무엇을 위해 존재해야 하는가? 지역 공동체 속에서 하나님 백성의 삶의 방식은 어떠해야 하는가? 어떻게 우리는 세상 사람들에게 다가가 복음을 전할 수 있는가? 그 속에서 복음전파와 제자도, 공동체의 중요성을 발견했다. 진정 우리가 성경과 예수님께 붙잡히게 된다면 우리는 하나님과 교회, 세상에 대해 다른 눈을 가지고 보게 될 수 있다.[3] 오늘날 우리가 가진 고민의 출발점은 어디이고 문제의 근원은 무엇인가? 다시 성경과 복음으로 돌아가 예수님께서 보여 주신 삶의 모델을 통해 사역을 재정비해야 한다.

둘째, 참된 제자를 만들고 싶다면 지도자가 먼저 제자의 삶을 살아야 한다.

블루프린트의 제자화는 철저한 지도자의 헌신과 희생을 기반으로 이뤄진다. 모델링 없는 제자훈련은 공허해지기 마련이다. 예수님은 제자를 만들기 위해 어떤 정보나 프로그램, 책략을 사용하지 않았다. 오히려 그의 사람들과 함께 거하시며 하나님의 뜻을 좇는 백성의 삶을 보여 주시고 도전하셨다.[4] 선생이 아니라 진정한 제자가 되려는 몸부림을 통해 우리는 예수님의 제자로 성장하게 된다.

셋째, 선교적 공동체의 환영(welcome)과 도전(challenge)의 역학관계를 활용하라.

N.T. 라이트는 예수님의 사역은 사람들을 복음으로 초대하는 것에서부터 시작하여 그의 백성으로 살아가는 부르심으로 이어진다고 말했다.[5] 분명한 사실은 초대 받은 자들은 환영을 받았고, 이는 다시 삶을 바꾸는 도전으로 이어졌다. 블루프린트의 제자훈련도 마찬가지다. 그들은 사람들을 가정 공동체로 초대해 영접한 후 삶을 도전하고 거룩한 부르심에 순종할 수 있는 환경을 조성했다. 우리 역시 마찬가지다. 제자를 만드는 공동체적 환경과 과정을 조성하고[6] 그들이 순종의 길로 나아갈 수 있는 헌신적 문화를 만들 수 있어야 한다. 물론 구체적인 적용은 각자 교회 형편에 맞는 상황화를 통해 이뤄져야 한다.

넷째, 교회는 존재론적으로 세상의 대안 공동체가 되어야 하며 (attractive), 실천적 측면에서 세상으로 보냄 받은 선교적(missional) 공동체가 되어야 한다.[7]

참된 제자는 하나님 나라의 기준에 의해 하나님과 이웃을 사랑하고 실천적 삶을 통해 그분의 통치를 보여 주는 사람이어야 한다. 바로 그러한 삶이 세상과 대조적인 대안 공동체를 형성하게 만들며, 세상으로 침투하여 복음을 증거하는 원동력이 된다.

나가는 말

마이클 프로스트(Michael Frost)는 기독교의 정체성을 예수에 대한 이야기를 기초로 형성된 공동체라고 정의하면서 "그리스도를 따르는 일이야말로 다른 어떤 것보다 위험한 일이다."라고 말했다. 인간적으로 우리의 성향은 개인적 안전과 평안을 추구한다. 그러나 예수 그리스도의 급진적 이야기를 받아들일 때, 비로소 자신의 보금자리를 떨치고 일어날 수 있는 용기를 얻는다.[8] 하나님의 아들이신 예수 그리스도가 영원한 생명을 주시기 위해 행하셨던 성육신과 십자가, 죽음과 부활의 능력이 그의 백성들을 하나님 나라를 향한 삶으로 이끌기 때문이다. 이 시대의 교회는 참된 제자를 필요로 한다. 일꾼이 아니라 예수 그리스도의 제자, 그분을 위해 자기 십자가를 지고 기꺼이 부르심의 길을 가는 성도들이 많아질 때 새로워질 수 있다.

한국 교회의 변화는 어떻게 일어날 수 있는가? 교회는 어떻게 갱신될 수 있는가? 그것은 바로 선교적 정체성을 가진 참된 그리스도의 제자들이 삶을 통해 드러낼 때 가능하다. 이론과 지식에 경도된 성도가 아니라 일상과 현장에서 하나님 나라의 윤리와 가치를 추구하며 살아가는 제자들이 출현하는 교회, 나와 다른 사람들을 품고 사랑하며 하나님의 은혜를 공유하는 제자들의 공동체가 형성되어질 때 비로소 교회는 세상의 소망이 될 수 있다. 진정한 제자도가 회복되어 한국 교회가 새롭게 갱신될 수 있기를 소원해 본다.

홈페이지 http://blueprintchurch.org/

A CHURCH AS
A MISSION BASE :
GRACE CITY
CHURCH

선교 기지로서의
사역 모델
그레이스 시티교회

그레이스 시티교회의 비전은
'죄의 도시가 은혜의 도시로 변화되는 것'을 보는 데 있다.
'모든 영광을 하나님께서 받으시도록 하기 위해
자신은 어려운 곳에서 열심히 사역한다'는 헌신 아래
그들 스스로 '라스베이거스와 세상 전역에
영적 각성과 부흥을 위한 촉매제'가 되길 원했다.
이러한 철학 위에서 그레이스 시티교회는
마치 선교 기지처럼, 다른 교회의 성도들이
참여할 수 있는 다양한 사역 기회와
선교 프로그램을 만들었다.

들어가는 말

선교적교회운동으로 인한 가장 강력한 변화는 지역교회의 선교적 사명에 대한 인식을 새롭게 했다는 점과 맞물려 있다. 1,000년 이상 지속되어 온 서구 기독교와 국가의 결탁 구조는 자연스럽게 교회의 선교 열정과 부담을 약화시켰다. 18세기 선교의 위대한 시기가 시작되었을 때조차도 지역교회는 선교 사역의 주체가 되지 못했다. 깨어 있는 평신도들을 중심으로 다양한 해외 선교회가 조직되면서 그 흐름은 오늘날 파라처치 운동(parachurch movement)으로 계승되었다. 그런 관점에서 랄프 윈터(Ralph Winter)의 그 유명한 '소달리티(sodality)'와 '모달리티(modality)'[1] 이론이 탄생했다. 언제부턴가 선교를 선교단체의 몫으로 여기면서, 지역교회는 재정과 물질로 선교사들을 돕거나 혹은 선교를 여러 프로그램 중의 하나로 이해하는 차원으로 자신의 역할을 축소시켰다.

그러나 선교적 교회는 그런 오랜 관념에 도전했다. 선교는 더 이상 지역교회의 프로그램이 아니며 물질과 자원을 돕는 조력자가 아님을 깨닫게 했다. 우리가 살고 있는 모든 곳이 선교지이며 하나님은 모든 백성에게 선교적 사명을 위임하셨다는 그 명백한 사명이 교회 됨을 새롭게 일깨웠다. 교회는 하나님 나라를 이 땅에 회복하기 위해 부름 받은 백성의 공동체이며 동시에 그 사명을 이루기 위해 세상으로 보냄 받은 존재임을 깨닫고 자신과 사역을 재형성해야만 한다.[2] 그러한 사실을 인식하게 될 때 교회는 세상의 피난처가 아닌 세상을 향한 선교기지로 탈바꿈하게 된다. 지역과 열방을 복음으로 변화시키는 꿈을 꾸고, 그러한 사명을 감당할 수 있는 제자들을 훈련하고 길러 내는 곳, 그리고 그들이 함께 세상으로 침투해 들어가 세상의 변화를 추구하는 것이 바로 참된 교회의 모습인 것이다.

그레이스 시티교회(Grace City Church)는 바로 그러한 점에서 주목할 만한 신앙 공동체이다. 수년 전 라스베이거스를 품고 개척된 한 지역교회의 야심만만한 도전과 경험, 그리고 거기서 얻게 되는 교훈을 통해 한국 교회에 적용할 수 있는 선교적 갱신 원리를 발견해 보자.

'Sin City'를 향한 부담

그레이스 시티교회는 개척자인 데이브 얼리(Dave Earley)[3]를 하나님께서 부르심과 함께 시작됐다. 30년간의 목회 경험 속에서 다양한 교회 개척과 선교 경험을 가진 데이브는 원래 리버티대학(Liberty University, Virginia)에서 전도와 교회 개척에 대한 과목을 가르치는 교수였다. 강의 중 마태복음 16장 18절을 가르칠 때였다. '내가 이 반석 위에 내 교회를 세우리니 음부의 권세가 이기지 못하리라' 이 말씀에 대해 학생들과 나눈 내용은 이러했다. "만일 예수님과 동역할 수 있다면, 우리는 그 어디서도 교회를 개척할 수 있을 뿐 아니라 음부의 권세도 몰아낼 수 있다." 물론 이 말은 그가 지닌 열정의 표현이었다. 데이브는 1년 전부터 교회를 개척할 장소를 찾기 위해 기도를 하고 있었는데 아직까지 응답을 받지 못하고 있던 상황이었다. 그의 기도가

364일째 되던 어느 날 밤, 그는 '라스베이거스(Las Vegas)'를 검색해 보라'는 세미한 음성을 듣게 된다. 세상에서 가장 휘황찬란한 도시, 라스베이거스! 그러나 하나님은 그 화려함 속에 감춰 있던 도시의 공허함과 상처, 고통과 신음을 발견하게 하셨다. 순간 라스베이거스야말로 그가 개척하고자 기도했던 도시와 부합하는 곳임을 깨닫게 됐다.

그는 개척 장소를 찾으면서 몇 가지 원칙을 세웠다. 첫째는 미국 중남부와 동남부에 걸쳐 복음주의 교회 공동체가 밀집된 바이블벨트로부터 멀리 떨어져 있으면서 복음이 정말 필요한 도시여야 했다. 라스베이거스는 인구 200만 명 중 복음주의 기독교인이 3.7%에 머물 정도로 세속적인 도시였다. 둘째, 복음전도가 절실한 대학이 있어야 했다. 라스베이거스에는 모르몬에 의해 설립된 네바다대학(University of Nevada, Las Vegas)이 있었는데, 29,000명의 학생 중 대부분이 비그리스도인들로 구성되어 있을 뿐 아니라 대학생 사역이 안 되기로 유명한 학교였다. 셋째, 복음화가 필요한 도시 내에서도 크리스천이 가장 적게 살고 있는 지역을 가고자 했다. 실제로 그들이 교회를 세울 곳은 60,000명의 사람이 살지만 단 4개의 교회밖에 없는 곳이었다. 하나님께서 그들을 부르고 계심을 느낄 수 있었다.

물론 라스베이거스에 교회를 개척하는 것은 결코 낭만적인 일이 아니었다. 그들은 개척을 위해 1년간 철저히 준비했다. 지역 연구와 더불어 개척자금을 모으고, 함께할 개척팀을 모아 훈련하는 것이 주된 일이었다. 먼저 그들은 지역의 필요와 상황을 이해하기 위해 라스베이거스의 문화와 사회적 특성, 거주하는 사람들에 대해 연구를 했다. 또한 비전 여행을 통해 지역을 방문하고 그곳에서 사역하고 있는 목회자들과 지도자들을 만나 정확한 정보를 수집했다. 이어서 팀 멤버를 모으는 일에 심혈을 기울였다.

무엇보다 그들이 힘쓴 것은 기도 사역이었다. 개척에 관심을 보이는 학생들이 모이자 그들은 정기적으로 대학 기도실에 모여 함께 기도했다. 하루 세 번 기도, 일주일 하루 금식, 그리고 매일 성경 묵상 등이 그들에게 주어진 의무였다. 기도하면서 사역의 방향이 더욱 선명해지는 것을 느낄 수 있었다. 하나님은 데이브에게 도시의 영적 분위기를 바꾸는 것은 물론, 하나님의 사랑으로 라스베이거스를 섬기기 원하는 젊고 열정적이며 급진적인 리더들을 훈련시키라는 사명감을 불어넣으셨다. 사람들을 만나 인터뷰를 하고 선발된 학생들을 훈련하는 과정을 병행했다. 마지막으로 후원 계좌를 열고, 홈페이지와 페이스북, 블로그, 티셔츠 등을 만들어 사역을 홍보했다. 그러한 과정 속에서 교회 개척 사역에 동참할 18명의 헌신자들이 집결되었다. 드디어 2012년, 척박한 땅을 복음화하기 위해 18명의 선교사들은 2,300마일의 대륙을 가로질러 보냄 받은 땅, 라스베이거스로 건너오게 된다.

데이브 얼리

기도, 아웃리치, 선교

라스베이거스는 세계 최고급 호텔들과 각종 엔터테인먼트 쇼들이 넘쳐나는 환락과 도박의 도시다. 거리엔 언제나 전 세계에서 몰려든 사람들로 북적이고, 호텔 내부엔 도박을 즐기는 이들로 가득 차 있다. 그러나 웃음과 환호성이 쉴 새 없이 터지고, 즐거움을 만끽하고자 부산하게 움직이는 인파들 뒤에 감춰진 도시의 뒷모습은 네온사인이 꺼진 황량한 콘크리트 건물처럼 쓸쓸하고 낯설기만 하다. 실제로 도시 뒷골목엔 도박으로 인생을 탕진하고 방황하는 사람들이 즐비하고, 공허와 고독을 이기지 못해 술과 마약, 도박에 취해 살아가는 사람들이 너무도 많다. 과연 무엇이 도시를 변화시킬 수 있을까? 죄로 물든 라스베이거스, 그곳이 은혜로 충만한 도시가 되기 위해 그들이 할 수 있는 것은 아무것도 없었다. 오직 기도와 말씀을 통해 성령으로 무장되는 방법밖에는 다른 방도가 없음을 그들은 잘 알고 있었다.

그런 맥락에서 18명의 도시 선교사들은 어떤 사역보다 기도에 우선권을 뒀다. 라스베이거스에 이주한 이후 첫 40일 동안은 거의 매일 모여 7시간 동안 기도모임을 가졌다. 40일이 지난 후에는 아침 8시부터 12까지 함께 기도하는 시간으로 지켰다. 오후에는 동네로 나아가 학교 주변과 주요 시설, 공원 등을 걸으며 기도했다.

그다음엔 이웃을 만나 얼굴을 익히고 자신을 소개하는 시간을 가졌다. 그 사이 동네 아이들을 위해 성경학교를 열고, 지역 사람들과는 친분을 쌓기 위해 노력했다. 이러한 접촉은 자연스럽게 지역 공동체 사람들을 전도하기 위한 아웃리치 사역으로 이어졌다. 이웃들이 편하게 와서 함께 시간을 보내고 복음을 들을 수 있게 하기 위해 소규모 블록 파티(block party)를 열었다. 그들은 직접 이웃들의 집을 일일이 두드리며 초대장을 나누어 주었다. 첫 모임 때는 250명에게 초대장을 나누어 주었는데, 놀랍게도 그중 80명의 사람들이 참여했다. 횟수를 더해 갈수록 모여드는 사람들이 많아졌다. 100명, 125명…. 결국, 첫 여름 동안 10번의 블록 파티를 열었고 17,000장의 초대장을 나누어 주었으며 2,000명의 사람들이 초대되어 의미 있는 시간을 보냈다.

또 다른 주요 사역지는 학교였다. 가장 먼저 핵심 대상인 네바다대학의 학생들을 전도하기 위해 캠퍼스 사역을 시작했다. 공식적으로 학교 클럽에 등록을 한 후 캠퍼스에서 성경공부를 할 수 있는 공간을 마련했다. 역시 여기서도 기도 주간을 만들어 기도에 집중했다. 개학한 첫 주간 동안엔 매일 기도 모임과 대학생들을 위한 블록 파티를 열었다. 40도가 넘는 뜨거운 날씨 때문에 힘겨워하는 대학생들에게 물과 핫도그를 나누어 주고 저녁에 열리는 성경공부 모임에 그들을 초대했다. 그렇게 해서 처음 모인 학생들이 40여 명 정도 되었고, 이후 그 모임은 70여 명까지 늘어났다.

초등학교와 중학교, 고등학교 역시 그들에겐 중요한 사역지였다. 학교와의 접촉점을 만들기 위해 그레이스 시티교회의 지체들은 우선적으로 학교 선생님들을 초청하여 점심을 대접했다. 이후 학교 행사에 자원봉사자로 참여하거나 학생들의 멘토로 섬기는 등의 수고를 통해 전도 사역을 시작했다. 이러한 과정을 통해 몇 명의 선생님들이 그레이스 시티교회의 교인이 되었다. 이들과의 협력을 통해 학교 내 성경공부 클럽을 만들고 방과 후 학생들을 위한 특별 프로그램도 열었다.

라스베이거스의 또 하나의 특징은 거리에서 음악을 연주하고 생계를 유지하는 사람들이 많다는 것이다. 안타깝게도 그들 중 상당수는 집이 없거나 마약에 중독되어 있는 사람들이기도 했다. 이들을 찾아가 복음을 전하고 필요를 채워 주기 시작하자, 몇 명의 노숙자들이 예배에 참석하고 변화되는 일이 일어났다. 마약을 끊고 새로운 삶을 살아가는 크리스천이 등장하게 된 것이다.

2012년 11월 11일, 그레이스 시티교회는 드디어 중학교 강단을 빌려 공식적인 주일 예배를 드렸다. 라스베이거스에 도착한 지 5개월 만의 일이다. 교회는 시작부터 다양한 멤버들로 구성되었는데, 십 대 청소년, 대학생, 거리의 악사와 공연자, 노숙인들이 함께 모였다. 이후 그들의 사역은 귀한 열매로 이어졌다. 교회가 공식적으로 시작되기 전에 이미 4명의 이웃들이 세례를 받았었는데, 그 이후 첫 공식 세례식이 열렸다. 그 주일 예배에 참여한 인원은 149명이었고, 그중 13명의 젊은이들이 세례를 받았다. 교회가 시작된 후 첫 1년 동안 세례 받은 인원이 67명에 다다랐다.

비교적 짧은 시간 동안 교회는 체계를 세우고 다양한 사역을 실행할 수 있었다. 그렇다면 과연 무엇이 이러한 일을 가능하게 했을까? 그것은 이미 살펴본 것처럼, 교회 개척에 동참했던 핵심 멤버들이 전적으로 선교에 헌신된 사람들이었다는 데 있다. 그들은 죄악의 도시를 향한 강한 선교적 열망을 품고 대륙 횡단을 감행한 용맹한 선교사들이었다. 교회에서 받는 사례 없이 모든 멤버들이 스스로 자원을 마련해서 자발적으로 사역에 헌신했기 때문에 교회가 세워지고 처음부터 선교 중심의 교회가 될 수 있었다.

또한 이들은 사역을 효과적으로 감당하기 위해 처음부터 부르심에 따라 사역의 영역을 나누고 팀으로 모든 일을 이루어 나갔다. 예배와 교회 사역팀, 초중고 학교 사역팀, 대학교 사역팀, 거리 전도팀, 긍휼 사역팀 등으로 나뉘어 각자의 영역에서 최선을 다하고 함께 협력하는 구조는 매우 효과적이었다. 그러나 더 중요한 것은 이들이 사역에만 초점을 맞추지 않았다는 점이다. 오히려 지속적인 영적 훈련과 공동체적 삶을 통해 성장이 이뤄졌다는 점이 중요하다. 초기 자원자들은 분명 남다른 헌신을 가지고 개척 사역에 동참했지만, 리더는 끊임없이 이들의 영적 상태를 점검하고 제자훈련과 영성훈련을 통해 지속적인 성장이 발생할 수 있도록 도왔다.

세례식

선교 기지로서의 교회 사역

그레이스 시티교회의 특징 중 하나는 자신의 교회성장 대신 다른 교회들과 협력하여 라스베이거스 선교를 위해 헌신해 오고 있다는 점이다. 이러한 태도는 교회가 지역의 한 교회로 머물지 않고 작지만 전국적인 사역으로 확장되도록 만들었다. 그들이 추구하는 사역 철학은 무엇인가?

그레이스 시티교회의 비전은 '죄의 도시가 은혜의 도시로 변화되는 것'을 보는 데 있다. '모든 영광을 하나님 그분께서 받으시도록 하기 위해 자신은 어려운 곳에서 열심히 사역한다'는 헌신 아래 그들 스스로 '라스베이거스와 세상 전역에 영적 각성과 부흥을 위한 촉매제'가 되길 원했다. 이러한 철학 위에서 그레이스 시티교회는 마치 선교 기지처럼, 다른 교회의 성도들이 참여할 수 있는 다양한 사역 기회와 선교 프로그램을 만들었다. 대표적인 사역들은 다음과 같은 것들이 있다.

다양한 아웃리치 프로그램

● VX(The Vegas Experience) 본 사역은 일주일 혹은 그 이하 기간 동안 라스베이거스 선교를 경험해 보는 프로그램이다. 다양한 교회와 학교의 단기 선교팀이 라스베이거스에서 섬김과 봉사를 경험할 수 있다.

● MX(The Missions Experience) 10주간 선교 인턴훈련을 받는 프로그램이다.

- **DX**(The Disciple Experience) 1~2년간 사역훈련을 받는 프로그램이다. 현재 20여 명의 젊은이들이 미국 전역에서 찾아와 다양한 사역을 섬기면서 선교리더로서 훈련받고 있다.

- **BX**(The Bible Institute) 리버티대학과의 협의를 통해 대학생들이 라스베이거스에서 거주하면서 선교와 학업을 병행하는 프로그램이다. 이 프로그램에 참여하고 있는 사람들은 매우 다양한데, 이미 철학박사를 받은 교수로부터 전직 갱 멤버, 마약 딜러였던 사람까지 골고루 섞여 있는 것이 특징이다.

- **CPX**(The Church Planting Experience) 교회 개척자들을 위한 6개월 훈련 시스템이다. 본 프로그램에 참여한 사람들은 한 그룹으로 묶여 함께 배우고 훈련을 받아 교회 개척을 할 수 있는 실제적 능력을 개발한다.

- **IX**(The International Experience) 해외로 가는 단기선교 프로그램이다. 인도와 유럽 등을 방문하고 현장에서 실시되고 있는 선교를 돕고 동참한다.

이처럼 다양한 선교 프로그램이 원활하게 진행될 수 있는 이유는 주 7일 365일 끊임없이 현장을 찾아가는 사역이 실시되고 있기 때문이다. 또한 지역사회와 좋은 유대 관계 속에서 사역 대상과 현장이 넓어지고 있는 것도 사역이 원활하게 이루어지는 주요 원인이다. 교회가 라스베이거스 도시를 향한 분명한 비전을 품게 되자 이 사역을 경험하고 동참하고자 하는 사람 또한 많아지고 있다. 2015년 한 해 동안에만 미 전역에서 찾아온 젊은 단기선교팀들이 수백 명에 이르고, 1년 이상 거주하며 헌신하는 청년들도 20명이 넘었다. 그들은 남들이 주목하지 않는 거리의 사람들, 실패와 절망에 빠진 노숙자들을 찾아간다. 주변 초, 중, 고등학교에서 자원봉사를 하고 성경 클럽을 오픈하고 멘토링 사역을 실시한다. 미국에서 가장 복음화율이 낮은 대학교 캠퍼스에서 파티를 열고 사람들을 초대하여 음식을 나누고 간증을 하며 복음을 전한다. 매일 수십 명에서 수백 명에 이르는 사람들을 만나고 복음을 전하는 일을 통해 교회는 라스베이거스의 선교 기지로서, 다양한 교회의 선교 브리지로서의 역할을 감당하고 있다.

기도 사역

그레이스 시티는 기도가 이끌어 가는 교회다. 개척 초기부터 핵심이었던 기도 사역은 오늘날 그레이스 시티교회의 특성과 문화를 대변한다. 모든 사역은 기도로 결정되고, 그 어떤 것도 기도 없이 진행되지 않는다. 예배 역시 마찬가지다. 주일 오전에 모든 봉사자들은 30분 이상 함께 모여 합심 기도를 하고 사역을 시작한다. 예배 시간에도 설교자의 말씀이 선포되면 모든 성도가 강단 앞으로 나와 결단의 기도를 드린다. 주 중에도 기도 사역은 지속된다. 매주 월요일부터 수요일 오전 9시부터 10시 30분까지는 모든 사역자들과 자원봉사자들이 기도의 집(House of Prayer)에 모여 합심기도를 한다. 개인과 교회 공동체뿐만 아니라 라스베이거스와 세계 열방을 위해 뜨겁게 기도한다. 그레이스 시티교회는 그 어느 교회보다 많은 시간을 기도에 힘쓴다. 그래서인지 성도들 가운데는 자신이 평생 동안 해온 기도

보다 더 많은 기도를 그레이스 시티교회에서 했다는 고백을 종종 하곤 한다.

그레이스 시티에서 열리는 기도 사역은 'Burn Week'에서 정점에 달한다. 마가의 다락방에 모인 성도들이 기도를 통해 능력을 힘입은 것처럼(행 1:12-14), 그레이스 시티는 'Burn Week' 기간이 되면 모든 프로그램을 멈추고 온전히 기도에만 매진한다. 공식적으로는 하루 세 번 오전 9시, 10시 30분, 오후 7시 기도 세션이 열리고, 성도들은 최소 한 세션 이상 참석하여 기도에 동참한다. 이 기간은 하나님의 특별한 은혜와 능력을 경험하는 시간이다. 모든 성도들이 모여 뜨겁게 기도할 때, 죄의 사슬이 끊어지고 상처와 아픔이 회복되며, 중독으로부터 자유하게 되는 일들이 발생한다. 성령의 능력과 은혜를 사모하는 가운데 교회 공동체는 사명을 발견하고 능력을 덧입는 역사를 경험하게 된다.

긍휼과 회복 사역

성령에 이끄심에 붙잡히자 그레이스 시티교회는 하나님의 마음이 가난하고 소외된 자들을 향해 있음을 깨닫게 됐다. 그들은 자연스럽게 실패하고 약한 사람을 향해 나갔다. 집을 잃고 거리에서 방황하며 가정을 유지할 수 없는 사람들을 품는 사역을 시작했다. 이 사역이 활성화된 계기는 데이브의 아들 앤드류(Andrew Earley) 때문이었다. 앤드류는 노숙자들에게 복음을 전하다가 그들을 자기 집에 초대하게 된다. 따뜻한 음식을 준비하고 나누면서 그들이 마음 문을 열고 복음을 받아들이는 것을 경험하게 됐다. 처음 한두 사람으로 시작됐던 모임이 나중에는 너무 많은 사람들이 모여들어서 더 이상 집에서 모이는 것이 불가능해졌다. 어쩔 수 없이 모임을 인근 공원에서 해야만 했다. 정기적으로 모임을 가지면서 음식과 옷가지를 나누어주고 성경공부를 지속했지만 공원에서의 사역 역시 한계가 많았다. 그들에게는 언제든지 도움을 주고받을 수 있는 장소가 필요했다. 이를 위해 기도했을 때 허락된 곳이 '플라밍고아웃리치센터(Flamingo Outreach Center)'였다. 라스베이거스의 가장 가난하고 후미진 지역에 세워져 폐허처럼 변해 버린 건물이었지만, 그곳을 리모델링하고 정성껏 꾸며 지역 사람들을 섬길 수 있는 센터가 됐다.

현재 센터의 책임자는 파이러스(Aka Pyrus)라는 청년이다. 그는 원래 기타를 연주하며 노래하는 뮤지션이었지만 순탄치 않은 여정 가운데 기나긴 시간을 노숙자로 보냈던 전력이 있다. 로스앤젤레스에서 2년간 노숙자로 살다가 거리에서 음악을 연주하고 생계를 유지하기 위해 라스베이거스로 오게 되지만 여기서도 탈출구는 보이지 않았다. 그러다 빠져든 길이 마리화나를 파는 일이었다. 이후 그의 삶은 더 황폐해졌다. 노숙자에다 마약 거래상으로까지 전락해 버린 그의 인생에 희망이란 보이지 않았다. 그런 상황 속에서 만난 사람이 바로 앤드류였다. 앤드류는 파이러스를 아무 조건 없이 자신의 집으로 초대해 음식을 주었고 말씀을 가르쳤다. 파이러스는 자연스럽게 자신의 친구들을 앤드류의 집으로 불러들였다. 다른 노숙인들을 위해 음식을 만들고 옷가지를 나누어 주면서 점차 복음이 그를 움직이기 시작했다. 그레이스시티 팀과 말씀을 읽고 기도를 하는 가운데, 그는 하나님의 온전한 치유와 회복을 경험하게 된다. 그렇게 그는 새로운 삶을 살게 되었다. 파이러스는 자신의 경험을 토대로 노숙인과 장애인, 가난하고 소외받는 사람들을 위한 사역에 전적으로 헌신하고 있다.

플라밍고아웃리치센터는 이렇게 가난하고 소외된 자들, 실패하고 버림받은 사람들을 위한 구별된 장소다. 구제 사역과 더불어 기도와 성경공부, 예배사역이 함께 병행된다. 주 중 3일은 음식과 옷가지 등 생필품을 공급받을 수 있도록 센터를 오픈하고, 수요일 저녁에는 식사와 더불어 성경공부가 열린다. 주일 오후 6시에는 그레이스 시티교회의 캠퍼스가 되어 정기 예배를 드린다.[4] 모든 예배의 순서와 메시지는 오전 예배와 동일하지만 참석자들은 훨씬 더 다양하다. 필자가 참석했을 때에도 대부분의 사람들이 지역의 어렵고 가난한 사람들임을 금방 눈치챌 수 있었다. 그 가운데는 노숙자들도 많았고, 휠체어를 타고 온 장애인들도 있었다. 마약중독이나 정신이상적 증상을 보이는 사람 역시 눈에 띄었다. 예배 시간에 가만히 있지 못하고 이리저리 왔다 갔다 춤을 추는 사람도 있었다. 놀라운 점은 그들을 맞이하는 사역자들과 성도들의 태도였다. 기존 성도들은 이러한 사람들을 마치 자기 가족을 대하듯 웃음으로 받아들이고, 악수와 포옹을 하면서 그들에게 사랑과 환대를 실천했다. 뜨거운 예배와 그리스도의 사랑이 있는 곳, 그래서 삶의 소망과 희망이 발견되는 곳이 바로 플라밍고아웃리치센터의 모습이었다.

갱신을 위한 적용

첫째, 복음이 필요한 사람과 지역에 눈을 돌리라.

흔히들 이 시대는 전도를 통해 성장이 이루어지지 않는 시대라고 말한다. 결과론적으로 맞는 말일 수 있다. 그러나 교회 공동체가 정말 복음이 필요한 사람들과 지역사회에 관심과 사랑을 기울이고 복음전파에 노력해 왔는가를 돌아보아야 한다. 우리의 일차적 관심이 회심 성장이 아닌 단순한 수적 성장에 몰입하고 있지는 않은가? 이 시대에도 복음이 필요한 사람들, 복음이 필요한 지역과 공동체가 있음을 기억하자. 그리고 그곳에 우리의 관심과 노력을 기울여야 한다.

둘째, 기도가 이끌어 가는 신앙 공동체가 되게 하라.

기도는 하나님의 뜻을 온전히 분별하고 이해할 수 있는 가장 강력한 통로이다. 기도 없이 영적 싸움을 행하는 것은 불가능하다. 세상이 세속화될수록 의지해야 할 것은 기도를 통한 영적 충만함이다. 그레이스 시티교회의 근간에는 강력한 기도 사역이 있었다. 이를 통해 그들은 철옹성처럼 보이는 도시에서 복음을 전할 수 있는 담력과 능력을 얻을 수 있었다.

셋째, 연합 사역의 중요성을 깨닫고 함께 협력할 수 있는 장을 열라.

한국 교회의 가장 고질적인 병폐 중 하나는 개교회주의라 할 수 있다. 하나님 나라를 세워 가는 일에 교회는 하나가 되어 협력해야 한다. 그레이스 시티교회는 다른 교회의 성도들이 함께 도시를 위해 일할 수 있는 장을 마련했다. 단순한 섬김이 아니라 선교를 경험하고 가난한 사람들과 약한 자들을 돌보고, 복음을 증거하는 방식들을 배우고 익혀서 선교적 리더가 되게 하는 시스템을 구축했다.[5] 이러한 훈련을 통해 성도들이 도전을 받고 자신의 교회와 도시로 돌아갔을 때 선교적 삶을 살 수 있는 동력을 제공하는 교회, 그런 측면에서 교회는 자신의 왕국이 아닌 하나님 나라를 추구해야 하며 함께 협력하고 동역하는 교회가 되어야 한다.

넷째, 교회의 역량을 세상의 변화와 변혁을 위해 사용하라.

밀러(Donald E. Miller)와 야마모리(Tetsunao Yamamori)가 이야기한 것처럼, '기독교의 매력은 이 세상의 고통을 피하여 천국으로 가는 여권을 약속하는 것에 있지 않다.' 예수의 삶을 따라 가난하고 실패한 사람들, 연약하고 소외된 자들을 향한 섬김과 정의를 추구하는 공동체가 될 때, 교회는 세상을 놀라게 하고 변화시키는 역할을 할 수 있다.[6]

다섯째, 모달리티(교회 조직)의 기능과 더불어 소달리티(선교 단체)의 기능을 회복하라.

초기 기독교운동에는 독립된 소달리티(선교 단체)가 없었다. 교회가 선교였고 선교가 교회를 형성하는 원동력이었다. 랄프 윈터가 설명한 것처럼 가톨릭의 최대 실수는 소달리티를 받아들이지 않은 점이었다. 이러한 전통을 이어받은 개신교 역시, 그 점이 선교 전통의 최대 약점이 되었다는 윈터의 지적을 새겨들어야 한다.[7] 교회에 선교적 기능이 회복될 때 비로소 제도화된 구조에서 선교적 역동성을 가진 사명 공동체로 회복될 수 있다. 한국교회는 선교를 특정 단체에만 일임해서는 안 된다. 지역교회가 선교적 책임감을 가지고 사역에 동참할 수 있을 때 갱신은 발생할 수 있다.

나가는 말

출발부터 남달랐던 그레이스 시티교회! 모든 사역을 자비량으로 섬기면서 특정 기간을 전적으로 선교에 헌신하는 모습은 일반 교회에 적용하기 어려운 부분일 수도 있다.[8] 그러나 도시를 향한 하나님의 마음을 품고 그곳을 복음으로 변화시키겠다는 마음은 모든 교회가 배우고 받아들일 수 있는 부분임에 틀림없다. 우리의 관심과 목적이 어디에 있는가에 따라 사역의 방향과 내용이 결정된다. 그런 의미에서 스스로 이러한 질문을 해보길 바란다.

"과연 나의 삶의 목적은 어디에 있는가?"

"우리 교회 공동체의 관심과 목적은 어디에 초점이 맞춰져 있는가?"

홈페이지 http://www.gracecityvegas.com/

A MODEL OF MISSIONAL MEGA CHURCH : CENTRAL CHRISTIAN CHURCH

도시를 끌어안은
메가처치 모델
센트럴 크리스천교회

센트럴 크리스천교회의 섬김 사역이 특별한 것은
교회가 자기 자신의 번영과 성장에
초점을 두지 않는다는 것이다.
대부분 주요 사역들은 도시의 아픔과 상처에
초점이 맞춰 있었다.
교회가 깨지고 무너진 사람들을 외면하지 않았다.
진심으로 두 팔 벌려 넘어진 자들을 끌어안으려는
노력이 도시의 변화와 영혼 구원으로 이어지고 있었다.

메가처치운동

20세기 후반 북미 지역교회의 가장 두드러진 특징 중 하나는 바로 메가처치 현상(mega church phenomena)[1]이다. 1960년대 미국에는 약 16개 정도에 지나지 않았던 메가처치가 2005년엔 1,200개를 넘어섰고,[2] 2012년엔 1,600개에 이를 정도로 그 수가 급격히 증가하고 있다.[3] 1970년대 1980년대를 거치면서 가시화된 본 현상에 대한 평가는 매우 복잡하다. 무엇보다 메가처치 현상에 대한 부정적 관점은 그것이 경제주의(economism)와 소비주의(consumerism)의 영향과 발맞추어 나타난 현상이기 때문이다. 경제 논리 속에서 교회가 상품이 되고, 성도들은 소비자로서 자신의 기호와 필요에 따라 교회를 선정하는 시대가 되었다는 것이다.[4]

당연히 과거 성도들이 보인 교단이나 지역교회에 대한 충성심은 약화되었다. 이런 흐름 속에서 교회들은 경쟁적으로 더 좋은 서비스와 프로그램을 제공해서라도 다른 교회의 교인들을 유치하려는 기현상이 발생하기도 했다. 교회의 본질적 사명인 복음전파와 선교 사역을 통해 잃어버린 영혼을 구원하는 회심 성장이 아닌, 단지 교인 숫자를 늘리기 위한 방법론과 프로그램에 몰입된 교회를 하나님은 원하지 않으실 것이다.

그렇다고 해서, 건강한 사역을 통해 교회가 아름답게 성장하는 것을 무조건 비판하는 것 또한 바람직하지 않다. 이 시대에도 사역의 초점을 불신자에게 맞추고 지역사회의 변화를 위해 헌신하며 성장하는 교회 공동체 또한 많이 있다. 문제는 그러한 관점을 지속적으로 유지할 수 있는지, 개교회주의가 아닌 하나님 나라의 관점에서 세상을 변화시키는 사역에 충실할 수 있는지, 교회 공동체가 세상의 빛과 소금으로써 세상 사람들의 칭송을 받으며 지역사회와 작은 교회를 살리며 하나님 나라를 확장해 가는 일에 쓰임 받고 있는지를 물어야 한다. 만약 한국의 대형교회들이 그러한 철학과 마인드를 가지고 작은 교회들과 함께 상생하고 자신의 자원(resources)을 나누며 세상을 복음과 사랑으로 섬길 수 있다면 교회 공동체는 훨씬 더 건강하고 아름다운 생태계를 마련할 수 있을 것이다.

그런 차원에서 '센트럴 크리스천교회'(Central Christian Church)는 매우 독특하고 진정성 있는 사역으로 세상을 섬기는 아름다운 신앙 공동체이다. 복음이 척박한 라스베이거스에 세워진 본 교회는 현재 미국에서 가장 빨리 성장하는 교회이며 동시에 가장 큰 10대 교회 중 하나로, 매주 20,000명 이상의 교인이 출석하는 교회가 되었다. 그러나 본 교회가 주목받는 이유는 단순히 거대한 숫자와 규모 때문이 아니다. 다른 교회에서는 감히 시도하기 어려운 파격적이며 독특한 사역이 진행되고 있을 뿐 아니라, 그 공동체를 통해 변화된 수많은 간증과 스토리가 있기 때문이다. 건강한 메가처치의 모델로서 본 교회를 소개하고자 한다.

파격적인 교회, 파격적인 은혜

센트럴 크리스천교회의 첫인상은 한마디로 '파격'이라는 말이 어울린다. 주일 예배를 드리기 위해 교회 본당에 들어서는 순간 대부분의 사람은 충격을 받는다. 전통적인 교회에서는 전혀 볼 수 없는 파격적 분위기! 무대를 수놓은 수십 개의 모니터와 MTV를 떠올리게 하는 각종 영상, 최고 수준의 록 밴드와 퍼포먼스, 3천 명이 들어가는 본당을 꽉 채우는 정교한 사운드와 안개 연기, 형형색색의 현란한 조명과 각종 비디오 효과는 라스베이거스에서 열리는 쇼의 한 장면을 보는 것 같은 착각을 불러일으킨다.

놀라운 것은 그뿐만 아니었다. 스펙터클한 찬양이 끝나고 올라온 설교자, 저드 윌하이트(Jud Wilhite) 역시 전통적 방식의 설교자와는 거리가 멀었다. 무대를 자유롭게 오가며 쉴 새 없이 던지는 유머와 흥미로운 이야기들은 본당을 가득 메운 성도들의 귀와 눈을 강하게 끌어들였다. 그의 설교는 누구나 공감할 수 있는 일상의 이야기로 시작되어 자연스럽게 성경의 이야기와 연결되는 패턴을 가진다. 탁월한 커뮤니케이터로서 그의 설교는 일상의 삶에 깊이 뿌리를 내리고 성도들을 웃기고 울리는 능력을 발휘하고 있었다. 그러나 클라이맥스는 아직 끝나지 않았다. 설교 이후 짧은 간증 영상이 나오고, 함께 찬양을 부른 후 설교자는 회중을 향해 결단의 시간을 갖는다. 처음 복음을 받아들이고 결단을 하겠다는 사람들이 어림잡아도 수십 명은 되어 보인다. 예배가 끝나면 새롭게 결단한 성도들을 대상으로 구체적으로 복음을 전하고 세례를 베푼다.

센트럴 크리스천교회의 예배는 한마디로 마치 잘 짜인 공연처럼 화려하고 역동적이며 볼거리가 많다. 마치 축제의 현장처럼 사람들을 흥분시키고 몰입하게 하는 능력이 탁월하다. 예배에 참석했던 한 참여자는 이렇게 교회를 평가했다.

> "예배에 참석하면서 내 입에서는 'Ohhhh, God'이라는 말이 절로 나왔습니다. 그렇습니다. 이것은 록 콘서트가 결코 아니었습니다. 이것은 교회였습니다. 라스베이거스에만 있을 수 있는 바로 그 교회!"

놀라운 점은 이러한 예배와 교회 사역에 반응하는 사람들의 모습이다. 센트럴 크리스천교회는 불신자들이 쉽게 접근할 수 있는 교회일 뿐 아니라 실제 많은 사람이 변화되는 교회다. 2011년 10월, 〈크리스천 포스트〉(Christian Post)지는 센트럴 크리스천교회에서 열린 세례식 장면을 기사화했다. 그날은 한 주에만 403명이 세례를 받았다. 그런데 2011년 한 해 동안 새롭게 세례를 받은 사람의 합계를 보니 2,000명이 넘었다.[5] 그리고 그러한 일은 지금도 계속되고 있다. 근래에만 보더라도 2015년 8월 30일에 574명, 10월 4일에 305명, 2016년 2월 28일에 280명이 세례를 받는 등 믿기 힘든 일들이 이어지고 있다.[6] 매년 수백, 수천 명의 사람들이 세례를 받고 삶의 결단을 내리는 복음의 행진이 지속되고 있는 교회, 여전히 그 사역은 진행 중이다.

그렇다면 과연 무엇이 불신자를 이끄는 것일까? 무엇이 사람들로 하여금 복음에 응답하고 반응하게 할까? 그 실마리는 바로 교회가 지닌 철학과 그것을 실행하는 사역의 흐름 속에서 발견될 수 있다. 센트럴 크리스천교회가 표방하고 있는 모토는 다음과 같다.

"A place where it's okay to not be okay"

그렇다. 이곳의 가치는 '괜찮지 않은 것들이 용납되고 수용되는 곳'이 되는 것이다. 교회에 어울리지 않는 사람들이 받아들여지는 곳, 세상에서 실패하고 깨진 자들, 죄로 인해 무너진 자들이 찾아올 수 있는 곳, 있는 그대로의 모습이 인정되는 곳, 그래서 편안하고 은혜가 넘치는 곳, 그곳이 바로 센트럴 크리스천교회의 모습이며 특징이다. 그러한 정신을 담아 교회는 "그리스도로부터 연결되지 않은 사람들을 연결하고 그에게 전적인 헌신을 할 수 있도록 함께 성장해 가는 것"을 사명으로 삼고 있다. 본 사명을 이루기 위한 전략은 매우 단순하다. 먼저 예배를 통해 하나님과 연결되고(Plug in), 소그룹 모임을 통해 예수 그리스도처럼 되도록 충전을 받고(Charge up), 교회와 지역 공동체를 섬김으로 믿음을 실천하고(Live out), 다른 사람들에게 복음을 전파하는(Pass on) 것이다.

있는 그대로의 모습이 받아들여지는 교회 공동체는 현재 교회를 이끄는 저드 윌하이트의 독특한 경험과 사명을 통해 더욱 분명해졌다. 센트럴 크리스천교회의 역사와 윌하이트의 삶이 교회의 특색을 잘 대변해 준다.

RE_NEW CHURCH

화려함과 공허의 도시, 라스베이거스

1962년 24명의 멤버들과 시작된 센트럴 크리스천교회는 1970-1980년대 도시의 급속한 발전과 함께 수적 성장을 경험했다. 2003년, 30대 초반의 젊은 목회자 윌하이트가 담임 목회자로 부임했을 당시 이미 교회는 5,000-6,000명의 성도가 모이는 메가처치였다. 외적인 규모나 사역은 모든 면에서 부족함이 없어 보였다. 그러나 윌하이트는 더 실질적인 질문을 던졌다. 그것은 바로 '우리의 이웃은 누구인가?' 라는 질문이었다. '우리는 누구를 도와야 하는가?' '우리가 다가가야 하는 상처받은 이웃은 누구인가?'를 물으면서 라스베이거스가 가진 아픔과 상처를 어루만지는 교회가 되기를 소원했다.

사실이 그랬다. 외적으로 라스베이거스는 세상에서 가장 화려하고 활력이 넘치는 도시다. 전 세계에서 몰려든 관광객들을 위해 호텔들은 막대한 금액을 들여 세상의 각종 랜드마크들을 재현해 놓았다. 파리의 에펠탑, 뉴욕의 빌딩과 스카이라인, 이집트의 피라미드, 아라비안나이트의 꿈의 궁전, 로마의 화려한 궁궐, 이태리 베네치아의 운하, 세상에서 가장 화려한 분수 쇼와 화산 쇼…. 도박의 도시답게 호텔뿐 아니라 도시 전체에 만연한 슬롯머신과 각종 유흥업소, 댄서, 쇼걸, 매직쇼 등 현란한 네온사인과 화려한 광고는 그 자체만으로도 사람들의 마음을 설레게 하고 유혹한다. 사회비평학자 닐 포스트만(Neil Postman)이 지적했듯이 라스베이거스는 오늘날 미국의 정신과 상태를 상징하는 메타포로, 쾌락과 유흥을 추구하는 엔터테인먼트 산업의 중심지가 되었다.[7] 그러나 그 화려함만큼이나 죄악의 도시(Sin City)라는 명칭에 걸맞게 절망과 고통, 그리고 음란과 도박, 불법이 가득 찬 곳이다. 그 속에서 얼마나 많은 사람이 쾌락과 도박으로 삶을 탕진하고, 각 종 중독과 죄악으로 신음하고 있는지 모른다.

월하이트가 주목한 것이 바로 이것이다. 그는 라스베이거스에서 실패하고 소외된 사람들을 돌보고 구원하는 교회가 되어야 한다고 믿었다. 희망을 잃어버린 도시에 그리스도의 복음을 통해 새로운 희망을 불어넣는 사역, 절망에 빠진 사람들이 새로운 소망을 가질 수 있도록 하는 사역에 집중하면서 센트럴 크리스천교회는 실패한 영혼들이 구원받고 회복되는 현장이 됐다. 급진적 은혜(radical grace)를 통한 급진적 조정(radical alignment)이 일어나는 현장이 된 것이다.

라스베이거스를 위한 목회자, 윌하이트

월하이트 목사는 라스베이거스를 위해 구별된 특별한 하나님의 사람이었다. 목회자가 되기까지 그가 겪은 실패와 회복의 여정이 라스베이거스를 이해하고 섬기는 데 큰 자양분이 되었다. 그는 원래 텍사스의 보수적이며 엄격한 크리스천 가정에서 태어나 자랐다. 그러나 청소년기를 지나면서 교회로부터 멀어지게 됐다. 14살 어린 나이에 호기심으로 시작한 마약에 빠져, 어느덧 그는 모든 종류의 마약을 복용하며 마약 없이는 단 하루도 지낼 수 없는 중독자가 되고 말았다. 처음에는 마약이 주는 쾌락과 즐거움에 빠져 살았지만, 중독이 된 이후 모든 것이 망가진 괴물 같은 사람이 되고 말았다. 방안에 홀로 숨어 마약 없인 아무것도 할 수 없는 자신을 발견하기까지 4년의 세월이 걸렸다. 그러던 어느 날, 월하이트는 자기 자신이 삶의 교차로에 서 있음을 심각하게 자각하게 된다. 지금 변하지 않으면 평생 중독이라는 블랙홀에 빠져 낙오자로 살 수밖에 없을 것이라는 위기감이 엄습해 왔다.

도움이 필요했다. 그 순간 월하이트는 무릎을 꿇고 하나님께 나아갔다. 집 벽을 무너뜨리더라도 이 순간을 탈피하고 싶다는 마음이 들 정도로 강한 절박감 속에서 기도했다. 기대했던 것만큼 엄청난 일이 발생하지는 않았지만, 그 순간이 자신의 삶을 변화시키는 결정적 계기가 된 것은 사실이었다. 신실한 기독교 신앙을 지닌 부모님을 보고 자랐던 그는 이후 무엇을 해야 할지 감각적으로 알게 되었다. 친구들과의 마약 파티를 떠나 매일 성경을 읽고 기도를 했다. 그 결과 4년간 그를 붙잡고 있었던 악몽 같은 마약의 세력으로부터 자유롭게 되는 특별한 은혜를 경험하게 됐다.

어린 시절 삶의 밑바닥을 경험해 본 월하이트는 이후 삶이 깨지고 희망을 상실한 사람들, 일상생활이 마비되고 포기할 수밖에 없는 절망과 아픔 속에 있는 사람들, 삶의 끝자락에서 몸부림치는 사람들을 향한 특별한 사랑과 동정을 하게 됐다. 라스베이거스의 깨어지

고 무너진 사람들을 향한 특별한 사역은 바로 이러한 경험으로 형성된 것이다.[8] '용납되지 않은 것들이 용납되는 곳' '모든 사람이 있는 그대로 모습으로 받아들여지는 곳'에 대한 열망은 그렇게 만들어졌다.

급진적 은혜와 포용, 그리고 변화

윌하이트의 목회 철학은 '하나님의 은혜'로 요약될 수 있다. 그는 죄악의 도시 라스베이거스조차도 하나님의 은혜가 발견되고 나누어질 수 있음을 굳게 믿고 확신한다. 실제로 센트럴 크리스천교회엔 세상 사람들이 무시하고 터부시하는 일에 종사하는 사람들이 많다. 성인클럽의 댄서, 딜러, 도박사, 호텔 청소부, 홈리스, 중독자, 범죄자 등 삶의 밑바닥에서 허우적거리던 사람들이 상당수 포함되어 있다. 그러나 교회 공동체는 이러한 사람들을 특별한 존재로 보지 않는다. 이미 교회 안에는 과거 그러한 삶으로부터 회복되어 새로운 인생을 살아가는 사람들이 넘치기 때문이다. 절망과 좌절의 자리에서 하나님을 만나 삶이 회복되고 치유된 사람들이 증인의 역할을 감당하는 교회, 그렇기 때문에 교회는 과거 모습이 어떠했든지, 현재 상황이 어떠하든지 상관하지 않고 하나님께서 죄악과 실패의 사슬로부터 그들을 자유롭게 하실 것을 믿고 은혜로 가득 찰 도시를 기대한다. 윌하이트는 한 매체와의 인터뷰에서 센트럴교회의 특징을 다음과 같이 말했다.

"우리는 구원하는 교회입니다. 우리는 라스베이거스에 있는 사람들을 구원하는 일에 총력을 기울입니다. 중독 회복, 카운셀링, 푸드 팬트리 등을 통해 희망을 잃어버린 도시에 살고 있는 사람들이 그리스도의 희망을 발견할 수 있도록 돕고 있습니다."[9]

센트럴 크리스천교회는 포용의 공동체이다. 이들은 부유한 자나 가난한 자, 마약 중독자나 여피족, 로커나 댄서, 실패자나 승자, 쿨한 사람이나 그렇지 못한 사람 모두가 함께하는 교회를 꿈꾼다. 단 하나의 진리는 우리 모두가 온전치 못한 사람들이라는 사실이며, 그럼에도 불구하고 하나님은 불완전한 사람들을 사랑하신다는 사실이다. 예수님 스스로 그러한 삶의 모델이셨다. 예수님께서는 버림받은 자들, 죄인들, 압제 받는 자들과 식탁을 함께 나누셨다. 그들은 그곳에서 피할 곳, 희망, 그리고 자신의 대변자를 발견했다. 실제로 예수님은 창녀와 사기꾼, 술 취한 자들, 세상으로부터 철저하게 실패한 죄인들을 받아들여 주셨고, 그들을 사랑과 복음으로 회복시켰다. 센트럴교회는 세상에서 실패한 자들이 사역을 통해 자신의 연약함을 깨닫고 자신의 교만을 포기하며, 구원의 메시지에 열려 반응하는 모습을 귀하게 여긴다. 측량할 수 없는 용서와 사랑, 은혜를 통해 참된 하나님의 사랑을 보여 주신 예수님처럼, 죄에 대한 심각성을 깊이 자각하면서 동시에 용서와 새로운 삶에 대한 희망을 주는 사역이 센트럴 크리스천교회의 핵심이 되고 있다.

그런 의미에서 센트럴 크리스천교회는 소속(belonging)을 핵심 가치로 여긴다. 많은 교회는 믿고(believe), 행동하고(behave), 소속(belong)될 것을 요구할 때, 센트럴 크리스천교회는 먼저 소속되고, 그 이후에 믿고, 그 결과 믿음에 따른 행동을 할 수 있다고 가르친다. 그러한 분위기 때문에 주일 예배엔 언제나 다양한 사람들이 참여한다. 유대교나 타 종교인들, 무신론자들도 부담 없이 올 수 있는 곳이 센트럴 크리스천교회다. 모든 사람이 찾아올수 있도록 분위기를 만드는 것은 센트럴 크리스천교회의 중요한 사역이다. 그렇지만 이것이 복음에 대한 타협을 의미하지는 않는다. 센트럴 크리스천교회는 성경과 그리스도의 가르침을 희석하지 않고 복음을 있는 그대로 전한다. 단, 그 메시지가 하나님의 사랑과 은혜를 통해 전달될 수 있도록 노력하며 이것이 삶을 변화시키는 능력이 됨을 그들은 믿을 뿐이다.

센트럴 크리스천교회의 돌봄 사역

센트럴 크리스천교회는 그리스도의 사랑과 은혜를 전하기 위해 다양한 사역을 하고 있다. 기본적으로 '홈리스'들을 돕기 위해 전문 기관과 협조하여 쉘터를 운영하고, 매주 토요일 오전에는 교인들이 참여하여 홈리스들을 돌보는 사역을 한다. 지역의 가난한 사람들에게 음식과 생필품을 제공하기 위해 매주 수요일과 주일에는 '푸드 팬트리'(Food Pantry)를 교회 내에 설치하여 필요한 물품을 가져갈 수 있도록 돕는다. 또한, 질병으로 고통받는 사람들, 의료적 도움과 돌봄이 필요한 사람들을 위해 '병원 사역'도 실시한다. 다양한 도움이 필요한 사람들을 위한 '케어 프로그램'과 '재정 관리 프로그램'도 있다. 뿐만 아니라 이혼과 사별로 고통받고 있는 사람, 예기치 않은 사건을 통해 아픔에 빠진 사람들을 돌보는 '서포트 그룹' 활동도 활발하게 운영되고 있다. 센트럴 크리스천교회 사역의 특징은 긴급한 어려움과 각종 문제에 빠진 사람들이 언제든 찾아올 수 있도록 교회의 문을 최대한 열어 놓고 있다는 점이다. 이곳은 종교적 이유로만 찾아오는 장소가 아니라 이웃을 향해 열려 있고 그들의 아픔과 상처를 공유하는 사역을 실천하고 있는 곳이 되었다.

또 하나의 특징은 이러한 사역들이 단기적인 섬김과 필요를 제공하는 것에 머물지 않는다는 점이다. 장기적인 안목에서 사람들을 세우고 복음으로 변화시키기 위한 노력을 병행하고 있다. 'Celebrate Recovery'는 이러한 것을 실천하는 대표적인 사역이다. 다양한 삶의 아픔과 문제, 나쁜 습관에 빠진 사람들을 복음으로 회복하기 위해 세워진 본 사역은 매주 금요일 교회에서 6시부터 10시까지 진행된다. 그들은 먼저 정성껏 준비한 저녁을 함께 먹고, 찬양과 예배, 말씀의 시간을 갖는다. 이후 주제별로 흩어져 소그룹 모임을 한 후 다시 모여 친교를 나눈다. 소그룹들은 '분노, 마약/알코올 중독, 여성들의 사랑과 관계 이슈, 성적 순결, 성 중독에 의해 배신당한 여성들을 위한 그룹, 알코올 성인 아이, 상호의존, 음식 중독/섭식 장애, 도박, 이혼' 등 구체적인 주제로 나뉘어 진행된다. 모든 소그룹은 직접 문제를 겪고 회복된 사람들에 의해 운영된다. 이 모임은 자신의 아픔과 연약함을 있는 그대로 내놓고 그리스도 안에서 서로를 돕고 변화와 성장을 이루는 것에 초점이 맞춰져 있다. 이러한 모임을 통해 많은 사람이 도움을 받고 삶의 변화를 경험하고 있기 때문에 센트럴교회는 약한 자들이 함께하는 교회가 될 수 있었다.

이 외에도 라스베이거스 감옥에 수용되어 있는 재소자들을 섬기고 변화시키기 위한 'God Behind Bars' 사역이나 스트립 클럽의 댄서들과 성매매 여성들을 위한 특수 사역 역시 교회가 오랫동안 관여해 온 일들이다. 시즌별로 지역 주민들의 필요를 찾고 섬기는 일에도 매우 열심이다. 일례로 추수감사절이나 성탄절 등에는 어김없이 지역 주민들을 위한 나눔과 파티를 열고, 신학기가 되면 경제적으로 어려운 학생들을 돕기 위해 학용품을 모아 제공한다. 다양한 가족 이벤트를 통해 가정이 회복되고 세워지는 일에도 적극적으로 참여하고 있다.

센트럴 크리스천교회의 섬김 사역이 특별한 것은 교회가 자기 자신의 번영과 성장에 초점을 두지 않는다는 것이다. 대부분 주요 사역들은 도시의 아픔과 상처에 초점이 맞춰 있었다. 교회가 깨지고 무너진 사람들을 외면하지 않았다. 진심으로 두 팔을 벌려 넘어진 자들을 끌어안으려는 노력이 도시의 변화와 영혼 구원으로 이어지고 있었다. 어떻게 매년 수백 명, 수천 명의 사람들이 세례를 받고 헌신하는 일들이 발생할 수 있을까? 그것은 바로 진심으로 자신을 사랑하고 섬기는 교회에 대한 감동이 있기 때문에 가능한 일이다. 교회의 섬김과 사랑을 통해 복음을 경험하고 새로운 삶을 살아가는 변화가 있는 공동체, 그러므로 지역 주민들은 위기에 빠진 사람들에게 센트럴 크리스천교회를 적극적으로 추천한다. 교회에 대한 믿음과 신뢰가 형성되어 있기 때문이다.

첫째, 세상을 향한 하나님의 마음을 회복하라.

하나님께서는 고통과 아픔 속에 신음하고 있는 세상을 사랑하시고 회복하시기 원하신다. 죄의 권세 아래 신음하고 있는 인간과 피조물을 불쌍히 여기셔서 자신의 외아들을 세상에 보내셨다. 교회는 세상으로부터 구별된 거룩한 성도의 공동체가 되어야 하지만, 세상을 외면하고 정죄하는 집단이 되어서는 안 된다. 하나님의 마음으로 세상의 아픔을 볼 수 있는 안목이 회복되어야 한다.

둘째, 도시의 연약함과 아픔을 감싸고 그들을 하나님과 연결하는 통로가 되라.

교회 자체는 자생적으로 사람들을 변화시킬 수 있는 능력이 없다. 그러나 지역 주민들의 삶의 정황을 분명히 인식하고 그들의 연약함을 감싸고 치유하는 사역을 실천해야 한다.[10] 라스베이거스는 도박과 환락의 도시다. 그 어떤 도시보다 죄의 영향력이 강력한 곳이다. 그 속에서 깨지고 무너진 사람들, 세상에서 실패한 사람들을 끌어안는 것은 결코 쉬운 일이 아니다. 그러나 센트럴 크리스천교회의 초점은 바로 그렇게 무너진 사람들을 향해 있었다. 실패한 자들이 찾아올 수 있는 교회, 아픔이 있는 사람들을 품는 교회, 고통당하는 자들이 위로받는 교회가 될 때 비로소 세상의 빛과 소금의 역할을 할 수 있게 된다.

셋째, 교회의 문턱을 낮추라.

교회는 누구나 올 수 있는 곳이 되어야 한다. 센트럴 크리스천교회가 취한 소속 (belong) → 믿음(believe) → 행동(behave)의 방식은 의지와 캐치프레이즈만으로는 실행될 수 없다. 세상 사람들이 실제로 부담 없이 진입할 수 있는 교회 문화가 만들어져야 한다. 정말 불신자를 품고 싶다면 교회는 그들의 경험과 눈높이를 이해할 수 있어야 한다. 그런 면에서 센트럴 크리스천교회의 문화는 파격적이다. 그러나 그 파격은 복음의 핵심 메시지에 대한 파괴가 아니다. 예수 그리스도의 유일성에 기초한 원색적인 복음이 전파될 때 사람들은 그 복음에 반응한다. 복음은 여전히 능력이 있다. 참된 복음은 사람들을 변화시킨다. 그러므로 복음의 능력을 믿고 신뢰하되 불신자들이 교회 공동체에 소속될 수 있는 문화를 만드는 노력이 필요하다.

넷째, 지역을 섬기는 사역을 장기적 안목에서 꾸준히 실천하라.

센트럴 크리스천교회의 정체성은 단발성이 아닌 지속적인 반복을 통해 형성되었다. 매주 월요일에는 회복 그룹 사역이, 수요일과 주일에는 홈리스 선교와 푸드 팬트리 사역이, 주 중에는 각종 소그룹 사역과 아웃리치 사역을 함으로 센트럴 크리스천교회는 쉬지 않고 지역과 연계되고 소통하는 공동체가 되었다. 결국, 그러한 사역이 교회의 특성과 정체성을 형성했다. 행사를 위한 특별한 이벤트가 아니라 지역을 섬기는 꾸준함이 교회의 성격을 규명하게 했다. 우리 교회에서 1년 365일 지속하고 있는 사역은 무엇인지 점검해 보라.

다섯째, 스토리와 간증을 통해 감동을 추구하라.

센트럴 크리스천교회에 불신자들이 모이는 이유, 또 그들이 결단하고 세례를 받고 복음을 받아들이는 이유는 끊임없는 스토리와 간증이 공유되고 있기 때문이다. 예배 때마다 교회는 죄와 절망의 늪에서 빠져나온 교우들의 간증을 짧은 비디오 클립을 통해 공유한다. 더는 삶의 소망이 없어 자살을 결심했던 여인이 변화된 이야기, 경제적인 어려움 때문에 거리에서 매춘하려다 돌이킨 이야기, 마약과 도박 중독에서 해방된 이야기… 복음을 통해 변화된 이웃의 이야기들이 참된 변화를 갈망하던 사람들의 마음을 뒤흔들고 결단을 촉구한다. 교회는 변화의 스토리가 가득 찬 곳이 되어야 한다.

나가는 말

수업 시간이었다. 한 학생이 우연히 센트럴 크리스천교회에 가서 지인들과 겪었던 자신의 이야기를 나누었다. 예배를 드리고 교회 카페에 가서 점심을 먹으려 할 때였다. 돈을 내기 위해 계산대에 섰을 때, 바로 앞선 누군가가 자신들을 위해 필요한 금액을 지급하고 갔다는 것이다. 나중에 알게 되었지만, 센트럴 크리스천교회에서는 이런 일들이 매우 흔하게 발생하고 있었다. 자신도 누군가로부터 은혜를 받았기 때문에 그 은혜를 흘려보내야 한다는 정신이 배어 있는 교회! 그로 인해 불신자를 전도할 수 있는 교회! 사람들이 함께 변화되는 교회!

대형교회에 대해 다양한 논란이 존재하지만 적어도 이런 모습의 대형교회는 필요하지 않을까? 엄청난 하나님의 사랑에 압도되어 우리가 이해할 수 없을 정도로 우리를 사랑하시는 그 하나님을 전하고자 하는 열정이, 결국 세상이 칭찬하고 세상 사람들이 소개하는 그런 교회가 되게 했다.[11] 우리 교회도 그런 열정이 회복되기를 소원한다. 하나님의 놀라운 사랑과 은혜에 메여….

홈페이지 https://www.centralonline.tv/

CONNECTING THE GOSPEL AND MODERN CULTURE : OASIS CHURCH LOS ANGELES

복음과 문화 모델

오아시스교회

오아시스교회의 특별함은 도시의 상황과 한계를
이해하고 지역을 위한 영적 센터가 되었다는 점이다.
그들은 도시의 젊은이들이 겪는 시련과 좌절,
깨어진 관계로 고통받는 사람들을 보듬어 안으며
말씀과 예배 안에서 회복될 수 있는 공동체를 형성했다.
목적이 분명할 때
사역은 역동성을 얻고 더욱 자유로워진다.

복음이 희미해져 가는 시대

할리우드(Hollywood)! 현란한 네온사인과 흔들리는 야자수가 즐비한, 문화의 상징이 된 이곳은 전 세계 젊은이들의 꿈과 야망이 숨 쉬는 곳이다. 특히 영화, 텔레비전, 라디오, 연극 및 음반계를 빛낸 톱스타들의 이름이 새겨진 별 모양 동판이 수놓인 명예의 거리(Walk of fame)는 이곳을 동경하는 모든 이들의 꿈과 야망을 부추기듯 유혹하고 있다. 그러나 그 화려함 이면에 감추어진 실상은 어떠한가? 개인주의적 성공에 목마른 이들이 가득하지만 꿈을 이루지 못한 젊은이들의 외로움과 고독, 실패와 절망이 가득한 곳이기도 하다. 그들에게 있어 진정 필요한 것은 무엇일까? 계속해서 그 길고 지루한 싸움을 해나갈 수 있는 그릇된 용기와 비전일까? 아니다. 그곳에 필요한 것은 참된 은혜, 참된 관계, 참된 사랑이다. 성공에 대한 환상이 아니라 삶의 가치와 의미를 부여해 줄 수 있는 진정한 공동체, 살아 있는 복음이 필요한 것이다.

사람들은 이 시대를 가리켜 흔히 복음이 설 자리를 잃어 가는 시대라고 말한다. 신학자이자 선교사였던 레슬리 뉴비긴(Lesslie Newbigin)은 교회가 '슈퍼마켓에 진열된 여러 브랜드 가운데 하나[1]'로 인식되고 있다고 표현했다. 그렇다면 어떻게 할 것인가? 다른 상품들과의 비교우위를 점하기 위해 무한 경쟁을 하여 소비자의 관심을 끌고 승리를 쟁취할 것인가? 아니면 끝없는 논쟁과 이성적 토론을 통해 기독교 신앙이 다른 종교보다 탁월하고 유일한 진리임을 주장할 것인가? 그러나 아쉽게도 이 시대는 경쟁과 논쟁을 통해서 진리를 전파할 수 있는 때가 아니다. 참된 복음의 진리는 오직 복음을 살아 낼 수 있는 사람들이 있을 때만 가능하다. 하나님의 통치를 받으며 그로 인해 새로운 종류의 펠로십, 새로운 공동체, 새로운 하나님의 백성이 있을 때 복음은 복음이 된다.[2] 논쟁과 토론이 아닌 치유와 사랑이 이긴다는 측면에서 교회는 소명 중심의 공동체[3]가 되어야 한다.

지난 30년간 로스앤젤레스 심장부인 할리우드를 섬겨 온 오아시스교회(Oasis Church)를 주목해야 할 이유가 바로 여기에 있다. 그들은 할리우드의 문화를 채용해서 복음을 증거하고, 사람들을 훈련시켜 세상으로 내보내는 선교적 사역을 감당해 왔다. 과거의 영광에 머무르지 않고 지속적인 변화를 통해 성령께서 이끄시는 미지의 세계[4]로 나아가는 오아시스교회는 그 이름처럼 영적 황무지인 로스앤젤레스 땅에 생명수를 공급하는 영적 센터의 역할을 하고 있다.

이제 본 교회를 통해 끊임없이 변화하는 상황 속에서 교회가 어떻게 문화를 이해하고 채용할 것인지 배우게 될 것이다. 그 현장을 들여다보자.

오아시스교회 스케치

오아시스교회는 로스앤젤레스 한인타운의 심장부라 할 수 있는 윌셔(Wilshire Blvd)가에 자리 잡고 있다. 현대식 빌딩이 들어선 도심에 비잔틴 요소가 가미된 로마네스크 양식의 고풍스러움을 지닌 아름다운 교회 건물은

이 지역에 세워진 첫 번째 교회라는 역사적 의미를 가지고 있다. 불과 몇 해 전까지만 해도 역사적 유물 이외에 가치가 없었던 건물이 지금은 '전 세대 (all generations)'를 넘나들며 생명을 부여하는 영적 사역의 중심지가 되고 있다.

주일이면 인근 각지에서 수많은 사람들이 모여 강한 비트와 현대적 음악에 반응하며 열광적 예배를 드린다. 오아시스는 젊은 교회다. 매주 3,000명 이상의 사람들이 모이지만 그중 70-80%가 20, 30대의 젊은이들이다. 교회를 개척한 담임목사가 60세가 넘었음에도 성도들은 여전히 나이가 젊고, 혁신적인 특성을 보인다. 그렇다면 무엇이 교회의 젊음을 유지하게 하는 것일까? 무엇이 젊은이들을 열광하게 하며, 영혼 구원의 생명력을 불어넣는 것일까? 오아시스가 걸어온 여정과 독특한 사역 철학, 문화 활용에 대한 태도와 방식을 살펴보자.

오아시스교회의 시작과 성장

오아시스교회는 1983년 약 10여 명의 사람들이 오스카상(OSCAR, Academy Award)을 받았던 한 프로듀서의 집에 모여 성경공부를 하면서 시작됐다. 초기 성도들의 대부분은 할리우드 엔터테인먼트 산업에 종사하는 사람들이었다. 교회를 개척한 필립 와그너(Philip Wagner)와 그의 아내 홀리 와그너(Holly Wagner) 역시 한때 할리우드에서 활동했던 경험이 있었다. 먼저, 담임목사인 필립은 젊은 시절 음악 산업에 종사를 한 경력을 가지고 있다. 그러던 그가 지저스 무브먼트의 본고장인 척 스미스의 갈보리채플에서 회심을 하면서 사역자가 되었다. 그의 아내 홀리는 할리우드에서 모델과 배우로 활동을 했다. 이런 배경 때문에 그들은 누구보다 할리우드의 환상과 감증을 잘 알고 있었다. 이들은 많은 교회와 크리스천들이 할리우드의 사악한 영향력에 대해 비판하고 있을 때, 할리우드의 문화를 창조적으로 받아들이고 활용하여 복음으로 영향을 미치는 영적 센터를 설립했다.

물론 그들의 사역이 처음부터 성공한 것은 아니었다. 초기 몇 년간은 사역의 방향을 잡지 못해 어려움을 겪었다. 그때 그들의 눈을 뜨게 해준 것이 바로 '교회성장운동'이었다. 그들은 교회성장 이론을 통해 사역의 전략과 방법, 문화에 대한 유연한 태도를 배울 수 있었다. '거룩한 복음의 메시지 외에 다른 모든 것은 토론될 수 있다'는 신조 아래 1987년부터 1999년까지 오아시스는 성장 중심적 모델(growth-oriented models)이 되기 위해 교회성장의 충실한 학생이 된다.

다양한 교육 커리큘럼을 만들고, 탁월한 봉사자들을 길러 내기 위해 훈련을 시행했다. 나이와 환경에 맞춰 소그룹을 조직하고 할리우드 스타일의 음악과 문화를 예배에 도입했다. 라디오와 야외 게시판에 홍보 광고를 게재하는 등 가능한 모든 방법을 동원하여 교회를 알렸다. 당시 대부분 교회가 그러했듯이 오아시스는 적극적인 마케팅과 소비자 취향에 맞는 전략을 세워 교회의 수적 성장을 도모했다. 이런 노력으로 소정의 성과를 거뒀다. 이 시기 200명 정도의 성도가 400여 명까지 늘어났다. 그러나 열매는 거기

까지였다. 사역은 한계에 이르렀고 설상가상으로 부부관계까지 나빠지는
위기에 몰렸다.

무엇이 문제였을까? 필립과 홀리는 오직 성장에만 몰두해 왔던 지난 시
간을 되돌아보면서 자신의 존재와 목회에 대해 심각한 고민을 하기 시작했
다. 그러면서 스스로 이런 질문에 도달하게 된다. "만약 내가 담임목사가
아니어도, 과연 이 교회를 다니고 싶을까?" 놀랍게도 자신의 솔직한 답변은
'그렇지 않다'였다. 자신이 설립하고 담임을 하고 있는 교회였음에도 불구
하고 그 교회는 그렇게 매력적이지도, 영적이지도 않았다. 이를 통해 필립
은 자신의 사역과 교회에 심각한 문제가 있음을 깨달았다. 이제까지 기울
여 왔던 모든 노력은 나의 것이 아닌 다른 사람의 성공을 흉내 내며 쫓아온
것에 지나지 않았다는 자각 앞에 그들은 극적으로 목회적 회심을 하게 되
었다.

그러한 전환기에 교회 사역에 중대한 변화를 일으킬 사건이 발생한다.
지역개발로 인해 교회가 다른 장소로 이전해야 했던 것이다. 새로운 장소
를 물색하던 중 옮기게 된 곳이 'United Artists Four Star Theater'라는 극
장이었다. 지난 시절 지역 주민의 많은 사랑을 받았던 적도 있었다. 그러나
대부분 극장들이 새로운 시설과 멀티플렉스로 중무장을 하자, 할리우드에
유일하게 남은 싱글 스크린 극장으로는 명맥을 유지할 수가 없었다. 결국
경쟁력을 잃고 나중에는 아무도 찾지 않는 버려진 건물이 됐다.

새로운 건물을 찾고 있던 오아시스에게 극장이란 장소는 매우 매력적이
었다. 세속을 대표하는 장소, 가장 문란하고 죄악이 만연한 할리우드 영화

가 매일같이 상영되던 곳, 그러나 그들은 이 장소에서 자신의 옷을 입고, 자기 문화를 사랑하는 사람들이 다니고 싶은 교회를 만들기 원했다. 그런 이유로 그들은 건물을 교회처럼 개조하지 않았다. 원형 그대로 외형을 유지했다. 극장 이름을 '데스티니 극장'(Destiny Theater)으로 개명하고 입구 바닥에는 스타의 이름 대신 예수 그리스도의 이름을 새겨 넣은 별 모양의 문양을 만들어 놓았다. 과거 세상 문화의 상징으로 대변되었던 곳이 이제는 선교와 복음전파의 기지가 된 것이다.

복음과 문화의 만남

필립과 홀리가 생각하는 교회의 모습은 이런 것이었다. 적어도 다른 누군가에 의해 규정된 모습이 아닌 있는 그대로가 받아들여지는 교회, 표현의 자유와 자신의 은사가 마음껏 발휘되는 교회, 그로 인해 서로를 사랑하고 의지할 수 있는 교회, 그리고 다른 무엇보다 할리우드 엔터테인먼트 산업에 종사하는 사람들의 영적 센터가 되는 그런 교회였다. 이것은 곧 '함께하는 교회'(church as what we do together)가 되기 위해 'come as you are' ministry(있는 그대로 오라) 사역의 기초가 되었다.

오아시스는 더욱더 할리우드 지역 문화와 상황에 맞는 교회가 되기 위해 노력했다. 기존의 전통적인 교회가 아닌 성도들의 재능과 자원을 활용하여 자신의 신앙이 표출되는 교회를 만들었다. 이런 정체성이 확고해지자 오아시스교회에 대한 반응은 폭발적이었다. 매주 영적인 갈망을 가진 젊은이들이 찾아오면서 불과 몇 년 사이에 2,000명 이상이 모이는 교회 공동체가 되었다. 성공과 야심, 실패와 절망이 교차하는 할리우드의 영적 심장부가 된 것이다. 그렇다면 어떤 특성이 오아시스를 이렇게 뜨거운 장소가 되게 했을까? 사회학자 제랄도 마티(Gerardo Marti)는 오아시스에 대한 심도 있는 연구를 통해 본 교회의 특징을 다음과 같은 용어로 표현했다: '엔터테인먼트(entertainment), 즐거움(fun), 연관성(relevance), 실천(practice), 혁신(innovation).'[5]

먼저, 오아시스교회는 '엔터테인먼트' 산업의 다양한 방식을 과감하게 활용했고, 그것을 복음의 형태로 변형시키는 놀라운 능력을 발휘했다. 당시 오아시스는 전혀 교회 같지 않은 교회 분위기를 조성했다. 극장식 외관과 더불어 내부는 스튜디오 형태로 꾸몄다. 그곳에서 이들은 매주 무대 배경을 바꾸고 디지털 장비를 활용해 세련미를 더했다. 그곳에서 성도들은 자신이 지닌 예술적인 영감을 마음껏 활용할 수 있었다. 영화 산업으로 대표되는 할리우드답게 메시지 전달을 위해 댄스와 드라마, 그래픽아트, 비디오와 현대 음악을 적극적으로 활용했다. 게다가 멀티미디어를 활용한 예배 광고까지도 탁월했다. 그들은 매주 10-20초 정도의 짧고 재미있는 광고를 만들어서 방영했는데, 이러한 시도는 매우 신선한 효과를 가져왔다. 교회는 언제나 활기가 돌았고 사역에는 '웃음과 재미', '에너지와 행복'이 넘쳤다.

문화적 '연관성'은 오아시스교회의 사역을 특징짓는 단어라 할 수 있다. 30년이 넘은 교회임에도 불구하고 여전히 평균연령이 20-30대를 유지할 수 있는 이유는 단 하나, 교회가 젊은 세대에 대한 끝없는 사랑과 열정을 기울여 왔기 때문이다. 그들을 젊은이들을 전도하기 위해 그들의 문화를 적극적으로 수용하고 변형시켜 왔다. 젊은이들의 음악과 문화적 감각에 맞춰 예배를 발전시켰다. 그 결과 교회는 지속적인 예배의 열기를 보존했다. 필자의 경험에 의하면 10년 전보다 5년 전 예배가, 5년 전보다 현재의 예배가 더 뜨겁고 깊은 것 같다. 어떻게 이런 현상이 가능할까? 교회가 문화적 개방성을 가지고 채용하되 거기에 성령의 옷을 입히는 탁월한 감각을 가지고 있기 때문이다. 단지 젊은이들을 끌어들이기 위해 문화적 요소를 사용하는 것이 아니라 오히려 이를 교량으로 삼아 더 깊이 성령을 경험하고 몰입할 수 있는 예배와 모임을 만든다.

다음은 메시지에 대한 내용이다. 기본적으로 오아시스교회에서 선포되는 메시지는 희망과 소망을 말하며 '실천적'이다. 많은 사람들이 할리우드에 올 때 그들은 모두 성공에 대한 꿈을 가지고 온다. 그러나 원하는 만큼의 성취를 이룰 수 있는 사람은 극히 드물다. 오아시스교회는 이 점에 착안하여 복음의 능력과 성취에 대해 말하되 기복(祈福)신앙이나 번영신학(prosperity theology)이 아닌 복음 안에서 경험되는 참된 희망과 소망을 주는 것에 초점을 맞췄다. 세상 속에서 살아가지만 복음의 능력과 함께 살아가는 성도를 만들기 위해 오아시스교회는 "그리스도인들이 금욕주의로 향하거나 세상으로부터 회피를 추구하는 것 대신 하나님의 청지기로서 책임을 다할 수 있도록 하는 도전"[5]으로 이끈다.

마지막은 성육신을 통한 지속적인 변화와 혁신이다. 앞서 언급한 것처럼 오아시스교회의 사역을 분석해 보면 거기에는 미국 교회에 영향을 미쳐 왔던 시대별 갱신운동의 요소가 많이 있음을 알 수 있다. 담임목사인 필립 와그너는 예수운동에서 회심을 경험했고, 교회성장운동의 전략을 배웠다. 이후 많은 부분에서 구도자 교회운동의 특성도 접목했다. 몇 년 전 코리아타운의 역사적 건물로 이전한 이후에는 예배에 성찬과 고전적 요소를 가미해서 경건함과 신비감을 고취하는 변화를 주기도 했다. 예배뿐만 아니었다. 옛 건물에 오아시스교회가 들어가면서 교회 내부의 분위기가 달라졌다. 기존의 고전적 양식과 장의자를 그대로 유지하면서도 무대를 복층으로 고쳐 현대화시켰고, 두 개의 대형 프로젝터 화면과 최신식 음향 스피커를 아름답게 조화시켰다. 신비로운 분위기를 연출하는 다양한 색상의 조명은 고대의 영성과 현대적 문화가 만나는 느낌을 살렸다.

지속해서 변하는 교회, 변화를 두려워하지 않는 교회, 그러면서도 본질을 잃지 않는 교회가 될 수 있었던 비결은 어디에 있을까? 그것은 바로 교회가 지닌 분명한 사명에 있다. 할리우드와 젊은이를 향한 사역에 집중하면서 오아시스교회는 변화를 창조적으로 수용하였다. 주변 문화에 대한 적응(accommodation)과 더불어 복음 안에서 변용(acculturation)을 이루는 상황화를 계속해서 이루어 가고 있는 것이다.

구 오아시스교회 건물 바닥의 상징물

오아시스의 현재 모습과 특징

현재 오아시스의 모습은 할리우드 데스티니극장의 모습과는 많은 부분
에서 달라졌다. 과거에는 할리우드의 세련미와 프로페셔널리즘이 부각되
는 문화적 탁월성을 강조했다면, 코리아타운의 전통적 교회 건물로 이전한
후에는 지역을 섬기고 변화하는 사역을 강화하고 있다.

무엇보다 사역의 폭과 목적이 재조정되었다. 과거 할리우드와 엔터테인
먼트 산업에 맞춰진 사역에서 이제는 도시 전체에 영향(impact)을 미치는 교

회 공동체가 되기 위해 노력한다. 이를 위해 교회는 도시와 지역의 필요를 찾아 섬기는 주 7일 사역을 감당하고 있다. 경제적으로 어려운 이웃을 위한 식료 제공, 저소득층 아이들을 위한 튜터링, 이민자를 위한 ESL 영어 교육 등은 지역사회와 매우 밀접한 연관성이 있다. 매주 금요일 저녁에는 할리우드를 위한 사역, 토요일에는 노숙자 사역과 지역 청소, 푸드 트럭 미니스트리를 통해 가난하고 소외된 이웃을 찾아간다.

오아시스는 지역 선교뿐 아니라 세계 선교에도 매우 열심이다. 다양한 나라에 선교사를 파송하여 협력하고 있다. 그러면서도 오아시스가 집중하고 있는 것은 우물 사역이다. 물 부족으로 인해 고통받는 사람들을 위해 'Generosity Water'라는 비영리 단체를 설립했다. 현재까지 약 19개국에 500개 이상의 우물을 팠고 250,000명 이상의 사람들에게 깨끗한 물을 공급하고 있다. 이뿐 아니라 그 지역의 사람들을 전도하기 위해 정기적으로 단기 선교팀을 조직해서 아프리카를 찾아가 복음을 전하고 있다. 사역이 로스앤젤레스와 세상의 변화를 위한 글로컬(glocal) 미니스트리로 확장된 것이다.

내부 사역도 다채롭다. 무엇보다도 지역사회를 위한 교회를 지향하면서 주일학교 교육에 더 많은 비중과 중점을 두게 되었다. 실제로 새로운 교회 건물로 이전해 오면서 가장 많은 돈을 투자한 곳이 바로 교육 공간이었다. 그들은 낙후된 교육 공간을 리모델링하고 체계적인 교육 시스템을 만들어 신앙적 유산을 아이들에게 물려준다. 그 결과 이제는 젊은이뿐만 아니라 아이들이 더 행복해하고 좋아하는 교회가 되었다. 자연스럽게 결혼한 세대들이 교회에 정착하는 비율 역시 높아졌다.

또 다른 사역은 주중 소그룹 모임이다. 오아시스 소그룹은 모임의 목적과 내용이 매우 뚜렷하다. 기본적으로 소그룹은 교육과 교제, 사역이 함께 이루어질 수 있는 구조를 지향한다. 예를 들면 제자도 그룹, 하나님을 경험하는 삶 그룹, 성별 신앙 그룹, 재정관리를 배우는 그룹, 언어와 인종별 신앙 그룹 등 다양한 주제로 이루어져 있다. 이와 더불어 젊은이들을 위한 성경적 결혼 준비 그룹, 깨어진 가정을 위한 싱글 부모 사역 등은 오아시스의 정신과 특징을 잘 대변해 준다.

중요한 것은 이 모든 사역이 약하고 깨어진 자들을 위해 초점이 맞춰져 있다는 점이다. 상처받고 실패한 사람들, 슬픔과 상실에 빠진 사람들을 회복시키기 위한 교회의 노력은 과거에도 그랬고 현재도 동일하게 흘러가고 있다. 이러한 사역의 결과 하나님은 오아시스교회를 놀랍게 축복하셨다. 2015년 한 해 동안 오아시스의 미니스트리를 통해 새롭게 주님을 영접한 사람의 수만 2,000명에 이르고,[7] 그 결과 수백 명의 사람이 세례를 받았다. 더 많은 인종과 계층, 세대와 가정이 모이는 건강한 선교적 교회로 발전하고 있다.

이렇듯 오아시스교회의 특별함은 도시의 상황과 한계를 이해하고 지역을 위한 영적 센터가 되었다는 점이다. 그들은 도시의 젊은이들이 겪는 시련과 좌절, 깨어진 관계로 고통받는 사람들을 보듬어 안으며 말씀과 예배 안에서 회복될 수 있는 공동체를 형성했다. 목적이 분명할 때 사역은 역동성을 얻고 더욱 자유로워진다. 가시적 성장과 성공을 좇다 보면 나의 부르심이 아닌 다른 사람의 성공과 비법을 찾아가기 마련이다. 오아시스교회의 성공은 그런 의미에서 방법이 아닌 영혼에 대한 사랑과 부르심에 대한 헌신으로 발생한 사건이다. 그것이 30년을 통과하면서 교회가 늙지 않고 오늘도 담대하게 세상 문화와 소통하고 그것을 복음으로 승화시키며 영향력을 확대해 나갈 수 있는 이유다.

갱신을 위한 적용

첫째, 문화와 관련해서 성육신의 원리는 아무리 강조해도 지나치지 않다.

처음부터 교회는 지속해서 변해 왔고 세상 문화와 소통하면서 복음을 전해 왔다. 그 것은 예수 그리스도께서 인간의 몸을 입고 이 땅에 오신 사건으로부터 분명해진다. 성육신적 삶과 헌신 없이 세상에 복음을 전하는 것은 불가능하다. 그런 차원에서 교 회는 계속해서 성육신의 과정을 거쳐야 한다. 그렇다면 과연 누가 어떻게 성육신해 야 할 것인가? 바로 여기에 현대 교회의 고민이 깊어진다. 과거의 전통과 유산과 변 화의 필요 가운데 교회는 본능적으로 과거로 회귀하려는 태도를 가진다. 그러나 그 리스도께서 자신의 틀을 깨고 인간이 되어 이 땅에 오신 것처럼, 기존 세대가 젊은 세대에게, 교회가 세상 속으로 나아가야 함은 너무나 당연하다. 교회는 어떻게 다음 세대와 믿지 않는 사람들을 향해 본연의 가치를 잃어버리지 않고 세상으로 나아갈 것인가를 고민해야 한다. 중요한 것은 이것이다. 성육신은 선교의 대상의 분명해질 때 명확해진다는 사실을 기억하라.

둘째, 지역사회를 향한 부르심과 헌신이 분명한가를 점검해 보라.

초기 오아시스교회는 할리우드 엔터테인먼트 산업에 종사하는 사람들을 위해 자신 의 역량을 집중했다. 교회를 이전한 후에는 그 폭과 범위를 주변 환경에 맞춰 재조정 했다. 그러나 여전히 변하지 않는 한 가지 사실은 그들의 목적이 예수를 알지 못하고 하나님의 품을 떠나 있는 사람을 향해 있다는 것과, 그들이 복음으로 치유되어 그리스도의 제자로 세워지는 것에 있다는 점이다. 오아시스는 진정한 공동체(authentic community)를 통해 모든 사람이 하나님 안에서 참된 존재(authentic being)가 되는 것을 추구한다. 과연 우리 교회는 사역의 초점이 분명한가? 부르심과 선교적 대상이 분명한가? 우리 공동체가 존재하는 이유가 무엇인지를 먼저 점검해야 한다.

셋째, 변하는 시대와 문화에 민감한 촉각을 가지라.
문화는 변한다. 시간이 지날수록 성과 폭력과 해악적 요소들이 노골적으로 표출되고 넘쳐 난다. 그렇다고 해서 모든 문화를 무조건 적대시할 수는 없다. 문화에는 분명 악한 요소가 담겨 있지만, 그것을 누가 어떻게 사용하느냐에 따라 그 가치와 용도는 달라진다. 그런 관점에서 교회는 세상 문화의 흐름을 유심히 살피고 그것을 분석하고 어떻게 활용할 것인지를 고민해야 한다. 세상과의 접촉점을 만들기 위해 문화를 사용하고, 복음을 전하는 통로로써 문화를 이해할 뿐 아니라 문화 변혁을 위해 선도적 역할을 할 수 있어야 한다. 여기에 선교의 승패가 달려 있음을 인식해야 한다.[8]

넷째, 문화적 흐름과 더불어 영적 흐름에 민감하라.
하나님은 선교하시는 하나님이시다. 우리는 이 시대에도 하나님께서 선교를 주도하시고 앞서 행하시고 계심을 믿고 고백한다. 그렇기에 우리는 세상 한복판에서 일하시고 계신 하나님의 사역과 선교에 민감한 촉각을 가져야 한다. 그분의 영이 어디서 어떤 방식으로 어떤 문화를 통해 일하고 계신지를 볼 수 있다면 우리는 그 영적 파도를 타고 그분의 사역에 더 깊이 참여할 수 있을 것이다.

현재 오아시스 예배 장면

할리우드의 유서 깊은 극장을 개조한 구 오아시스교회 건물

나가는 말

세례의식이 거행되는 주일 아침 예배였다. 고풍적 분위기가 물씬 풍기는 전통 예배당에 현대식 2층 무대에서 품어져 나오는 찬양의 열기는 너무도 거셌다. 그러나 진짜 압권은 무대 상단에서 이뤄지던 세례 의식이었다. 십자가 아래 위치한 세례탕에서 끊임없는 세례의식이 이뤄지고 있었다. 인종과 성별과 나이를 초월하여 수십 명의 사람들이 차례로 침례탕에 잠겨 옛 자아가 죽고 다시 사는 거듭난 삶을 선포하는 그날의 세례 의식은 너무도 감격스러운 광경이었다. 의식이 진행되는 동안 예배에 참여한 모든 성도들은 함께 일어나 찬양을 하고 춤을 추고 하나님께 영광을 올렸다. 생명이 살아나는 이 순간보다 더 아름다운 광경이 어디에 있을 것인가!

교회의 존재는 복음으로 사람을 변화시키고 세상을 변화시키는 것으로부터 형성된다. 만일 우리 교회의 활동이 오직 내부 조직을 유지하고 운영하는 것에만 초점이 맞춰져 있다면, 그것은 예수께서 의도하셨던 참된 교회의 모습이 아닐 것이다.[9] 우리의 사역은 내부 지향적인가? 아니면 선교 지향적인가? 우리는 잃어버린 영혼을 사랑하며 영혼을 살리기 위해 어떤 노력을 기울이고 있는가? 우리에게 주어진 사명을 감당하기 위해 우리는 어떤 접촉점을 만들고 어떻게 세상과 소통하는가? 우리 교회는 지역사회에서 존경을 받는가? 지역의 특성과 문화를 이해하고, 문화를 선교의 도구로 삼고 있는가? 오아시스교회의 아름다운 사역과 정신이 우리 교회에도 이어질 수 있기를 기대해 본다.

홈페이지 http://www.oasisla.org/

CHURCH PLANTING MOVEMENT AND CHURCH RENEWAL : TAPESTRY LA

교회개척운동과
갱신 모델

Tapestry LA

'Tapestry'는 여러 가지 색실이 모여
하나의 아름다운 예술품이 되는 것을 뜻한다.
이러한 가치를 담아
'우리는 복음 중심적이며 성령의 능력을 힘입는 선교,
성장, 공동체를 통해 제자를 삼고
하나님께 영광 돌리기 위해 존재한다.'라는
교회 비전을 세웠다.

북미교회개척운동

지난 2015년 4월, 미 동부 플로리다 올랜도에서 열린 엑스포넨셜(Exponential) 콘퍼런스 현장은 그야말로 뜨거운 열기로 가득했다. 3일간 진행되는 본 행사는 우선 규모면에서 압도적이었다. 100명 이상의 강사와 9개의 트랙, 125개 이상의 워크숍, 일사분란하게 움직이는 스태프와 최고의 찬양팀 등 모든 면에서 세심한 준비를 한 흔적이 역력하다. 매년 같은 콘셉트의 콘퍼런스가 미 동부와 서부에서 각기 열리는데, 참여자 수는 어림잡아도 8,000명 이상이다.

이렇게 많은 사람들이 전 미주에서 모이는 이유는 무엇 때문일까? 교회 성장을 위한 어떤 비책이라도 배울 수 있는 것일까? 놀랍게도 본 콘퍼런스의 주제는 현대 목회자들이 회피하는 '교회 개척'에 관한 것이다. 참여자들은 교회 개척에 대한 열망으로, 강사들은 자신의 경험에 기초한 노하우를 나누기 위해 모인다. 더 이상의 교회 개척은 불가능해 보이는 한국 교회 현실에서 바라볼 때, 북미 지역에서 일고 있는 이러한 운동은 매우 생소하다. 과연 무엇이 이토록 많은 사람들로 하여금 교회 개척에 대해 관심을 갖게 하고 협력으로 이끄는 것일까?

그 이유는 바로 21세기 현장 속에서 기성 교회가 부딪친 한계와 맞물려 있다. 앞서 살펴본 것처럼, 교회는 지속적인 갱신운동을 통해 세상과 소통하기 원했지만 이제는 더 이상 형식과 스타일의 변화를 통해 교회를 떠난 사람들, 혹은 교회 자체에 불신을 가진 사람들을 그리스도께로 돌이키는 것이 어려운 상황이다. 이때 발견한 것이 교회 개척의 중요성이다. 물론 교회 개척은 쉬운 일이 아니다. 한국의 경우 100개 교회를 개척하면 3년 안에 90개 이상의 교회가 문을 닫는다는 살벌한 현실 앞에서 어쩌면 교회 개척은 가급적이면 선택하고 싶지 않은 최후의 카드일 수도 있다. 하지만 다음과 같은 통계가 의미하는 바는 무엇일까? 미국의 경우, 개척된 지 10–15년 된 교회에 찾아오는 새신자들의 80–90%는 이미 다른 교회를 다녔던 전입신자들이다. 한국도 크게 다르지 않을 것이다. 그러나 신생 교회는 다르다. 새롭게 개척된 교회에 오는 새신자들은 최소 1/3~2/3에 이르는 숫자가 불신자들이다.[1]

이런 관점에서 에드 스테처(Ed Stetzer)는 교회 개척의 중요성을 다음과 같이 표현했다. "하늘 아래 가장 효과적인 복음 전도 방법은 새로운 교회를 세우는 것이다. 개척된 교회들은 제도화된 교회들이 할 수 없거나 혹은 결코 하지 않을 방식을 사용하여 상실된 문화 안에 있는 사람들과 연결될 수 있기 때문이다."[2]

교회가 오래될수록 회중의 관심은 교회 내부로 향한다. 교회는 성도들의 다양한 필요와 요구를 충족시켜 주기 위해 제도와 규율을 강화하고, 성도들은 자연스럽게 교회 내 사람들과 더 깊은 관계를 형성한다. 역사가 오래될수록 이러한 현상은 더 강해진다. 반면에 새신자들은 교회 밖 사람들과 교제의 폭이 훨씬 넓다. 그런 측면에서 초신자들이 불신자를 더 많이 접하고 전도할 수 있을 것이라는 예상은 결코 무리가 아니다.[3]

엑스포넨셜 콘퍼런스에 매년 수천 명의 사람들이 모이는 이유는 바로 이 때문이다. 단순히 유명 강사들 때문이 아니라, 그곳에는 교회 개척의 의미와 가치, 실제적 노하우까지 배우고 공유할 수 있는 장이 마련되어 있다. 여기에 교회 개척 전문기관들과의 협력 또한 가능하여 개인과 교회, 단체가 서로 협업할 수 있다는 것은 개척을 준비하는 사역자들에겐 소중한 통로임이 분명하다.

물론 그렇다고 해서 미국에서의 교회 개척이 한국보다 쉽다고는 말할 수 없다. 매년 1,000개의 교회가 세워지고 4,000개가 문을 닫는 현실은 개척뿐 아니라 생존 자체가 얼마나 어려운 문제인지를 알게 해준다.[4] 그럼에도 불구하고 교회 개척은 필요하고 여전히 가능하다.

그런 의미에서 Tapestry LA 교회의 스토리는 개척의 어려움과 가능성을 동시에 보여 주는 실례가 될 것이다. Tapestry LA는 공식적으로 출범한 지 1년 만에 400명 이상의 회중이 모이는 젊고 새로운 교회로 알려져 있다. 그러나 그들의 이야기는 하나의 성공신화가 아니다. 오히려 모든 개척자들이 경험할 수 있는 갈등과 도전, 그리고 그것을 극복해 나가는 과정을 통해 공유할 수 있는 중요한 교훈이 담긴 실제적 이야기이다. 그 현장 속으로 들어가 보자.

Tapestry LA의 설립 과정

Tapestry LA의 개척자는 한인 2세인 찰스 최(Charles Choi) 목사다. 어린 시절 찰스는 가정사로 인해 어렵고 힘든 시간을 보냈다. 우연히 친구의 손에 이끌려 가게 된 교회에서 하나님을 만나고 신학을 공부했다. 처음부터 목회에 대한 뚜렷한 비전과 목표가 있었던 것은 아니었다. 대부분의 2세 목회자처럼 그의 첫 사역은 한인 교회 내 2세 영어권 회중을 돌보는 일이었다. 그 사역은 생각보다 쉽지 않았다. 수년간 열정과 헌신을 통해 2세 공동체가 세워지는 기쁨을 경험하기도 했지만, 1세 목회자들과 다른 문화와 소통방식 때문에 갈등을 겪기도 했다. 무엇보다 1세에게 익숙한 사역방식이 그에게는 강압적으로 느껴졌다. 다른 문화 안에서 사역한다는 것이 얼마나 어려운지를 체감한 순간이었다. 이것이 쌓이자 그는 상처와 쓴 뿌리를 가진 채 사역을 내려놓기에 이른다. 사역자로서의 실패와 좌절을 경험하는 순간이었다.

1년 동안 사역을 쉴 때 만나게 된 것이 엑스포넨셜 콘퍼런스였다. 그는 이곳에서 하나님께서 행하시고 있는 손길과 섭리를 발견하면서 개척을 꿈꾸게 된다. 무엇보다 그곳에 모여 있는 사람들이 자기와 같은 평범한 사람이라는 사실에 용기를 갖게 되었다. 그러면서 그의 마음에 "우리도 이것을 할 수 있지 않을까!"라는 생각이 들었다. 이후 개척과 관련된 서적을 탐독하고 과거 함께 사역했던 지인들을 모아 New Life Church를 개척한다. 그때가 2013년이었다. 그러나 교회 개척이 의욕만으로 되지 않는다는 사실을 깨닫기까지는 그리 긴 시간이 필요치 않았다. 과거에 함께했던 청년들이 모이면서 약간의 수적 성장을 경험하기도 했지만 당장 눈앞에 닥친 재정의 어려움은 이상과 현실의 간격을 극명하게 보여 주었다. 그렇게 2년의 시간을 보내면서 한계에 다다랐다. 목회자 스스로가 행복하지 않은 상황에서 목회를 지속하는 것이 무의미하게 느껴졌다. 그가 겪은 두 번째 좌절이었다.

이제는 사역을 완전히 그만둬야 할지도 모른다는 생각이 몰려올 때, 만나게 된 인물이 키스 강(Keith Kang) 목사였다. 젊은 시절 강 목사의 모습은 여러모로 찰스와 비슷했다. 한인 2세로서는 거의 최초로 2세들을 위한 교회를 개척했지만 그 역시 실패하고 말았다. 절망의 끝에서 하나님을 만나고,

다시 새로운 교회를 시작했다. 실패를 바탕으로 새롭게 세워진 교회를 통해 그는 'Acts Ministries International'이라는 단체를 설립했다. 이 단체는 교회 개척을 돕는 네트워크다. 강 목사와의 만남은 목회자로서 찰스의 생애를 바꾸는 결정적 사건이 된다. 그가 가진 카리스마와 성령에 대한 민감성, 영적 지혜와 선교에 대한 열정은 어린 시절부터 개혁교회 전통에서만 자란 찰스의 신앙관을 뒤흔들어 놓았다. 나아가 복음과 성령의 균형 잡힌 사역관을 형성하는 데 도움이 됐다. 강 목사 역시 찰스야말로 자신이 찾고 있던 개척자였음을 직감했다. 그는 이미 실패를 경험했으며 철저하게 자신의 힘과 방식이 통하지 않는다는 사실을 누구보다 강하게 체험한 사람이었다. 강 목사와의 정기적인 만남과 멘토링은 찰스의 사역과 열정, 선교에 대한 열망(missional heart)을 뚜렷하게 회복시켰다.

Tapestry LA는 찰스의 남은 회중과 강 목사에 의해 설립된 작은 개척 교회가 합병하면서 시작된 교회다. 엄밀한 의미에서 Tapestry LA는 완전히 새로운 교회가 아니다. 오히려 지난 2년간의 실패를 통해 새롭게 사용하시는 하나님의 섭리에 의해 시작된 교회라 할 수 있다. 물론 두 교회의 회중이 하나로 통합되는 과정은 쉽지 않았다. 그 과정 속에서 교회를 함께 개척했던 멤버들이 떠나는 아픔을 경험하기도 했다. 그러나 멈출 수 없었다. 찰스는 당시 수련회에 참여했던 60명의 성도들과 함께 5개월간의 특별한 시간을 가졌다. 그것은 하나님께서 주신 비전과 교회 공동체의 가치를 세워 나가는 여정이었다. Tapestry LA라는 이름에는 바로 그러한 교회 공동체의 비전과 가치가 담겨 있다.

비전과 핵심가치(Who We Are)[5]

'Tapestry'는 여러 가지 색실이 모여 하나의 아름다운 예술품이 되는 것을 뜻한다. 그런 의미에서 Tapestry LA는 각기 다른 연약한 자들을 통해 일하시는 하나님의 선하시고 주권적인 역할을 인정한다. 자신의 힘이 아닌 주의 능력 안에서 세상을 위한 아름답고 강한 실이 되어 도시와 세상을 변화시키는 재료가 되는 가치를 담아 교회의 비전을 다음과 같이 세웠다.

'우리는 복음 중심적이며 성령의 능력을 힘입는 선교, 성장, 공동체를 통해 제자를 삼고 하나님께 영광 돌리기 위해 존재한다.'

이러한 비전 아래 그들은 다음과 같은 정체성을 소유한다.

가족으로서의 정체성

그리스도의 복음으로 하나님의 자녀가 된 성도들은 가족으로서 서로를 돌보고 사랑할 뿐만 아니라 서로 기도하고 섬기는 특권을 가진다(창 12:1-3; 요 1:12-13; 롬 8:15-17).

종으로서의 정체성

예수께서 성육신과 십자가를 통해 새로운 생명을 가져다주신 것처럼, 성도들은 그리스도의 주 되심과 교회의 리더십을 인정하며 하나님을 영화롭게 하고 서로를 세워 주는 순종의 삶을 살게 된다. 이것은 곧 자신의 평안과 편리가 아닌 서로를 향한 사랑과 소명에 의해 다른 사람을 돌아보며 기쁨의 고난에 동참함을 의미한다(요 13:14-15; 빌 2:5-11).

선교사로서의 정체성

그들은 예수 그리스도가 선교사로서 세상에 오신 것을 믿으며 자신도 역시 선교사로서 세상에 보냄 받았음을 분명히 고백한다. 그리스도를 따르는 성도의 역동적인 삶을 통해 세상이 하나님과 서로를 향해 화목하고 성령으로 가득 찬 창조의 회복이 될 수 있도록 노력한다. 그들은 의도적인 방식으로 복음을 선포할 뿐 아니라, 삶을 통해 하나님이 보이고 드러날 수 있는 그리스도의 신실한 대사가 되기를 꿈꾼다. 이를 위해 그들은 오직 하나님께만 자신의 모든 존재를 고정하고, 그분의 인도하심을 구하며, 하나님께서 이미 하고 계신 일들을 분별하여 지역과 열방 속에서 하나님의 선교에 동참하는 선교사가 되기를 원한다.

교회의 핵심 사역(What We Do)

비전과 공동체적 가치가 확고해지자 사역 역시 목적을 향해 재조정될 수 있었다. 사실 대부분의 개척 교회들이 겪는 어려움 중의 하나는 인력과 자원의 부족으로 오는 상대적 박탈감이다. 잘되고 있는 교회들을 벤치마킹해보지만 규모와 완성도 면에서 처질 수밖에 없다. Tapestry LA는 그런 차원에서 다른 교회를 흉내 내는 교회가 아닌, 자신의 부르심과 사명에 입각한

사역에 집중하기 원했다. 그 사역은 다음과 같이 단순하며 핵심적인 것들
이다.

예배 공동체

교회의 핵심 사역은 예배로부터 흘러나온다. Tapestry LA의 예배는 성
령의 깊은 임재와 은혜가 배어 있다. 물론 교회 내에 좋은 예배사역자와 팀
이 있기 때문이기도 하지만 무엇보다 담임 목회자의 변화된 사역 철학과
방식이 큰 역할을 했다. 찰스는 어린 시절부터 정통 개혁교회에서 자라고
성장해 왔기 때문에 그의 신학은 태생적으로 십자가 중심의 복음주의 전통
에 깊이 뿌리내려 있다. 그러던 그가 케이스 강 목사를 만나면서 성령의 임
재와 능력에 열린 목회자가 되었다. 그런 차원에서 Tapestry LA의 사역은
십자가의 복음과 성령의 사역을 동시에 강조하면서 균형을 이루는 예배를
추구한다.

예배의 형식은 단순하다. 경배와 찬양, 환영과 광고, 말씀 선포, 성찬, 기
도와 찬양, 파송 순으로 진행된다. 찰스 목사의 설교는 본문에 기초하여 복
음적이고 깊이 있는 성경 주해를 기반으로 한다. 그러나 그 메시지에는 성
령의 능력에 대한 강한 열망이 담겨 있다. 그러한 정신이 모든 순서에서 느
껴진다. Tapestry LA 예배의 또 다른 특징은 성도들이 영과 혼으로 반응할
수 있는 공간과 시간을 마련해 준다는 점이다. 하나님의 임재를 찾고 느끼
고 체험하고 반응할 수 있는 공간과 여백을 만들어 제공하는 것이다. 찰스
는 교회의 성장 요인을 여기서 찾았다. 예배가 살아 있을 때 성도는 회복된

다. 이러한 변화는 성도들이 예배 속에서 살아 계신 하나님을 만나고 체험할 수 있는 통로가 됐다. 성령의 임재와 체험이 있는 예배를 통해서만 교회가 살아날 수 있음을 기억해야 한다.

셀 그룹

셀 그룹은 Tapestry LA를 지탱하는 가장 중요한 사역 중 하나다. 약 400

명의 출석 성도 중 85% 이상이 주중 셀 그룹에 참여할 정도로 소그룹 사역은 활력이 넘친다. 새신자가 정식 멤버가 되기 위해서는 반드시 셀 그룹 참여해야 한다는 규정 역시도 셀 사역 성장에 중요한 요소다. 그들이 이토록 셀 사역을 강조하는 이유는 그룹에 참여하게 될 때 새신자 정착률이 높아진다는 현실적 이유 때문이기도 하지만, 보다 본질적인 이유는 셀 그룹 자체가 선교적 공동체로서 이웃을 사랑하고 섬기는 주체가 되기를 바라는 마음 때문이다.

셀 모임의 형식은 여느 다른 교회들의 소그룹 모임과 크게 다르지 않다. 그들은 함께 식탁을 나누고 지난 주간 선포된 설교에 기반을 둔 토론과 기도를 한다. 더불어 그들은 끊임없이 소그룹 리더를 세우고 분가하기 위해 리더를 선택하고 훈련을 시킨다. 소그룹의 분가와 확산을 위해서도 그렇고 지역사회의 좋은 이웃이 되기 위해서도 준비된 리더는 절대적으로 요청된다. 그런 관점에서 셀 그룹은 새로운 리더들을 찾고, 훈련하고, 보내는 사역을 통해 신앙 공동체와 지역사회를 향한 선교적 동력이 된다.

기도 사역

Tapestry LA는 하나님 없이 가능한 것은 아무것도 없다는 확신을 공유한다. 따라서 의도적으로 다양한 기도 모임을 만들고 동참하게 함으로써 기도의 영성이 채워질 수 있기를 기대한다. 본 교회의 기도 모임은 전형적인 미국 교회나 한인 2세 교회와는 달리 한국 교회의 전통적 영성을 이어받은 부분이 크다. 금요일 밤과 주일 예배시간에는 중보팀의 기도모임이, 격주 토요일에는 'On the Rug Prayer'라는 이름으로 바닥에 엎드려 합심으로 기도하는 시간을 갖는다. 이 시간에는 50-60명의 청년들이 모여 뜨겁게 기도하는데, 토요일 오후 황금 시간에 청년들이 기도하기 위해 모인다는 것 자체가 놀라운 일이다. 기도의 대부분은 교회가 성령의 이끄심에 민감하게 반응하고 그분의 뜻을 식별하는 공동체가 되는 것에 집중된다. 이런 기도의 영성은 Tapestry LA의 사역 전반에 걸쳐 스며들어 있다. 소비자 지향적 교회에서는 경험할 수 없는 영적 깊이와 터치가 예배 중에 느껴지는 것도 사실은 기도의 영성이 전체 회중을 감싸고 있기 때문이다. 복음 중심적이며 성령 중심적 공동체가 되는 비전과 가치가 현실화될 수 있는 데에는 기도를 통한 영성 확립이 핵심 역할을 한다.

지역과 세계 선교

선교적 교회로서의 정체성은 Tapestry LA가 교회로서의 본질과 선교적 부르심에 충실할 수 있는 원동력이다. 그리스도 안에서 한 가족이며 동시에 종과 선교사로서의 자기 인식은 소그룹의 핵심가치이기도 하다. 그들은 소그룹을 통해 지역과 세계 선교에 연결된다. 특히 'Love Westlake'는 교회가 의도적으로 도시와 지역을 섬기기 위한 사역이다. 본 사역을 통해 교회는 정기적으로 지역사회를 위해 기도하고 복음을 전하기 위해 지역으로 나아간다. 그러나 이들의 접근 방식은 공격적인 복음전파보다는 좋은 이웃이 되는 데 우선순위를 둔다. 예수님의 사랑으로 지역과 사람을 품고 그들의 필요를 채워 주는 사역을 통해 친구가 된다. 최근에 실시하고 있는 사역들은 이런 것들이다.

요리사로 일하는 성도들과 함께 저소득층이 밀집되어 있는 아파트에 찾아가 유기농(organic) 조리법을 가르치는 일, 공원에 찾아가 아이들을 만나고 그들의 얼굴에 그림을 그려 주는 페이스 페인팅(face painting), 학교 저소득층 아이들을 위해 학용품을 공급하고 거리의 홈리스들을 섬기는 일 등 일상을 통한 선교가 이루어지고 있다. 또한 LA 다저스 야구 게임이나 미식축구 경기에 가면서 믿지 않는 친구들을 초청해 즐거운 시간을 보내며 복음을 전한다. 선교를 이벤트로 여기지 않고 삶의 현장에서 실천해야 할 사명으로 인식하자 선교와 전도의 기회가 훨씬 더 다양하게 이루어지는 것을 발견했다. 이들의 관심은 세계를 향해서도 열려 있다. 방학을 이용해 다양한 지역에 선교팀을 보내고, 일회적 행사가 아닌 지속적인 관심과 섬김을 실천한다. Tapestry LA는 시즌별로 교회의 리듬을 형성하고 있는데 이는 선교가 일상이 될 수 있도록 삶과 밀접한 사역 형성을 만드는 노력의 일환이다.

제자훈련

Tapestry LA의 제자훈련은 예배와 교제, 교육과 실천이 융합된 형태로 진행된다. 매주 금요일 저녁이면 200여 명의 젊은 청년들이 제자훈련을 받기 위해 교회로 모인다. 그곳에 가면 뜨거운 찬양과 기도와 더불어 두 개의 훈련 프로그램이 실시된다. 하나는 새신자 그룹을 대상으로 한 알파 훈련이다. 여기서는 기독교의 기본 교리와 기도, 성령에 대한 배움이 있다. 또 다른 그룹은 『하나님을 경험하는 삶』(Experiencing God)을 기본 교재로 알파를 마친 성도를 대상으로 진행된다. 기본 구조는 강의와 소그룹이 번갈아 반복되는 형식인데 실제 그 모습은 매우 특이하다. 먼저 사역자들은 전체 강의를 통해 교회의 비전과 핵심 가치를 가르치고, 20-30분의 강의가 끝나면 소그룹으로 나뉘어 배운 내용을 토론하고 삶에 적용하는 시간을 갖고 함께 기도한다. 이 시간이 끝나면 다시 모여 강의를 듣고 또 흩어져 나눔과 기도하는 시간을 갖는다. 3시간 넘게 이런 패턴이 반복된다. 마치 수련회에 온 착각이 들 정도로 분위기는 진지하고 뜨겁고 열정적이다.

물론 Tapestry LA의 제자훈련은 현재 진행 중이며 진화 중이다. 현재는 교회의 핵심 가치를 성도들이 공유하고 공동체의 DNA로 이식하는 일에 집중하고 있지만 결국은 하나님께서 주신 은사와 말씀을 삶 속에서 살아 내고 나아가 로스앤젤레스를 섬기고 변화시키는 주체가 되기를 꿈꾸고 있다.

갱신을 위한 적용

첫째, 은사와 부르심에 기반을 둔 건강하고 분명한 사역 철학을 정립하라.

첫 교회를 개척했을 당시 담임 목회자인 찰스는 분명한 목회 철학을 갖고 있지 않았다. 막연하게 좋은 교회, 건강한 교회를 꿈꾸었지만 그것은 자신의 것이 아닌 교육되고 답습된 내용이었다. 하나님과의 깊은 만남을 통해 자신에게 주어진 은사와 부르심이 분명해지면 목숨을 걸고 지키고 싶은 자신만의 철학이 수립될 수 있다. 개척자는 이 부분을 분명히 기억해야 한다.

둘째, 현대 교회 개척의 필수 요소인 멘토와 기관의 도움을 받으라.

오늘날 사역자들의 비극은 자신의 사역과 영성을 돌보아 줄 멘토가 없다는 점이다. 만약 찰스가 사역적 멘토를 만나지 못했다면 그의 사역은 또 다시 실패와 절망으로 추락할 수밖에 없었을 것이다. 멘토와 더불어 중요한 것이 교회 개척을 돕는 전문 기관과의 협력이다. 교회 개척 전문기관인 STADIA의 경우 그들과 협력했던 교회 개척자들의 90% 이상이 5년 안에 자립을 넘어 선교적 교회로 세워졌다는 통계를 가지고 있다.[6] 당연히 이들은 개척의 은사를 지닌 사역자를 엄선하고 모든 과정에 파트너로서 세밀한 도움과 코칭을 준다.[7] 한국 교회가 개척의 새로운 장을 열기 원한다면 좀 더 전문적이고 실제적인 도움을 줄 수 있는 전문기관이 많이 세워져야 한다.

셋째, 복음과 성령이 이끄는 사역을 통해 성도들의 선교적 잠재력을 극대화시키라.

참된 복음의 능력은 올바른 교리와 그것이 경험되는 은혜 안에서 폭발력을 가진다. 21세기는 성령의 시대다. 성령의 은사와 역사하심에 열려 있는 교회와 국가가 부흥을 경험한다. 초기 한국 교회의 부흥 역시 마찬가지였다. 뜨거운 눈물과 회개, 은사와 열정이 가득했던 한국 교회, 그러나 어느 순간 이성과 논리, 제도와 교육이 그 자리를 대체해 버렸다. 이제는 다시 균형을 이뤄야 할 때다. 체계화된 신학을 계승하면서도 그것이 사고의 틀에 고정되지 않도록 교회는 변화되어야 한다. 성령으로 돌아가야 한다. 성령 체험과 충만을 사모하고 세상에서 증인의 삶을 살아갈 수 있도록 가르치고 훈련하고 보내는 사역이 연결되어질 때, 교회는 선교적 공동체로서 역량을 구비할 수 있다.

넷째, 지역을 품고 사랑하되 일상을 통해 진정성을 확보하라.

선교는 이벤트가 아니다. 성도들이 삶을 통해 선교하되 지역사회의 필요에 민감하고 그것을 채워 주는 자연스러운 접근이 이루어져야 한다. Tapestry LA의 정신과 같이 우선적으로 좋은 이웃이 되기 위해 주변을 살피고 우리가 가진 자원과 은사를 통해 지속적으로 이웃을 사랑하고 섬기는 노력을 기울여야 한다.

다섯째, 교회들 간의 협력에 힘써라.

미국에서 교회개척운동이 활성화될 수 있는 데에는 지역교회들의 연합과 협력이 이뤄지고 있기 때문이다. 하나님 나라의 관점에서 교회 개척의 중요성을 깨닫고 새로운 교회들이 태동될 수 있도록 기성 교회들은 관심을 기울여야 한다. 나아가 실제적인 도움을 줄 수 있는 네트워크가 지역별, 교단별로 형성될 필요가 있다. 이를 통해 목회적 멘토링과 코칭이 지속적으로 제공될 수 있다면 더 건강하고 아름다운 교회들이 세워져 복음의 전진기지 역할을 감당할 수 있을 것이다.

나가는말

하나님의 선교는 인간 자신의 발명이나 책임, 프로그램으로 이루어지는 것이 아니다. 그것은 하나님 자신의 본성으로부터 흘러나오는 것으로, 교회 공동체는 하나님의 선교를 식별하고 동참하는 노력을 기울여야 한다.[8] 교회 개척이 하나님 나라를 확장하며 복음전파를 감당하는 효과적인 방법이라는 명제에 동의할 수 있다면,[9] 이 시대에도 교회 개척은 계속되어야 한다. 자신의 교회를 세우는 것이 아닌 하나님 나라를 위한 위대한 사명을 이루기 위해 우리는 함께 힘을 합쳐 그 과업을 이루어 나가야 한다.

홈페이지 http://tapestrylachurch.com/

A MODEL OF MULTI-SITE & REPRODUCING : COMMUNITY CHRISTIAN CHURCH

멀티사이트와 재생산 모델

커뮤니티 크리스천교회

멀티사이트교회의 핵심은
복음 전도와 선교적 실천에 있다.
멀티사이트교회는 지속적인 재생산을 통해
성도들을 한곳에 머물지 못하게 독려하며,
더 큰 모험의 바다로 보내는 역할을 한다.
즉, 이들의 초점은 그리스도의 대위임령을
현상황 속에서 실현하고자 하는 데 있다.

멀티사이트, 새로운 교회운동이 되다

교회는 생명체이며 동시에 조직이다. 그런 의미에서 교회도 역시 생명체가 가진 특성과 한계점, 즉 '시작-성장-정체-쇠퇴-사멸'의 수명주기(Lifecycle)를 가진다. 이론적으로 보면, 오래된 조직일수록 또한 생명 주기의 후기 단계에 놓여 있는 조직일수록 갱신과 변화는 어렵다. 오늘날 유럽과 북미 교회가 경험하고 있는 현실이 그렇다. 오랜 역사와 찬란한 문화를 자랑하며 시대와 국가의 중심적 역할을 감당했던 교회들이 어느 순간 생명력을 잃어버리고 소생의 방법을 찾지 못한 채 힘겨워하고 있다.

데이비드 올슨은 이에 대해 아주 흥미로운 조사 결과를 내놓았다. 그는 미국에 있는 약 20만 개의 교회를 대상으로 광범위한 조사를 했는데, 교회가 세워진 연도에 따라 나타나는 다이내믹이 달랐다. 보고서에 따르면 1969년 이전에 설립된 교회들은 쇠퇴, 1970~1989년 사이에 시작된 교회들은 정체, 1990년대에 개척된 교회들은 2%의 성장, 1999년 이후에 세워진 교회들은 9% 이상의 평균 성장률을 보였다.[1] 새로운 교회들이 오래된 교회보다 훨씬 더 역동적임을 알 수 있다. 구체적인 성장 내용이 이를 반증한다. 10년 미만의 교회들이 10년 이상 된 교회들보다 23배나 빠르게 성장하고 새로운 교회들이 제도화된 교회들보다 3-4배 이상 더 많은 대화를 한다. 교회가 훨씬 생기 있고 활발한 것을 증명하는 단적인 예가 된다.

물론 교회가 오래되었다고 해서 갱신과 성장을 위해 노력하지 않는다는 것은 아니다. 대부분의 교회는 변화를 불러일으키기 위해 새로운 프로그램을 도입하고, 기도와 전도를 회복하기 위해 힘을 쏟는다. 문제는 많은 노력에도 불구하고 새로운 영적 부흥을 위한 사이클을 만드는 것이 어렵다는 것이다. 오래되고 과거에 귀착된 교회일수록 소생이 어렵고 결국은 생존 자체를 고민해야 하는 상황에 직면할 확률이 높다는 점이다.

이러한 시점에서 미국 교회를 중심으로 일고 있는 주목할 만한 운동 중 하나가 바로 멀티사이트교회다. 교회개척운동(church planting movement)과 맞물려 멀티사이트교회는 미국 교회의 보편적이며 독특한 현상으로 이해될 수 있다. 라이프웨이 연구소(Lifeway Research)의 에드 스테쳐(Ed Stetzer)는 이러한 현상이 트렌드를 넘어 새로운 표준이 되어 가고 있음을 밝힌다. 2014년 조사에 따르면 당시 미국에는 5,000개가 넘는 교회가 멀티사이트 형태를 지니고 있었다. 오늘날 미국에서 가장 빨리 성장하는 교회 혹은 가장 큰 교회 중 대다수는 멀티사이트교회의 형태를 지니고 있다.[2]

멀티사이트교회가 이렇게 거대한 흐름으로 자리를 잡기까지는 미국 특유의 실용적이며 효율적인 문화 배경이 큰 역할을 했다. 성장하는 교회는 제한된 공간 문제를 해결하기 위해 다양한 노력을 기울인다. 가장 대중적인 방식이 주일날 같은 포맷의 예배를 여러 번 드리는 것이다. 그러나 다른 세대와 문화를 가진 성도들이 등장하자, 이제는 다양한 스타일의 예배를 만들어 제공하기에 이르렀다. 방식도 점차 다변화되기 시작했다. 영상을 활용한 비디오 예배를 드리기도 하고, 세대에 맞춰 다양한 문화 스타일로 예배하기도 한다. 이후 교회들은 여러 지역에 캠퍼스 교회를 세우기 시작했는데, 이와 같은 변화는 마침내 '많은 지역에 있는 하나의 교회(one church in many locations)'를 표방하는 멀티사이트교회 현상으로 이어졌다.

멀티사이트, 교회성장을 위한 수단인가?

그렇다면 우리는 여기서 중요한 사실 몇 가지를 확인할 필요가 있다. 먼저 멀티사이트교회의 정체성이다. 많은 사람들은 멀티사이트교회를 단순히 교회의 수적 성장과 확장을 위한 전략으로 취급하는 경우가 있다. 그러나 멀티사이트운동의 핵심에는 성장이 아닌 예수 그리스도의 '위임명령'과 이에 근거한 '선교적 의도'가 자리 잡고 있음을 기억해야 한다.

빌 에섬(Bill Easum)과 데이브 트라비스(Dave Travis)는 멀티사이트교회에 대해 '기존의 한계를 넘어서는 운동'이라고 소개한다. 즉, 전통적인 리더들은 사역과 사고의 한계가 지역이라는 틀 속에 묶여 있다. 그러나 멀티사이트교회는 기존의 지역적 틀을 넘어 선교를 생각한다. 장소와 공간이 아닌 선교적 사명이 사역을 결정한다는 것이다. 자연스럽게 운동의 핵심은 성도들로 하여금 예수의 대위임명령에 참여하고 실천하도록 이끄는 것으로 모인다.[3]

과거 성장에 몰두했던 교회들의 가장 큰 고민은 어떻게 사람들을 교회로 끌어들일 수 있을까에 있었다. 이로 인해 많은 교회가 더 좋은 시설, 더 다양한 프로그램, 더 훌륭한 서비스, 더 아름답고 매력적인 요소를 만들기 위해 심혈을 기울였다. 이는 마치 크리스텐돔(Christendom) 체제에서 사람들을 교회로 끌어들이려는(attractional church) 모습을 연상시킨다. 그러나 선교적 교회는 사람들을 끌어들이는 것 대신 사람들이 있는 곳에 찾아가는 사역(go to where the people are)을 한다.[4] 교회가 지역적 한계를 뛰어넘는 것이 중요하다.

여기서 제기되는 또 하나의 의문은 이러한 현상이 대형교회에만 해당될 수 있느냐는 질문이다. 사실 하나의 교회가 여러 지역으로 흩어져 각자 교회의 기능을 감당하기 위해서는 그에 따른 인력과 자원이 요구될 것이 분명하다. 당연히 성도가 많고 재정이 충분한 교회가 유리할 수 있다. 그런데 실상은 그렇지 않다. 조사에 의하면 멀티사이트교회는 200명 정도의 출석 성도를 가진 교회들로부터 20,000명에 이르는 대형교회까지 그 형태와 사이즈가 다양하다. 만약 최근에 일고 있는 소그룹운동까지 포함한다면 그 사이즈는 최소 10명 정도까지 내려갈 수 있으므로 그 폭과 모델은 훨씬 더 다양해진다. 이와 같은 이유로 오늘날 멀티사이트교회는 지역과 교단, 사이즈와 구조를 넘어 적용되는 운동이 되어 가고 있다.

그렇다면 멀티사이트교회는 어떻게 발생했고 어떤 원리에 의해 수행되어야 하는가? 멀티사이트교회의 최초 모델 중 하나인 커뮤니티 크리스천교회를 통해 살펴보자.

커뮤니티 크리스천교회(Community Christian Church, IL)

1989년 처음 시작된 커뮤니티 크리스천교회는 현재 시카고 지역을 중심으로 13개 지역 캠퍼스를 가진 멀티사이트교회다. 설립자인 데이브 퍼거슨(Dave Furgerson)과 아내, 3명의 동료들이 20대 젊은 나이에 개척한 교회가 이제는 북미 지역교회 개척운동과 멀티사이트운동의 핵심적 역할을 하는 대표적인 교회로 성장했다.

퍼거슨은 이러한 배경에는 그들의 지혜와 전략이 아닌 철저한 하나님의 이끄심 때문이었다고 고백한다. 사실 그들이 처음 교회를 시작했을 때에는 무모할 정도로 전략도 계획도, 돈도 사람도 없었다. 단지 시카고 전역에 복음을 전하고자 하는 뜨거운 열정과 믿음, 비전이 있었을 뿐이었다.

잘 알려진 바대로 그들의 원대한 꿈은 퍼거슨이 식당에서 그렸다는 한 장의 그림으로부터 시작됐다. 교회를 개척한 후 1년이 지난 어느 날이었다. 퍼거슨은 동네의 한 멕시칸 식당에 앉아 하나님이 주신 비전에 붙잡혀 냅킨 위에 그림을 그렸다. 거기에는 시카고를 의미하는 지도와 몇 개의 동그라미들이 들어가 있었다. 이것들은 다름 아닌 시카고 여러 지역에 세워질 교회를 의미하는

데이브 퍼거슨 목사

것이었다. 당시 800만 명으로 이루어진 시카고 전역을 복음화하기 위해서

는 각 지역을 담당할 새로운 교회가 필요했다. 퍼거슨과 동료들은 이 꿈을 나누었고, 이때부터 시카고 전 지역에 교회 공동체를 세워 성도들을 흩어 지게 하고 복음을 전하고자 하는 꿈을 꾸었다.

비전과 확장

그들은 교회를 시작하면서 다음과 같은 분명한 비전을 세웠다.

(1) 충격을 주는 교회

(2) 재생산하는 교회

(3) 재생산하는 교회들을 위한 운동의 촉매제가 되는 교회

무엇보다 그들의 관심은 기존에 교회를 다니고 있는 기존 신자에게 있지 않았다. 그들은 철저히 예수님과 관계없이 살아가는 사람들에게 충격을 주는 교회가 되기를 원했다. 그 마음을 담아 교회는 '사람들이 다시 하나님께 돌아오도록 돕는 일'(Helping people find their way back to God)에 자신의 정체성을 담았다. 이러한 철학은 오늘날에도 이어져 커뮤니티에 속한 모든 공동체와 식구들은 이 비전에 의해 움직인다.

그렇다면 어떻게 하나님을 떠난 사람들이 복음으로 돌아오게 할 것인 가? 이를 위해 그들은 다양한 곳에서 지역사회를 섬기고 불신자들에게 복

음을 전할 성도들과 공동체를 재생산하는 것의 중요성을 깨달았다. 나아가 이들은 자기 스스로뿐만 아니라 다른 교회들에 영향을 미치는 존재가 되길 원했다. 하나님의 선교에 동참하는 운동의 촉매제가 되는 교회, 멀티사이트교회는 바로 이러한 사명을 감당하기 위해 고안된 전략이었다.

물론 시작은 여느 개척 교회와 다를 것이 없었다. 그들은 돈도 사람도 건물도 없었다. 그들이 가진 것이라곤 퍼거슨의 아내를 포함한 총 5명의 멤버들뿐이었다. 그러나 하나님이 주신 꿈을 품고 그들은 매일같이 기도와 토론을 하며 사역을 준비했다. 그러면서 이웃들을 만나고 그들의 필요를 발견하는 일도 게을리하지 않았다. 특히 처음 4개월 동안은 하루도 빠짐없이 이웃집 문을 두드려 사람들을 만났고 그들의 이야기를 들으며 지역 사람들이 찾고 원하는 교회를 세워 가기 위해 애썼다.[5]

이러한 열정을 기반으로 교회는 첫 8년 동안 약 700명의 성도가 모일 만큼 성장했다. 이후 교회는 재생산의 과정에 진입하게 된다. 먼저 첫 캠퍼스는 교회 소그룹에 참여해 변화를 받은 한 새신자의 질문으로부터 시작되었다. 당시 그는 부동산 개발업에 종사하고 있었는데, 교회로부터 약간 떨어진 곳에 새로운 마을이 조성되고 있음을 상기하며 이런 질문을 했다. "어떻게 하면 우리와 같은 진정한 공동체를 새롭게 개발되는 지역 사람들에게로 가져갈 수 있을까요?" 이 질문은 오랫동안 잊고 있었던 그들의 꿈을 자극했다. 결국, 이로 인해 '두 지역에서 만나는 하나의 교회'가 시작되었다.

그다음 캠퍼스는 뜻하지 않은 곳에서 발생했다. 오랜 역사 속에서 죽어가던 한 교회의 리더가 찾아와 교회와 건물을 기증한 것이다. 그러면서 그는 크리스천 커뮤니티교회가 지역사회 공동체를 복음으로 회생시켜 달라는 부탁을 했다. 놀랍게도 새로운 공동체는 생동감이 넘쳤고 빠른 성장을 경험했다. 교회의 재생산은 이렇게 이뤄졌다. 이후 교회는 현재까지 13개 지역에 교회 공동체를 세워 역동적인 선교 사역을 감당하고 있다.

멀티사이트교회의 특징

퍼거슨은 자신의 경험을 근거로 멀티사이트교회의 특징을 다음과 같이 표현했다. 먼저, 멀티사이트교회는 불신자를 대상으로 한 재생산과 증식을 이루어 가는 일에 초점을 맞추어야 한다. 그는 교회를 다섯 가지 레벨로 나

뒤 설명했는데, (1) 쇠퇴하는 교회, (2) 정체기에 있는 교회, (3) 성장하는 교회, (4) 재생산하는 교회, (5) 증식하는 교회 혹은 운동을 이끄는 교회이다. 대부분의 미국 교회가 쇠퇴하거나 정체기에 머물러 있다는 점을 상기하면, 교회의 미래는 재생산과 증식을 일으키는 운동으로 이어질 때 희망이 있다. 만일 한 교회가 재생산하는 교회가 될 수 있다면, 거기에는 적어도 다음과 같은 유익이 따른다.

첫째, 전도 활동과 선교의식이 확장된다.

리더십 네트워크의 연구에 따르면 멀티사이트를 추구하는 가장 주요한 동기는 활발한 '복음 전도사역' 때문이었다. 커뮤니티 크리스천교회 역시 새로운 지역 사이트를 개척하면서 더 많은 성도를 세상에 보내기 원했다. 교회와 성도는 오래될수록 안주하려는 성향이 강해진다. 그러나 지속적인 제자훈련과 도전을 통해 성도들의 성장을 돕고 새로운 교회와 선교를 위해 파송하는 구조는 복음 전파 사역의 핵심이 된다.

둘째, 교회 공동체와 사역에 더 많은 성도가 참여하게 된다.

오늘날 대부분의 교회는 전문가들을 중심으로 소수의 헌신된 성도가 사역을 이끄는 구조를 가지고 있다. 대다수의 성도는 소비자로서 서비스를 공급받는다. 만약, 기존의 공동체에서 훈련되고 헌신된 성도들이 보냄을 받게 되면 어떠한 일이 발생할 것인가? 당장 기존의 교회 공동체는 위기와 도전에 처할 수도 있다. 그러나 동시에 새로운 환경은 남아 있는 성도들을 자극하여 새로운 리더가 형성되는 계기가 될 것이다. 몇 년 전, 새로운 사이트를 개척하기 위해 150명의 헌신된 성도를 보냈을 때의 일이다. 당시에는 소그룹과 봉사 활동에 참여하는 교인 비율이 약 54% 정도였다. 그러나 성도 150명을 파송한 지 1년 후, 두 지역 모두 74%의 성도들이 소그룹과 교회 봉사에 참여하는 결과를 나타냈다. 멀티사이트 사역이 성도들을 자극했던 것이다.

셋째, 질적 성장이 일어난다.

새로운 사이트를 시작할 때마다 주일학교 교육과 예배, 소그룹 등 모든 부분에서 업그레이드된 사역이 가능해진다. 비용적인 측면에서도 경험이 축적될수록 더 적은 비용을 투자해 더 많은 열매를 맺게 된다.[6]

그렇다면 한 교회가 다양한 지역에 분산될 때 정체성은 어떻게 유지할 수 있을까? 퍼거슨은 이를 위해 '빅 아이디어'라는 전략을 제시했다. 즉, 모든 것은 티칭 팀에 의해 제공되는 기본 양식을 따른다. 설교 역시 마찬가지다. 티칭 팀은 13개 캠퍼스 교회의 설교를 위해 기본적인 주제와 아웃라인, 그리고 핵심 포인트를 동일하게 제공한다. 그러면 각 캠퍼스 담당 목회자들은 그 주제와 아웃라인에 자신의 관점과 경험, 해석을 가미해서 상황에 맞게 말씀을 전한다. 이런 방식은 설교뿐 아니라 주일학교와 성인 교육에도 적용된다. 이렇게 통일된 방식을 통해 교회는 하나의 정체성을 유지하면서 동시에 각자 상황에 맞는 사역을 실천할 수 있다.

사역 원리와 교훈[7]

그렇다면 이러한 교회를 만들기 위해 알아야 할 원리들은 무엇인가? 퍼거슨은 지금까지의 여정을 통해 배우게 된 재생산의 원리를 다음과 같이 제시했다.

먼저 재생산하는 교회가 되기 위해서는 반드시 재생산하는 소그룹이 선행되어야 한다. 퍼거슨은 모든 소그룹의 핵심은 리더와 부리더에 의해 이뤄짐을 강조한다. 실제로 퍼거슨과 그의 동료들은 개척 예배를 드리기 전부터 각자 소그룹 리더로서 재생산하는 사역을 시작했다. 물론 당시에는 5명의 개척 멤버 이외에는 단 한 사람의 성도도 없었을 때였다. 그룹마다 리더 이외는 멤버가 없었다. 그러나 그들은 그때에도 사역을 같은 방식으로 진행했다. 멤버가 없는 관계로 그들은 한 리더가 이끄는 그룹에 자신들이 참여하는 방식을 취했다. 이 사역은 매일 밤마다 이뤄졌는데, 같은 질문과 같은 대답을 하는 방식임에도 불구하고 모든 멤버는 마치 처음 듣는 것처럼 반응했다. 소그룹이 재생산되기 위해 소그룹 리더들은 반드시 견습생 리더들을 뽑고 훈련했다. 이와 같은 정신이 이어져 소그룹이 재생산을 이루어 가는 체질을 형성했다.

이어서 사역의 자세다. 교회의 사역은 항상 적극적이고 주도적으로 이루어져야 한다고 퍼거슨은 말한다. 커뮤니티교회가 공식 개척예배를 드린 후 6개월이 되었을 때, 그들은 주일 예배를 두 번 드리기로 결정했다. 물론 교인 수가 갑자기 늘어나 이런 결정을 한 것은 아니었다. 그러나 이들의 사역은 언제나 적극적이었고 최선의 노력을 기울였다. 이들은 새로운 예배가 더 많은 사람에게 다양한 옵션을 제공할 것을 알고 있었다.

그렇다면 캠퍼스를 개척하게 될 경우는 어떠한가? 사실, 캠퍼스를 새롭게 개척하는 것은 결코 쉬운 일이 아니다. 왜 그런가? 많은 예산과 인력이 필요하기 때문인가? 그렇지 않다. 실제 핵심은 리더에 달렸다. 즉, 얼마나 잘 준비된 리더가 있는가와 연관이 된다. 처음 캠퍼스를 개척할 때, 교회의 고민은 새로운 지역에 살거나 갈 수 있는 성도가 별로 없었다는 데 있었다. 그러나 잘 훈련되고 준비된 리더가 선택되었을 때, 700명의 성도 중 무려 120여 명의 성도가 새 캠퍼스 사역에 동참했던 것을 보았다. 다른 캠퍼스를 개척할 때에도 같은 현상이 발생했다. 사이즈와 돈의 문제가 아니라 준비된 리더가 있는가를 그들은 먼저 살폈고 또 그렇게 시도했다.

멀티사이트를 넘어 독립된 교회의 재생산으로 연결될 때의 원리 또한 중요하다. 그때 요구되는 것이 바로 하나님 나라의 가치다. 이것은 교회의 핵심 사역을 감당하던 동료 중 한 명이 덴버(Denver) 지역에 교회를 개척했을 때 얻은 경험이다. 처음 그 사역자가 교회를 개척한다고 했을 때, 다른 리더들은 당황스러웠다. 그러나 여기에 하나님의 뜻과 이끄심이 있음을 확인한 뒤 교회는 회중에게 이 일을 적극적으로 알리고 협조를 구했다. 이후 놀라운 일이 발생했다. 교인들 가운데 무려 35명이 집을 팔고 직장과 학교를 옮기면서 타 주(state)에 교회를 개척하는 일에 동참했다. 이 일을 계기로 'NewThing'이라는 국제 사역 단체가 설립되었다. 재생산은 우리의 왕국에 대한 것이 아니라 하나님 나라에 관한 것이라는 사실이 얼마나 중요한지 그들은 깊이 경험할 수 있었다.

　마지막으로 새로운 운동은 변두리에서 하나님의 꿈을 꾸고 있는 자들을 통해서 일어난다는 점이다. 앞서 언급된 덴버에 새 교회가 개척된 이래 커뮤니티 크리스천교회는 NewThing 네트워크 사역을 통해 4개 대륙에 250개 이상의 교회를 개척했다.[8] 인간적인 생각으로는 결코 이룰 수 없는 일이 발생한 것이다. 하나님은 전혀 다른 방식으로 그들을 이끌어 오셨다. 20대 초반의 젊은 대학생들을 통해 시카고와 북미 지역을 넘어 다른 대륙에 이르기까지 그 영향력을 확장시키셨다. 과연 이러한 사실을 통해 당사자들은 무엇을 배웠을까? 새로운 운동(movement)은 단기간에 발생하는 것이 아니라는 점이다. 그것은 하나님께서 부여하신 꿈을 따르고, 새로운 리더를 세우고, 새로운 캠퍼스와 교회를 세우고, 네트워크를 이뤄 가는 과정을 통해 점진적으로 발생한다. 즉, 재생산은 변두리에서 하나님의 꿈을 꾸고 있는 자들을 통해서 일어나기에, 꿈을 꾸고 하나님을 바라고 그분의 인도하심에 철저히 순종하는 모습이 중요하다는 사실이다.

갱신을 위한 적용

첫째, 멀티사이트교회의 핵심은 복음 전도와 선교적 실천에 있어야
한다.

북미의 경우 많은 교회가 자유주의와 세속화의 영향에 의해 힘을 잃어 가고 있다. 가
시적인 측면에서는 성도가 줄고 재정이 감소하는 문제가 두드러지지만, 더 심각한
문제는 교회가 세상을 향한 선교적 소명을 실천하지 못한다는 데 있다. 성도들 역시
세상에서 그리스도의 제자로서 선교적 삶을 살아갈 동력과 에너지를 얻지 못하고 있
다. 멀티사이트교회는 지속적인 재생산을 통해 성도들을 한곳에 머물지 못하게 독려
하며 더 큰 모험의 바다로 보내는 역할을 한다. 즉 이들의 초점은 멀티사이트 자체에
있는 것이 아니다. 그리스도의 대위임령을 현상황 속에서 실현하고자 하는 데 있음
을 기억하라.[9]

둘째, 이 사역은 지속적인 모험과 위험을 기반으로 한다.

교회는 새로운 캠퍼스와 교회를 재생산할 때마다 인력과 재정의 도전을 받는다. 새
로운 사역을 위해 교회는 훈련되고 헌신된 성도를 보내야 하고 남아 있는 공동체는
다시 그들의 자리를 대신할 새로운 리더를 세워야 하는 이중고를 겪게 된다. 마치 새
로운 생명이 태어나기 위해 해산의 고통을 감내해야 하는 것과 같은 과정이 수반된
다. 따라서 교회 공동체는 하나님 나라를 위한 모험을 기꺼이 받아들일 자세를 갖추
어야 한다.

셋째, 재생산에 기초한 멀티사이트 사역은 성령님의 이끄심과 세상의 필요를 알 때 가능해진다.

사실 커뮤니티 크리스천교회의 사역이 주변 교회와 사람들로부터 인정받는 이유는 그들의 마음과 사역 태도로부터 기인한다. 그들은 단순히 교회의 수적 성장을 위해 재생산을 시행하지 않는다. 성령의 이끄심에 반응하며, 지역의 영적, 육적 필요를 보고 움직인다. 당연히 교회는 내부 지향적 사역뿐만 아니라 지역사회를 위한 외부 사역에도 많은 노력을 기울인다. 가난하고 소외된 사람들을 돌보고 이를 위해 시설과 프로그램을 제공한다. 오직 복음을 통해 하나님을 떠난 자들이 그분께 다시 돌아오게 하는 목적에 의해 모든 사역이 움직인다.

넷째, 협력 사역이 이루어지게 하라.

오늘날과 같이 교회의 사역이 경쟁화되어 가는 시대에는 협력 사역이 너무도 중요하다. 한국 교회의 문제는 교회의 수가 부족해서가 아니라 교회가 서로 협력하지 못하고 상생하지 못하기 때문이다. 당연히 멀티사이트 사역이 대형교회의 전유물이 되어서는 안 된다. 우리의 초점은 잃어버린 영혼과 하나님 나라의 회복에 있다. 동시에 우리는 그 사역을 위해 협력하고 동역해야 한다. 우리의 왕국이 아닌 하나님 나라의 회복과 통치를 위해 우리는 부름 받은 존재이기 때문이다.

나가는 말

오늘날 북미 지역에서 일고 있는 멀티사이트교회운동은 더욱 다양한 형태와 모양으로 그 지평을 넓혀 가고 있다. 중요한 것은 멀티사이트교회가 하나의 트렌드나 새로운 성장 전략이 되어서는 안 된다는 점이다. 복음 전도의 열정을 잃어버리고 하나님 나라에 대한 열망과 소망이 없는 멀티사이트교회는 현대 교회의 약점을 강화할 뿐이다.[10] 멀티사이트교회운동은 그런 면에서 성도들을 선교적으로 살아갈 수 있도록 만드는 엔진의 역할을 해야 한다. 성도와 교회 공동체가 안전한 곳에 정착해 머무르지 않고 세상 속으로 침투해 복음으로 세상을 변화시킬 방안을 고민해야 한다.[11] 참된 갱신은 방법이 아니라 열정과 비전을 통해서 시작됨을 가슴에 품는 우리가 되기를 바란다.

홈페이지 https://communitychristian.org/

A RENEWAL MODEL OF EXPERIENTIAL WORSHIP : JESUS CULTURE SACRAMENTO

체험적 예배를 통한 갱신 모델

지저스 컬처 새크라멘토

지저스 컬처는 예배 공동체로서 강한 정체성을 가지고
내부로부터 외부로 흘러가는 사역 흐름을 가지고 있다.
예배를 통해 드러나는 강력한 성령의 능력이
외적 사역을 할 수 있는 동기를 부여하고,
다양한 모습으로 지역을 섬기고
복음을 증거함을 통해 교회는 내적·외적으로
성장하고 있다.

변화하고 있는 미국 교회

교회는 변하고 있다! 듀크대학교(Duke University)의 종교사회학자인 마크 차베스(Mark Chaves)의 주도 아래 시행된 NCS(National Congregations Study) 보고서에 따르면 지난 십수 년 동안에도 미국 교회는 계속 변하고 있는 것으로 나타났다. 그 가운데 주목할 만한 사항을 살피면 다음과 같다.

● 교단에 가입하지 않는 독립교회의 숫자가 늘어나고 있다.
● 회중의 평균 규모는 작아지고 있지만, 대형교회에 출석하는 사람들은 늘어나고 있다.
● 백인 중심의 회중이 다양한 인종으로 변해 가고 있다.
● 회중은 사회적으로 뜨거운 쟁점이 되는 사항(게이나 레즈비언 등)에 대해 더 관용적이고 포용적인 태도를 보이지만, 전통에 따라 그 견해차는 매우 크다.
● 예배의 형식은 점점 더 비형식(informal)적으로 변해 가고, 회중은 예배 중 다양한 형태로 자신의 신앙을 표현하는 경향이 있다.[1]

중요한 사실은 이러한 변화가 전반적으로 교인의 숫자가 줄고 성직자와 성도들의 평균연령이 높아지는 가운데 발생하고 있다는 점이다. 그 와중에서도 대형교회의 숫자는 지속해서 늘어나고 있는데, 이는 작은 교회의 성도들이 큰 교회로 옮겨 감으로 발생한 현상이다. 그러나 더 심각한 문제는 젊은이들의 이탈현상이다. 본 조사에 따르면 교회의 노쇠화 현상은 1998년 이후 급속히 진행되었다. 물론 이는 교단과 종파를 초월해 발생하고 있는 현상이지만, 백인 중심의 메인라인 교회에서 훨씬 더 빠른 속도로 진행되고 있다는 사실 또한 주목할 필요가 있다.[2] 유사한 결과가 2014년 바나 그룹(Barna Group)에서 발표한 교인 구성 비율에서도 나타났다. 현재 교회를 다니고 있는 사람들의 나이를 들여다보면 다음과 같다.

- 밀레니얼 세대(Millenials, 1984–2002 출생): 11%,
- X 세대(Gen X-ers, 1965–1983 출생): 33%,
- 부머 세대(Boomers, 1946–1964 출생): 35%
- 장년 세대(Elders, 1945년 이전 출생): 22%

젊은 세대일수록 교회를 다니는 확률이 낮다는 사실이 여과 없이 드러났다.[3]

이유는 무엇 때문일까? 젊은 세대일수록 영적인 영역에 관심이 없고 세속적인 삶에만 매여 있기 때문일까? 그러나 여러 조사를 통해 우리는 포스트모던 세대일수록 더 영적이며 예수에 대해서도 거부감이 적다는 사실을 발견하게 된다. 일례로 교회를 다니지 않는 20–30대 청년들을 대상으로 깊이 있는 연구를 했던 댄 킴볼(Dan Kimball)은 '그들은 예수를 좋아하지만, 교회는 싫어한다'(They like Jesus but not the church)는 말로 젊은 세대의 특성을 드러내기도 했다.[4]

분명한 사실은 젊은 세대가 신앙 자체를 등진 것은 아니라는 점이다. 겉으로 볼 때 이 세대는 세속화의 거친 영향 속에서 신앙의 길을 잃은 듯 보이지만, 그 내면에는 삶의 공허를 채워 줄 수 있는 영적 갈망을 지닌 사람들이다. 문제는 교회가 영적 목마름을 채워 주고 있는가 하는 점이다.

이런 관점에서 예배 신학자 로버트 웨버(Robert Webber)는 젊은 세대들이 1980-1990년대의 현대화된 예배 형식을 거부하고 있는 모습을 중요하게 보았다. 물론 그들이 거부하는 예배는 소비자 중심의 오락적 성향을 가진 예배라 할 수 있다. 단순화시켜 말하면 젊은 세대들은 깊이와 본질에서 참된 영적 경험이 이뤄지는 예배를 갈망하고 있다. 한동안 북미 지역의 교회들은 구도자 중심 예배의 영향으로 가볍고, 화려하며, 현란한 볼거리와 편안한 느낌이 드는 환경을 구축하기 위해 노력했다. 그 때문에 최대한 종교적 요소를 제거하고 불신자가 다가올 수 있는 교회를 만들기 원했다. 당연히, 영적 세계에 열려 있는 포스트모던 세대들은 이러한 얄팍한 영성에 어떤 매력도 느끼지 못했다. 이에 대한 웨버의 말을 들어보자.

"우리는 피상적인 예배에 지쳐 있다. 우리는 삶을 변화시키는 진정성 있는 예배를 경험하고 하나님과 진정으로 대면하고 싶다. 죽은 화석처럼 의미 없는 의식과 순서로 가득 찬 예배만큼이나 엉터리 쇼와 같이 소란스럽고 천박한 예배도 원하지 않는다."[5]

이 세대가 목말라하는 것은 형식과 제도의 벽에 갇혀 있는 종교의식이 아니다. 그들은 참된 영적 체험과 진정성을 가진 신앙 공동체를 원한다. 실제로 필자가 지난 수년간 북미 지역의 교회 현장을 돌아보며 살펴본 내용 역시 같았다.[6] 전통적이고 제도적인 기존 교회가 비어 가는 사이, 새롭게 부상하는 젊은 교회들은 한결같이 깊이 있는 예배와 삶을 나누는 공동체, 그리고 그 신앙을 세상 속에서 구현해 가려는 노력이 강하게 드러났다. 즉, 하나님의 임재가 있는 예배는 영적 감각을 살려 내고, 이는 곧 삶을 변화시키는 능력으로 이어져 진정한 성도의 공동체를 구성하게 한다. 이후 그들은 세상으로 들어가 세상을 함께 섬기고 증인의 사역을 감당하는 선교적 공동체가 된다.

참된 신앙 공동체를 형성하기 위한 시작점은 바로 예배에 있다. 하나님의 살아 계심과 위엄, 신비와 능력에 대한 갈망이 채워지게 될 때,[7] 교회 공동체는 비로소 세상으로부터 구별되어 세상을 변화시키는 신앙 공동체가 될 수 있다.

예배사역을 전문적으로 감당하던 팀으로 시작하여, 현재는 캘리포니아의 주도 새크라멘토(Sacramento)에 지역교회를 세우고 예배와 선교를 함께 감당하고 있는 지저스 컬처(Jesus Culture Sacramento)는 이러한 현대적 흐름을 이해하기에 좋은 예라 할 수 있다. 그들의 사역과 특성을 살펴보자.

지저스 컬처의 태동

지저스 컬처는 현재 북미 지역뿐 아니라 전 세계 예배 찬양과 부흥을 주도하고 있는 예배사역팀이다. 그러나 그 출발은 작고 수수했다. 지저스 컬처를 설립하고 현재까지 담임사역자로 본 공동체를 이끄는 배닝 립스처 (Banning Liebscher)는 캘리포니아의 작은 도시 레딩(Redding)에 위치한 베델교회(Bethel Church)의 학생회 담당 사역자였다. 하나님 안에서 그는 열방을 품고 주님을 섬기고 사랑하는 새로운 세대를 불러일으키는 꿈을 꾸었다. 지저스 컬처는 그러한 비전에 동참한 10대 청소년들이 주축이 되어 시작된 지역 교회 찬양팀이었다. 현재 세계적인 명성을 얻고 있는 워십리더 킴 워커 스미스(Kim Walker-Smith)의 당시 나이가 18살, 크리스 퀼러라(Christ Quilala)가 14살에 불과했으니 배닝의 꿈은 매우 비현실적으로 보였다. 그러나 그들의 가슴속엔 하나님의 임재를 경험한 친구들과 함께 세상을 변화시키려는 순전한 꿈이 있었다. 지저스 컬처(Jesus Culture)라는 이름에 바로 그러한 비전이 담겨 있다. 그들은 새로운 세대의 문화가 단순히 제도나 음악 스타일, 장신구로 제한되는 것을 거부했다. 대신 예수 그리스도의 지체로서 삶을 드리는 헌신이 일어나길 꿈꾸었다. "열방에 그리스도를 높이는 세대의 가슴에 불을 지피는 것!" 그것이야말로 그들 사역의 의미와 목표가 담긴 선언문이었다.

1999년, 베델교회에서 열린 첫 번째 콘퍼런스에는 약 500여 명의 젊은이들이 모였다. 본 집회는 매우 뜨거웠고, 많은 참여자는 하나님의 강한 임재와 성령의 능력을 체험했다. 이후 매년 열린 콘퍼런스는 규모와 영향력 면에서 해마다 성장했다. 2005년에는 "Everything"이라는 제목의 첫 앨범이 발매되었다. 그들은 앨범 속에 화려한 음악과 재능을 싣기보다, 콘퍼런스 현장의 뜨거운 열정과 열기를 전하기 원했다. 회중의 기도와 현장의 감동이 담긴 이 앨범은 큰 반향을 이끌어 냈다. 사역은 지역교회를 넘어 미국 전역으로 확장되었다. 이렇게 해서 2008년에는 교회로부터 독립된 사역 단체가 됐다. 지저스 컬처 콘퍼런스는 이제 미국을 넘어 영국, 호주, 독일, 프랑스, 헝가리, 덴마크, 네덜란드, 스위스, 아일랜드, 브라질, 콜롬비아, 뉴질랜드, 남아공 등 기점 국가에서도 열린다. 현재까지 지저스 컬처는 30개 가까운 앨범을 내고 매년 미 전 지역과 나라를 돌며 새로운 워십 부흥을 이끄는 중추적인 역할을 감당하고 있다.

세계적인 워십팀에서 지역 교회로

크로스 리듬의 음악 편집자인 토니 커밍스(Tony Cummings)는 지저스 컬처의 사역을 "미 전후 세대에 발생한 가장 주목할 만한 크리스천운동 중 하나"

라고 평했다. 사실, 지저스 컬처 워십은 하나의 신드롬이나 문화 현상으로 이해될 만큼 젊은 세대들에게 큰 영향력을 미치고 있다. 그렇다면 사람들이 지저스 컬처의 찬양에 열광적 반응을 보이는 이유는 무엇 때문일까? 그것은 바로 찬양의 깊이에 있다. 지저스철처는 자신의 존재 이유를 '열방에 부흥을 일으키고, 자신을 급진적으로 포기하며, 그리스도의 몸으로서 예배가 생활화될 수 있도록 이끌며, 그리스도의 엄청난 사랑과 능력을 경험하게 하는 데 있다'고 밝힌다. 실제 그들의 찬양 속에는 깊은 영적 갈망과 파워가 배어 있다. 그리스도의 사랑에 압도되어 하나님만을 추구하며, 성령의 능력에 흠뻑 빠지게 되는 영적 체험이 느껴지는 것이 이들 예배의 특징이다.

그런 이유로 각 도시에서 열리는 콘퍼런스엔 수천, 수만 명이 모이고 이들이 만들어 내는 앨범과 찬양곡들은 미국의 젊은 교회가 선호하는 선곡 1순위를 차지한다. 이 자체만으로도 엄청난 사역임에 틀림없다. 그런데 왜 다시 지역교회를 시작하게 되었을까? 그 이유는 단순하다. 그들은 지역교회에서 시작했고, 지역교회의 중요성을 알고 있기에, 지역교회를 살리고 지역사회를 복음으로 변화시키는 사역이 자신의 우선순위가 되어야 함을 알고 있었다. 이러한 배경은 언제나 미국과 다른 나라의 지역교회들을 섬기고 지지하는 사역으로 표출되었다. 그들은 캘리포니아의 주도인 새크라멘토에 교회를 세우고 사역을 시작함으로 도시와 캠퍼스가 복음으로 변화되고 회복되는 것을 경험하길 원했다. 하나님의 현존에 흠뻑 빠져 이 세대가 새로운 부흥을 맞이하고 진정한 헌신과 복음의 진리가 회복되는 일을 위해 지저스 컬처는 새로운 모험을 시작한 것이다.

용광로 같은 예배

현재 이들은 새크라멘토의 한 고등학교 강당을 빌려 매 주일 세 번의 예배를 드린다. 놀랍게도 매번 드려지는 예배는 자신들이 가지고 있는 모든 것을 쏟아붓는 여느 콘퍼런스와 다르지 않을 만큼 뜨겁고 열정적이다. 매 주일 학교 강당을 데커레이션하고, 최고의 음향과 조명을 설치하고, 자신이 가진 모든 것을 다해 예배를 인도한다. 역시 그 중심에는 찬양이 있다. 처음 40분 정도의 찬양은 회중이 예배의 주인이신 하나님을 바라보며 그분께 깊이 나아가도록 돕는다. 강당을 가득 메운 회중은 부흥 집회에 온 것처럼 열광적인 찬양 공동체가 된다. 여기저기 눈물을 흘리고 손을 들고 몸을 흔들며 하나님의 임재를 사모하는 열정이 뜨겁게 느껴진다.

찬양과 경배, 말씀, 기도, 파송으로 이어지는 단순한 예배 속에는 여러 번의 합심 기도 시간이 있다. 말씀을 전하는 가운데, 또 찬양 가운데 인도자는 여러 주제로 합심 기도를 이끌었다. 이들의 기도 가운데는 언제나 교회 공동체와 지역사회를 위한 기도가 중요하게 자리 잡고 있었다. 특히 예배에 참석한 성도들의 회복과 변화를 위한 기도, 지역 주민들에게 복음을 전하고 섬기는 일을 위한 기도 역시 빠지지 않았다.

30분 정도의 말씀이 마치면 또다시 30분 이상의 찬양이 이어진다. 이때는 선포된 말씀을 붙잡고 그것이 일상의 삶 속에서 이어질 수 있도록, 그리고 세상의 증인으로서 담대하게 나아갈 수 있는 찬양과 기도를 드린다. 예배는 그렇게 1시간 30분 이상 진행되었다. 마치 용광로에 있다가 나온 듯 뜨거운 열정과 체험이 넘치는 그 현장이 바로 지저스 컬처가 이끄는 예배였다.

여름 시즌에는 매 주일 저녁 모임을 특별 집회 형식으로 드린다. 기존의 주일 예배 형식과 달리 시간에 구애받지 않고 더 자유롭고 깊이 있게 하나님을 만나는 시간이다. 메시지를 전하는 시간이 상대적으로 짧고 찬양과 기도와 하나님을 찾는 시간이 더 길게 배치된다. 가족으로서 그분을 예배하고, 이 지역에 하나님의 능력과 임재가 느껴질 수 있도록 그들은 함께 울부짖고 나아가는 시간을 갖는다.

예배에서 삶으로

지저스 컬처의 주중 사역은 주일 사역과 마찬가지로 체험 중심적 사역이 주를 이룬다. 그들은 교인들이 하나의 공동체가 되도록 건강한 내적 사역을 추구하고, 이 공동체가 지역사회를 변화시키고 세계 선교를 촉진할 수 있는 전진기지가 될 수 있도록 다양한 기회를 제공한다. 내적으로는 모든 성도가 같은 공동체성을 가질 수 있도록 하는 가족 중심의 사역이 제공된다. 중요한 것은 이러한 사역이 일회성 행사로 그치지 않고 지속적이고 정기적으로 이루어지고 있다는 점이다. 온 가족이 참여하는 공원 행사, 바비큐, 야외 물놀이, 수영강습, 다양한 게임과 콘테스트 등이 공동체를 중심으로 이뤄진다. 온 가족이 교회 식구들과 함께 모여 여러 활동을 하면서, 교회는 즐겁고 행복한 곳임을 체험하게 돕는다.

지저스 컬처교회에는 교회와 소그룹을 잇는 시티 허브(City Hubs)라는 모임이 있다. 신앙생활을 처음 하는 사람들이 다른 사람을 편하게 만나 친구가 되고 의미 있는 관계로 발전되기 위해 만들어진 장이 바로 시티 허브다. 기본적으로 시티 허브는 지역을 중심으로 두 달에 한 번씩 모임을 갖는다. 이 모임은 지역 사람이면 누구나 참여할 수 있게 오픈되어 있다. 모임의 형식은 간단하다. 서로를 환영하고, 삶을 나누고, 함께 격려하는 시간을 갖는다. 나아가 시티 허브는 더 깊은 관계와 신앙 성장, 도시를 섬기는 사역을 하기 원하는 성도들을 소그룹 공동체로 연결시키는 역할도 한다.

　지저스 컬처의 사역을 요약하면 〈그림 1〉과 같다.

　첫 번째 단계는 하나님과의 만남의 과정(encounter)이다. 하나님의 현존과 능력, 은혜를 강력한 예배와 기도, 말씀을 통해 경험한다.

　두 번째 단계는 공동체 안에서 경험되는 능력부여의 단계(empowered)이다. 그들은 시티 허브와 소그룹을 통해 섬김의 사역과 이끎의 사역, 그리고 함께 하나님 나라를 향한 꿈을 꾼다.

세 번째 단계는 하나님의 선교에 동참하는 단계(engage)이다. 잃어버린 사람들을 향해 하나님의 사랑과 영광, 탁월성을 통해 복음을 증거하고, 타락한 문화에 거룩한 영향력을 미침으로 세상을 변화시키려는 사역이 핵심이다. 크리스 퀼러라는 "우리가 행하는 모든 것은 사람들을 그들 자신의 커뮤니티로 보내는 것을 의미한다."고 말한다. 이렇게 파송된 성도들을 통해 지저스 컬처는 예배를 넘어 지역 복음화에 강한 초점을 가진 교회가 되어 가고 있다.

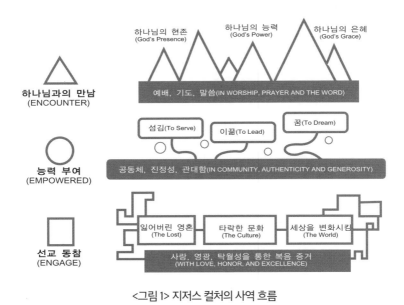

<그림 1> 지저스 컬처의 사역 흐름

〈그림 1〉에서 보듯 지저스 컬처는 예배 공동체로서 강한 정체성을 가지고 내부로부터 외부로 흘러가는 사역 흐름을 가지고 있다. 예배를 통해 드러나는 강력한 성령의 능력이 외적 사역을 할 수 있는 동기를 부여하고, 다양한 모습으로 지역을 섬기고 복음을 증거함을 통해 교회는 내적 · 외적으로 성장하고 있다. 일례로 교회가 세워진 지 불과 수년 만에 주일 3부 예배를 드리고, 모든 예배는 앉을 자리가 없을 정도로 많은 사람이 모인다. 그속에는 예수를 전혀 알지 못하던 사람들, 신앙을 잃어버리고 떠났던 사람들이 계속해서 초청되고 변화되는 일들이 매 주일 기적같이 발생하고 있다.

지저스 컬처 현상과 의미

지저스 컬처가 이렇게 역동적인 사역을 감당할 수 있게 된 배경에는 무엇보다 젊은 세대에 대한 분명한 확신과 비전이 있었기 때문이다. 많은 사람이 젊은 세대에 대한 냉담한 관점을 가지고 있을 때, 지저스 컬처는 그리스도의 부르심과 선교를 열정적으로 감당할 젊은 세대의 부흥에 대한 꿈을 가지고 있었다. 배닝은 이 세대야말로 열정과 창조성, 혁신으로 가득 찬 세대라고 말한다. 기술과 SNS의 발전으로 이 세대의 젊은이들은 모든 사람이 연결되는 작은 세상을 살아가고 있다. 그들은 하나님 나라를 향해 더 큰 꿈과 가능성을 가지고 어디에 있든지 역동적으로 사역할 수 있는 자원들이다. 문제는 이 세대가 참 하나님을 만날 수 있는가에 달려 있다. 이 세대의 젊은이들은 진짜에 목마르다. 참된 영성과 진리에 목마르다. 안타까운 사실은 오늘날 미국 교회가 참되고 진정한 기독교를 대표하는 데 실패하고 있다는 점이다. 만약 이 세대의 젊은이들이 우주의 주인이신 참 하나님과 진정한 만남을 가질 수 있다면, 그들은 자신의 삶을 기꺼이 하나님께 드릴 것이라는 확신을 지저스 컬처는 가지고 있었다.

물론 이러한 비전이 실행되는 과정에는 하나님의 위엄과 신비가 경험되는 예배와 이를 촉진하는 지저스 컬처만의 깊은 음악이 있음을 부인할 수 없다. 사실 지저스 컬처가 이처럼 많은 젊은이를 예수 앞에 열광시키고 많은 사람의 헌신을 끌어낼 수 있는 이유는 그들의 탁월한 실력과 음악이 시대의 흐름에 적합하기 때문이기도 하다. 로버트 웨버는 지난 2천 년의 예배 역사를 연구하면서 "처음 1,500년 동안 기독교는 성체(Eucharist)를 통해 하나님의 임재를 경험"했으나 "종교개혁자들은 하나님의 임재를 성체에서 성경, 말씀 선포"로 옮겼다고 밝혔다. 이어 이 시대에는 또 다른 혁명이 일어나고 있는데, 그것은 바로 "하나님의 임재가 음악 가운데 임한다."[8]라고 그는 주장했다.

그렇다. 이 시대는 음악을 통해 소통하고 음악을 통해 공감한다. 음악이 메시지이며, 음악이 문화인 세대를 살아가고 있다. 그런 측면에서 볼 때 지저스 컬처의 예배사역은 현대 음악에 깊은 영성을 입혀 하나님과의 영적인 소통이 가능하게 하는 특별한 힘이 있다. 주지하다시피, 현대 교회는 대중 문화로부터 첨단 기술과 팝과 록 음악, 드라마 등을 접목했고, 그 결과 아쉽게도 예배가 일종의 공연처럼 변질되었다.[9] 그러나 지저스 컬처의 음악은 하나님과의 친밀감을 극대화하고 그분을 향한 갈망과 열정을 증폭시킨다. 그들의 음악에는 오직 하나님의 임재를 전심으로 사모하는 울부짖음이 녹아 있다. 찬양을 통해 내면 깊이 박혀 있는 영적 열망을 휘저어 아버지 하나님께 나아가며 그분의 임재에 잠기는 경험이 그 예배 속에는 살아 꿈틀거린다.

예배가 살아있고 불타오르는 이유를 탐구하면서 잊지 말아야 할 사실이 하나 더 있다. 그것은 멤버 각자가 그 누구보다 더 강렬하게 하나님의 임재를 사모하고, 참된 예배자가 되기를 소원하고 있다는 점이다. 어린 시절부터 함께 자라 온 멤버들이 20년 동안 변하지 않고 동역할 수 있는 것은 그 무엇보다 그들 속에 자리 잡고 있는 예배자로서의 헌신과 열정이 있기 때문이다. 그들은 누구보다 뜨겁게 기도하고 열정적으로 찬양한다. 하나님을 향한 열망과 헌신이 강단을 적시고, 그것이 다시 회중에게 전달될 때, 비로소 예배는 활활 타오르는 부흥의 현장이 된다.

갱신을 위한 적용

첫째, 예배 갱신과 부흥에 대한 소원을 회복하라.

현실을 비관적으로 보며 부흥을 불가능한 것으로 여길 때 교회는 결코 갱신될 수 없다. 지저스 컬처의 꿈은 단순했다. 부흥은 하나님께서 주시는 것이기에 이 세대가 부흥의 주역이 될 수 있다는 믿음을 그들은 견지했다. 부흥은 인간의 인위적 노력으로 일어나는 현상이 아니다. 부흥은 전능하신 하나님의 주권적 역사이다. 우리는 이 세상의 구원과 회복을 위해 일하시는 하나님의 열심에 동참하고, 그 사역을 위한 도구가 되는 열망을 품어야 한다.

둘째, 참된 예배의 회복은 하나님 한 분께 초점을 맞출 때 가능하다는 점을 기억하라.

예배 전통과 의식이 중요하지만, 전통과 의식에 갇혀 하나님을 경험할 수 없다면 그것은 살아있는 예배가 될 수 없다. 예배 인도자는 성도들이 하나님을 향한 갈망을 가질 수 있도록, 그들이 더 깊이 예배에 참여할 수 있도록, 그럼으로 인해 하나님을 경험할 수 있는 환경과 여건을 조성할 책임이 있다.[10] 당연히 문화적 연관성(cultural engagement)은 매우 중요하다. 예배의 초점은 하나님 한 분께 모여야 하지만, 그 과정은 회중의 문화 환경과 요소를 고려해야만 한다. 그런 차원에서 '하나님의 임재가 음악 가운데 임한다.'는 웨버의 주장은 매우 중요한 관점을 제시한다.

셋째, 하나님을 향한 갈망을 촉진하는 예배는 반드시 세상을 회복하고 변화시키는 사역으로 이어져야 한다.

참된 예배는 삶의 영역에 영향을 미친다. 루스 마이어스(Ruth A. Meyers)는 "예배 속에서 경험되는 하나님과의 만남은 세상에서 하나님의 선교에 동참하는 사람을 형성한다."[11]고 주장했다. 예배의 결과가 일상으로 이어진다는 측면에서 모든 예배의 중심에는 하나님의 선교가 있어야 한다.[12] 만약 우리의 예배가 초월적 경험에만 머물고 일상에서 발생하는 선교적 삶과 연결되지 못한다면, 그것은 또 하나의 종교 집단(cult)을 양산하는 결과가 되고 말 것이다.

넷째, 다음 세대의 중요성을 인식하고 그들을 인재로 키우라.

오늘날 많은 경우 교회는 전문가를 영입하고 그들에 의해 사역과 프로그램을 운영한다. 그 결과 교회는 내부에 있는 인재와 가능성을 제대로 인식하지 못하고 그들을 수동적 자원으로 전락시킨다. 10대 청소년들에게 꿈과 비전이 심기고 사역의 주체가 되는 기회가 주어졌을 때, 지저스 컬처는 탄생했다. 사람을 중요하게 여기고 사람을 키우는 문화가 핵심이 되어야 한다.

나가는 말

지저스 컬처 현상에 대한 북미 지역의 평가는 여러 측면이 공존한다. 그 태생이 성령 사역에 중점을 둔 베델교회로부터 시작되었다는 점과, 강력한 음향과 화려한 조명을 통해 인위적인 열기를 조성한다는 비평이 일기도 한다. 그러나 이것은 비단 지저스 컬처에만 해당되는 현상은 아니다. 새롭게 부상하고 있는 미국의 젊은 교회들을 가보면 어디나 유사한 모습을 지니고 있다. 그런 면에서, 지저스 컬처는 이 시대의 영적 코드와 흐름을 대변하는 하나의 예라 말할 수 있다. 중요한 것은 이 시대가 경험을 원한다는 점이다. 참된 것에 대한 열망, 하나님을 만나고자 하는 열정, 지식과 정보가 아닌 살아있는 하나님을 경험하고자 하는 소원, 그리고 그렇게 자신이 만난 예수의 삶을 본받아 세상 속에서 작은 예수로 살고자 하는 모험이 있는 교회 공동체, 그것이 이 시대에 일고 있는 움직임이며 하나님께서 행하시는 일이다. 형식과 제도에 묶여 있는 교회가 하나님을 갈망함으로 참된 임재를 경험하고 새로운 예수의 공동체가 될 수 있기를 간절히 소원해 본다.

홈페이지 https://jesusculture.com/sacramento/

A MODEL OF DEEP AND HEALTHY CHURCH : REDEEMER CHURCH ORANGE COUNTY

전통과 현대가 균형을 이루는 사역 모델

리디머교회 오렌지카운티

리디머교회의 구조는 매우 단순하다.
주일 예배와 신앙 교육, 주중 소그룹,
지역을 섬기는 교구 사역이 주요 골자를 이룬다.
그러나 이 모든 것은 성도들의 성장과 사역을 지지하고
돕는 것에 초점이 맞춰져 있다.
이처럼 제도가 사역을 돕는
사역 생태계가 조성되어야 한다.

중소형교회의 현실과 양면성

교회란 무엇인가? 교회 갱신의 대가 하워드 스나이더(Howard Snyder)는 그의 책 *The Community of the Kingdom*에서 '교회는 하나님 백성의 공동체'라는 고전적 정의를 재확인하면서 그들에게 맡겨진 소명을 다음과 같이 설명했다. "교회는 하나님 통치의 특징과 미덕의 증인으로서 진정한 크리스천 공동체 안에서 함께 살면서 하나님을 섬기도록 부름 받은 사람들이다."[1] 그렇다. 교회의 일차적인 소명은 성도들이 복음 안에서 얼마나 아름다운 공동체를 형성할 수 있는지, 또 그들이 하나님 선교의 최우선적인 대리인으로 세상 속에서 선교적 책임과 역할을 어떻게 수행할 수 있는가와 깊은 연관을 가진다.

그러나 오늘날 교회에 대한 평가는 어떠한가? 모든 것들이 세속적 기준으로 전락하고 있는 느낌이다. 단적인 예로 교회의 성공은 사이즈와 예산, 숫자와 프로그램 등 측정 가능하고 가시적인 것들로 채워지고 있다. 비본질이 본질을 대신하는 상황이 전개되고 있는 것이다. 그런 관점에서 레기 맥닐(Reggie McNeal)은 현재 우리가 가지고 있는 스코어보드(scoreboard)를 바꾸라고 도전한다.[2] 교회는 세속적 기준에 의해서 평가받는 기관이 아니라 하나님 나라의 가치와 기준에 의해 움직이는 공동체가 되어야 하기 때문이다. 물론 현실은 녹록지 않다. 지난 수십 년간 작은 교회를 섬기고 연구해 온 데니스 비컬스(Dennis Bickers)는 작고 병든 교회의 특징을 다음과 같이 분석했다.

- 많은 목회자가 심각한 자화상 이슈로 고통을 받고 있다. 그들은 자기 자신이 하나님의 사역에 중요하게 사용될 것이라고 보지 못한다.
- 많은 목회자들이 생존을 제외한 일반적 비전이 결핍되어 있다. 이는 종종 교회가 정체되거나 쇠락하는 원인이 된다.
- 작은 교회는 중심을 이루는 소수의 가족이 지닌 강한 유대감 때문에 소외당하는 사람들이 있다.
- 자원의 부족을 느낀다. 새로운 프로그램이나 사역에 투자할 재원이 절대 부족하다.
- 너무 많은 것을 목회자 한 사람에게 의존한다. 목회자가 감당해야 할 본연의 사역 이외에 잡무가 너무 많다.
- 리더십은 능력과 상관없이 소수의 사람에게 집중된다.[3]

이러한 현상은 비단 미국 교회만의 상황은 아닐 것이다. 절대다수가 중소형교회에 속하며, 거의 50%에 육박하는 교회가 미자립 교회로 분류되는 상황 속에서 목회자와 교인들이 갖는 상실감은 높을 수밖에 없다. 그러나 이러한 현실이 모든 교회에 적용되는 것은 아니다. 비컬스는 작지만 건강한 작은 교회가 지닌 특징을 다음과 같이 기록했다.

- 그들은 매우 긍정적인 자화상을 가지고 있다. 교회의 중요성은 사이즈와 같은 맥락에 있지 않다고 생각한다. 그들은 하나님께서 분명한 목적을 가지고 그들 교회를 지역사회에 세워 주셨음을 믿고 확신한다.

● 교회는 목적의식과 일치성을 주는 공동의 비전을 공유한다. 이로 인해 교회의 모든 사역은 하나님께서 부여하신 사명을 이루는 방향으로 분명하게 정해져 있다.

● 비록 가족의 결속력과 공동체가 중요하지만, 교회를 방문하는 사람들을 따뜻하게 받아들인다.

● 교회 구성원들은 신실한 청지기적 사명을 이해하고 있으며 교회의 사역을 재정적으로 지원한다. 새로운 사역과 프로그램이 개발되고 그 초점은 세상을 향한 선교 사역으로 모인다.

● 교회의 사역은 구성원들의 공동 책임으로 이해된다. 평신도들이 선교와 사역에 활발하게 관여하고 참여한다.

● 이러한 교회는 연령과 지위에 의해서가 아니라, 영적인 은사에 따라 봉사할 수 있는 여건과 환경이 주어져 있다.[4]

건강한 교회는 숫자와 크기에 의해 평가되지 않는다. 또한, 교회의 건강함이 영속적인 것도 아니다. 앞서 제시된 내용에 따르면 부르심에 대한 분명한 존재의식과 긍정적인 자화상, 공동체를 이끌어 가는 비전, 가족으로서의 따뜻함, 사명과 책임, 그리고 모든 구성원이 선교 의식을 가지고 자신의 은사를 통해 하나님 나라를 향한 사역의 주체가 될 때 건강한 교회가 될 수 있다.

이런 맥락에서 브랜든 오브리엔(Brandon J. O'Brien)은 작은 교회이기 때문에 극대화될 수 있는 강점 4가지를 밝힌다. 거기에 해당하는 사항은 친밀성

(intimacy), 민첩함(nimbleness), 진정성(authenticity), 효율성(effectiveness) 같은 요소들이다.

작은 환경이기 때문에 더 빨리 가까워지고, 민첩하고, 깊고, 효과적인 사역이 가능하다는 것이다. 이러한 요소들이 건강하게 작동될 때, 작은 교회는 대형교회보다 더 강력하게 복음 전도나 리더십 개발, 영성 형성 등을 이루어 갈 수 있다. 물론 여기에는 반드시 선행되어야 할 전제조건이 있다. 그것은 바로 교회 공동체가 자신만의 독특한 정체성을 받아들이고 하나님 나라를 위해 전적으로 헌신할 수 있어야 한다는 사실이다.[5] 교회는 마케팅과 서비스를 통해 소비자를 끌어들이기 위해 세워진 이익 단체가 아니다. 모든 교회는 하나님의 나라와 영광을 위해 세우신 그리스도의 몸이다. 그러므로 규모가 작아서 가질 수밖에 없는 한계를 장애로 인식해서는 안 된다. 교회의 주인은 하나님이시기에, 교회는 자기의 부르심과 소명이 무엇인지를 인식하고 그것에 초점을 맞춘 신앙 공동체가 되어야 한다. 그러할 때 하나님은 교회 공동체를 그의 나라와 선교를 위해 사용하시고 더욱 건강하게 자라게 하신다.

리디머교회는 그런 측면에서 매우 가치 있는 교회다. 작은 개척 교회에서 시작해 현재 약 300명이 모이는 중형교회가 되기까지, 그들은 매우 아름답고 건강한 여정을 통과하면서 주어진 사명을 훌륭하게 감당하고 있다. 무엇보다 단단하고 튼튼한 토대 위에 자기 정체성을 세우고 자기 색깔이 분명한 사역을 이루어 가고 있는 리디머교회의 이야기와 사역 특성을 살펴보자.

깊은 교회를 향한 갈망

캘리포니아 오렌지카운티(Orange County)의 아름다운 해변 도시에 설립된 리디머교회는 전통과 현대를 접목하는 깊고 균형 잡힌 신학과 독특한 사역을 통해 작지만 많은 영향력을 발휘하고 있는 교회다. 16년 전 정치학도요 교수였던 젊고 유능했던 사역자 짐 벨처(Jim Belcher)는 그의 개인적 경험과 신학적 탐구를 통해 진정한 신앙 공동체를 세우고자 하는 꿈을 꾸었다. 신학을 공부하고 마칠 당시 교계는 전통 교회와 이머징 교회의 대립과 토론이 활발했던 시점이었다. 벨처는 전통 교회와 이머징 교회의 내부자로서 각자의 장점과 한계를 잘 알고 있었던 독특한 배경을 지니고 있었다.

먼저, 그가 경험한 전통 교회는 건실한 신학적 토대와 아름다운 전통의 유산에도 불구하고 진정한 신앙 공동체라고 일컫기엔 중요한 무언가가 결핍되어 있었다. 그의 표현대로 성경 지식과 가르침은 견실했지만, 진정으로 자신의 삶을 나누고 함께하는 참된 신앙 공동체는 아니었다. 언제부턴 가 대부분의 대형교회는 '사람보다 프로그램'을, '그리스도보다 도덕'을 중 요시하며, CEO형 지도자를 통해 교회의 효율성을 높이는 데 치중하고 있 었다.[6] 교회 안에서조차 효율성(efficiency)과 계산 가능성(calculability), 예측성 (predictability)과 조정(control)을 중요시하는 맥도날드화 현상이 발생하고 있 었다.[7]

반면에 젊은 세대를 대상으로 한 이머징 교회는 반대의 특성을 보이고 있었다. 즉, 변화하는 세상과 문화 속에서 기독교의 정체성과 공동체에 대 한 진지한 탐구와 담론을 이끌어 내는 데까지는 성공했지만, 그들은 지나 칠 정도로 세상 문화와 상황에 수용적인 입장을 띠었다. 따라서 세상과 구 별된 공동체로서, 대안 공동체로서의 독특성은 찾아보기가 힘들었다.

그의 고민은 거기에 있었다. 어떻게 하면 문화적 수용을 이루면서도 전 통에 뿌리를 내리는 진정한 신앙 공동체를 세울 수 있을 것인가! 당시 제3 의 길을 고민하면서 찾아낸 교회가 뉴욕의 리디머 장로교회였다. 팀 켈러 가 세운 리디머 장로교회는 전통과 현대의 조화를 이루며 건강한 교회로서 리디머운동(Redeemer Movement)을 일으키고 있었다. 벨처는 이들의 정신과 사역을 이식해 오렌지카운티 지역에 리디머교회를 개척하기에 이른다.[8]

이런 배경 위에서, 리디머교회의 초기 정신은 '깊은 연합'이란 용어로 표 현될 수 있다. 그들은 굳건한 전통 위에 서서 다양성을 수용하는 넓은 연합 을 추구했다. 벨처는 이것을 다음과 같은 6가지 사항으로 정리했다.

- 리디머교회는 전통을 자랑하고 그 전통 위에 굳게 선다. 1-4세기 신앙고백을 분명히 표명하되 시각이 다른 사람들을 수용한다.
- 깊은 교회를 향한 갈망이 가르침과 설교를 넘어 실천으로 이어지게 한다.
- 그들과 다른 입장에 있는 사람들을 향해 비판 대신 장점을 찾고 긍정적 요소를 찾는다.
- 다른 위치에 서 있는 사람들에게 배우려는 태도를 잃지 않는다.
- 교회의 문턱을 낮춘다. 복음의 연합을 추구하면서 신학적 이해와 관점의 차이를 존중하며 지속해서 성숙한 신앙인이 될 수 있도록 문을 열고 가르친다.
- 성장과 성숙은 시간이 필요함을 인정하고 성숙해 가는 과정을 함께한다.[9]

전통과 현대가 결합된 교회

2000년 개척된 리디머교회는 현재 16년의 역사를 가진 교회가 됐다. 첫 10년간의 사역을 마치고 짐 벨처는 대학의 교수로 자리를 옮겼다. 현재는 교회의 부목사로 있었던 데이비드 주엘프스(David Juelfs)가 담임목사로 있다. 그러나 시대적 이해와 분명한 신학 위에 세워진 목회 철학은 오늘까지 계승되어 교회 공동체를 형성하는 기초가 되고 있다. 무엇보다 성경과 깊은 연결을 통해 매일의 삶 속에서 하나님 나라를 위해 살아가는 참된 제자를 만들기 위한 노력에 주목할 필요가 있다. 이는 고전의 아름다움과 본질의 접목이라는 맥락에서 리디머교회를 작지만 탁월한 교회로 세워 가는 근간이 되고 있기 때문이다.

　현재 리디머교회는 지역에 세워진 유대인 교육 회관을 빌려 예배처로 사용하고 있다. 주일 예배를 드리기 위해 처음 방문했을 때, 유대인 특유의 공동체 의식에 현대적 세련미가 더해진 예배당은 전통과 현대를 접목하려는 리디머교회의 정신이 발현되기에 더없이 완벽한 장소라는 생각이 들었다. 전통과 현대를 접목하는 깊이 있는 사역은 어떤 모습으로 표출되고 있을까?

복음의 우선성

먼저, 리디머의 외부 사역을 보기 전에 이를 이끄는 신학적 측면을 살펴볼 필요가 있다. 신학적으로 리디머교회는 과거 전통 교회가 주장했던 자기 확신에 가득 찬 오만한 '정초주의(Fundamentalism)'를 배격하고 오직 성경과 복음의 기초 위에 계시된 진리만을 믿고 따르는 성경적 복음에 깊은 뿌리를 내리고 있다. 복음에 근거한 구별된 공동체로서 세상에 대한 자신감을 갖고 사람들을 복음으로 초대하되, 그들을 정죄하거나 판단하지 않는다. 그로 인해 구도자를 향한 섬세한 섬김과 배려가 있고, 문화적 상황화를 이룰 수 있는 분위기와 영성이 형성된다.

벨처는 리디머교회의 우선순위를 '복음—공동체—선교—샬롬' 순으로 표기했는데, 이 순서가 매우 중요하다고 말한다. 즉, 복음이 성도의 참된 공동체를 형성시키고, 그 속에서 사랑과 섬김을 경험하게 될 때 비로소 교회는 세상을 향한 선교를 실천하고 이를 통해 세상 문화를 변화시키는 역할을 감당할 수 있다는 것이다. 교회는 복음이 이끌어 가야 한다. 그 복음이 예배와 제자훈련, 소그룹과 세상을 섬기는 사역 모두에 깊이 스며들어 가는 것이 리디머의 목적이다.[10] 이를 위해 리디머교회에서는 성인들을 위한 주일학교 교육을 매주 실시한다. 학기제로 운영되며, 다양한 강의와 워크숍, 성경공부 등을 통해 성도들이 복음에 기초한 세계관을 가질 수 있도록 돕는다. 이렇게 훈련받은 성도들은 자연스럽게 삶의 자리에서 하나님을 섬기는 사역으로 나아가게 된다.

깊은 예배와 체험

주일 예배는 전통과 현대가 균형을 이루며 깊고 아름다움이 탁월하게 드러나는 리디머의 핵심 사역이다. 원형으로 배치된 회중석 정면 앞엔 히브리 성경본문이 쓰인 스테인드글라스가 빛을 발하고, 그 앞 작은 무대엔 키보드, 드럼, 플루트, 베이스 기타로 구성된 작은 밴드가 자리 잡고 있다. 밴드 앞엔 크고 높은 성만찬 테이블이 있는데, 거기엔 거대한 초와 성찬 빵, 그리고 거룩하고 고전적인 느낌의 주전자와 잔이 놓여 있다. 예배 인도자와 설교자는 성찬 테이블 앞에 서서 예배를 인도한다. 원형으로 배치된 좌석으로 인해 인도자와 설교자는 마치 회중 한가운데 서 있는 느낌이 들 정도로 가깝고 가족적이다.

무엇보다 리디머교회의 예배는 메인라인 교회나 구도자 교회, 근래에 새롭게 떠오르고 있는 젊은 교회에서 찾아보기 힘든 의식 순서를 가지고 있다. 절기와 의식을 중요시하는 전례적인 예배를 추구하면서도 현대적인 찬양과 메시지가 직물처럼 엮여 결합한 느낌을 풍기기 때문이다. 이러한 예배를 기획하게 된 이유에 대해 벨처는 다음과 같이 고백했다. "진정으로 하나님을 만나며, 깊이와 내용이 있고, 더 의미 깊은 성찬식을 자주 행하며, 사람들이 참여하며, 성경을 더 많이 읽으며, 감각을 창의적으로 사용하는 예배를 꿈꾸었다. 또 묵상 시간이 더 길며, 하나님의 초월성과 특별함에 초점을 맞추는 예배를 갈망했다."[11]

그런 차원에서 리디머교회는 살아 있고 경험적인 예배를 드리기 위해 하나님께서 말씀하시고 회중이 응답하는 형식의 예전 의식을 적극적으로 사용한다. 실제로 예배의 모든 순서에는 사회자가 말씀을 읽고, 회중이 응답하는 형식이 계속 이어지고 있었다. 모든 신자가 제사장이며 참여자인 셈이다. 구체적으로 예배는 부르심(Calling), 씻음(Cleansing), 규범(Constitution), 성찬(Communion), 파송(Commission)의 다섯 부분으로 이루어진다.

먼저 **부르심(Calling)**에서는 인도자가 기록된 말씀을 봉독하며 예배의 부름을 하면 회중이 한목소리로 응답을 하고 온 회중이 같은 기도문을 낭독한 후 찬양으로 나아간다. 이때 밴드로 구성된 찬양팀은 찬송가와 복음송을 회중과 함께 부른다.

씻음(Cleansing)의 순서에서는 회개를 위한 본문을 읽고 회개 기도문을 회중과 함께 낭독하며 죄를 고백한다. 이후 고요한 참회의 시간이 이어진다. 이후 위로의 찬양을 부르고 평안과 용서의 말씀을 사회자가 읽는다.

규범(Constitution)의 시간은 말씀과 설교의 시간이다. 복음에 기초해 40분 정도의 말씀 선포가 이어지면, 회중은 웨스트민스터 신앙고백을 함께 읽고, 봉헌을 위한 말씀 봉독과 봉헌 찬양을 한다.

다음은 **성찬(Communion)** 시간이다. 리디머교회는 매주 성찬을 실시하는데, 인도자가 성례를 위한 초대를 하면 회중은 응답과 감사를 드리고 거룩한 분위기 속에서 참여적인 형식으로 주님의 살과 피를 먹고 마시는 의식을 거행한다. 이후 한목소리로 신앙고백을 하고 성찬 찬양과 감사의 기도를 드린다.

마지막은 찬양과 축도를 통해 회중을 세상으로 **파송(Commission)**하는 의식이 이어진다.

이런 예배를 매주 진행하기 위해 드는 노력은 실로 엄청나다. 이 모든 내용을 담은 교회의 주보는 총 20페이지가 넘을 정도로 세밀하고 방대하다. 소책자에 가까울 정도다. 모든 순서와 성경말씀, 회중의 응답, 찬양이 다 기록되어 있다.

예배를 통해 갖게 된 생각은 매우 신선하면서도 거룩한 의식에 참여했다는 느낌이었다. 현대 교회가 놓치고 있는 의식과 제의의 깊음을 회복하면서도 동시에 현대 문화적 요소들이 예배에 집중하며 거룩함을 체험할 수 있도록 도왔다. 이를 다르게 표현한다면, 형식과 제도의 덫에 빠져 지루하고 경직된 예배가 되는 것을 피하면서도, 단순하고 감각적인 예배가 가지는 가벼움을 극복할 수 있는 깊음이 경험되는 곳이 바로 리디머교회였다.

유기적인 조직과 사역

예배가 하나님을 만나고 그분께 반응하는 것에 초점이 맞춰져 있다면, 이후의 단계는 성도들이 공동체를 이루고 하나님 나라를 위해 살아갈 수 있도록 세워 가는 일이 따라야 한다. 그런 측면에서 리디머교회의 사역 구조는 매우 유기적이다. 왜냐하면, 리디머교회는 실제 깊은 예배가 아름다운 공동체로 이어지고, 그 공동체가 세상을 변화시키는 섬김과 헌신으로 나아가고 있기 때문이다.

무엇보다 참된 공동체를 이루기 위해서 리디머교회는 연령과 세대를 엄격히 구분한 연령별 사역을 지양한다. 전 세대가 함께 공동체를 이루며 서로 연결되기 위해 노력한다. 그러한 노력은 예배에서도, 소그룹에서도 이루어진다.

주일날 예배를 드리기 위해서 예배당에 들어서면, 모든 성도는 제일 먼저 자신의 이름이 쓰여 있는 개인 명찰을 달아야 한다. 교회에 처음 온 사람도 안내자의 도움을 얻어 스티커로 된 명찰에 이름을 기재한 후 가슴 위에 스티커를 붙인다. 이후 성도들은 강단 앞에 준비된 커피와 차, 간단한 케이크와 빵을 나누면서 교제를 나눈다. 처음 온 사람이라 할지라도 어색함 없이 서로의 안부를 묻고 대화할 수 있는 분위기가 형성되어 있다. 그러나 가족 공동체로서의 느낌은 예배당에 들어서는 순간 더 강하게 느낄 수 있다. 리디머교회는 온 가족이 함께 예배를 드린다. 예전적인 예배에 어린아이부터 장년에 이르기까지 함께 손을 잡고 의식에 참여한다. 설교 시간을 제외하고 전 성도가 함께 예배하는 모습을 통해 전통이 계승되고 뿌리 깊은 신앙이 공유되는 사건이 발생한다.

이런 유기적 공동체는 주일 예배로부터 시작되어 주중 사역으로 이어진다. 리디머교회의 주중 사역은 커뮤니티 그룹(community group)으로 불리는 소그룹 모임과 더 큰 지역 개념인 교구(Parish) 사역으로 나누어진다. 커뮤니티 그룹은 주 중에 소수의 성도가 모여 성경을 공부하고 기도와 삶을 나누는 활동을 기본으로 삼는다. 이 그룹을 통해 성도들은 영적 성장뿐 아니라 서로를 사랑하고 섬기는 관계로까지 발전된다. 소그룹은 언제나 따뜻하고 서로를 향한 배려가 있고, 고통 받는 지체들을 위한 위로와 사랑이 있다. 이러한 공동체 때문에 불신자들과 구도자들은 교회의 일원이 되기 전에 공동체에 먼저 속하는 일이 자주 발생한다. 따뜻한 환대와 사랑을 통해 교회로 인도된 초신자들은 이후 결단과 헌신의 도전을 받게 되는데, 그때 비로소 이들은 정식 멤버로 활동할 수 있다.

이에 반해 교구는 지역사회와 도시를 위해 조직된 모임이다. 교회는 다양한 곳에서 모인 성도들이 어떻게 자신이 살고 있는 지역과 이웃을 섬기고 사랑할 것인가를 고민했다. 이러한 고민 가운데 형성된 것이 교구제도다. 그들은 지역별로 성도들을 묶고 소수의 리더를 세워 훈련했다. 교구는 끊임없이 지역사회를 섬기고 복음을 증거하기 위해 다양한 행사를 기획하고 사역을 진행한다. 일례로 교구 차원에서 지역 주민들을 섬기기 위해 블록 파티를 열기도 하고, 지역사회를 전문적으로 섬기고 있는 단체들(Mercy and Service Organizations)과 연결되어 다양한 사역을 하기도 한다. 성도들이 함께 지역과 도시를 위해 사랑과 섬김을 실천함으로 그들의 존재는 세상의 문화를 변화시키는 사역으로까지 확장된다. 세상의 대안 공동체로서 이웃이 예수님을 발견하고 치유될 수 있도록 돕는다.

놀라운 것은 이 모든 사역이 교회가 아닌 복음에 뿌리를 내린 성도들의 자발적 참여를 통해 주도된다는 것이다. 많은 성도가 자신의 삶 속에서 지역사회를 섬기며 하나님 나라의 정의를 구현하는 노력을 기울이고 있다. 지역 주민을 위해 독서 클럽을 운영하고, 감옥 재소자들에게 성경을 보내고, 저소득층 학생들을 위해 멘토링 사역을 하는 성도들과 그룹을 만나는 일은 특별한 일이 아니었다. 담임목사인 데이비드에 따르면, 교회의 역할은 성도들이 이러한 사역을 잘 감당할 수 있도록 적극적으로 돕는 일이다. 성도들이 하나님의 일을 하고자 할 때 교회는 최대한 모든 자원을 동원하여 이들을 격려하고 지원한다. 그러할 때 성도들은 더 힘을 내어 사역에 집중할 수 있다는 것이다.

내적 선교의식이 외적 선교의식으로 이어지는 흐름이 리디머교회 사역의 특징이었다. 실제로 리디머교회는 그 사이즈와 규모에 비해 지역사회에서 좋은 평판을 받고 있다. 그 결과 특히 최근 몇 년 사이 교회는 거의 두 배이상의 성장을 이뤘다. 복음을 살아내는 성도의 삶이 불신자들과 지역 주민들에게 감동을 주면서 자연스럽게 나타난 현상이다.

갱신을 위한 적용

첫째, 교회를 이끌어 가는 목회 철학과 방향이 건강하게 설정되었는가를 점검하라.

교회의 설립자 짐 벨처는 전통의 유산과 현대의 흐름이 균형을 이룬 깊은 신앙 공동체를 만들기 원했다. 그 기초는 자신의 경험과 깊은 신학적 탐구, 팀 켈러의 영향력에 의해 형성되었다. 우리 교회의 목적은 무엇인가? 깊고 건강한 교회를 지향하고 있는가, 아니면 경쟁과 성장에 몰입되어 있는가? 21세기 교회의 핵심 이슈는 교회성장이 아니라 교회의 건강성에 달렸다.[12] 하나님 나라에 기초한 건강한 목회 철학을 설정하고, 성도들과 공유하는 노력을 기울이라.

둘째, 제도와 유기체로서의 균형이 이뤄지는 사역 구조를 만들라.

하나님의 백성으로 부르심을 받은 교회는 유기체로서 운동력을 가지고 자유롭고 힘 있는 사명을 세상 속에서 감당해야 한다. 그러나 그 생명력은 건강하고 견고한 제도가 뒷받침될 때 유지될 수 있다. 그런 차원에서 교회의 구조는 성도들이 세상에서 선교적 존재로 살아갈 수 있는 것을 지원하는 형태가 되어야 한다. 리더머교회의 구조는 매우 단순하다. 주일 예배와 신앙 교육, 주중 소그룹, 지역을 섬기는 교구 사역이 주요 골자를 이룬다. 그러나 이 모든 것은 성도들의 성장과 사역을 지지하고 돕는 것에 초점이 맞춰져 있다. 제도가 사역을 돕는 사역 생태계가 조성되어야 한다.

셋째, 작은 교회로서 특징과 장점을 극대화하라.

중소형교회는 대형교회에 비해 제한된 자원과 인력, 재원 등에 의해 한계를 느끼기 쉽다. 그러나 작기 때문에 극대화될 수 있는 장점이 있음을 기억해야 한다. 조사에 따르면 프로그램이 많은 교회일수록 성장이 더디다. 작고 집중력 있는 사역을 하는 교회가 더 건강하고 아름다운 공동체를 형성할 수 있다.[13] 그러므로 우리 교회가 지니고 있는 장점을 찾고, 그것에 초점을 맞춘 사역을 개발하는 것이 중요하다.

넷째, 성도들의 가능성을 믿고 선교적 존재로 성장할 수 있게 하라.

작은 교회일수록 교인의 탈진이 쉽게 오고, 이는 곧 교회의 불안정성으로 이어질 확률이 높다. 성도 각자의 은사를 분별하고 부르심과 은사에 맞는 사역을 맡기되 개인의 성장과 영향력이 증진될 수 있는 섬세한 돌봄과 사랑이 필요하다. 그들의 성장이 곧 교회의 성장을 이끈다는 사실을 기억하라.

다섯째, 진정한 성도, 교회, 복음이 존재하는 곳에 진정한 복음 전도와 회심이 발생한다는 사실을 기억하라.[14]

하나님은 그의 교회와 백성들이 자신의 창조성과 역동성에 참여하여 복된 소식을 전하는 매개체가 되기를 원하신다. 질적인 깊이가 양적인 변화를 이끄는 것은 이상한 일이 아니다. 리디머교회는 개척교회로서 지난 10년간 100명의 성도가 모이는 작은 공동체였다. 그러나 끊임없이 신학적 기초를 다지고 아름답고 깊은 공동체가 되기 위해 노력했다. 자연스럽게 지역사회를 섬기고 복음을 증거하는 일들이 자발적으로 일어났다. 그러한 과정에서 교회는 건강한 신앙 공동체로 성숙해졌고, 활발한 복음 전파와 회심이 발생했다.

나가는 말

근래 들어 리디머교회는 이전보다 더 많은 초신자가 전도되어 회심하는 일들이 이어지고 있다. 양적인 측면에서도 최근 3-4년 동안 두 배 이상 성장했다. 필자가 담임목사에게 그 이유를 물었을 때, 그는 웃으며 "나도 그 이유를 모르겠다. 교회 전문가인 당신이 이야기해 달라."고 말했다. 그러면서 그들은 지역사회에 빛과 소금이 되기를 원하고, 진정한 공동체가 되기를 원하고, 그럼으로써 진정한 하나님의 교회가 되기를 원한다고 말했다. 모든 지역교회는 하나님의 보편 교회의 일원이다.[15] 하나님 나라를 이루기 위해 함께 일하는 동역자들이다. 우리의 초점은 거기에 있어야 한다. 부르심을 입은 공동체로서 맡겨진 사명을 감당하며, 하나님의 나라가 경험되고 이뤄지는 사명을 감당하는 교회, 그렇게 성도를 깨우고 세우는 교회가 될 때, 교회는 더욱 건강해지며 아름다운 사명 공동체로 회복될 수 있을 것이다.

홈페이지 http://redeemeroc.org/

MODELS OF SMALL GROUP BASED CHURCHES: HOUSE CHURCHES

소그룹 중심의
유기적 교회 모델

가정교회

가정교회는 기존 전통 교회가 지닌 제도적이며
인위적인 조직을 극복하려는 노력이 배어 있다.
영적 생명체로서 예수 중심의 제자 공동체를 형성해
세상 속에서 주어진 사명을 감당하고자
형성된 신앙 공동체이기 때문에,
유연하고 관계 중심적이며
모든 성도가 중심이 되는 모임을 지향한다.

들어가는 말

젊은이들은 교회를 떠나고 있다. 미국의 경우 교회를 다니던 젊은 세대들 중 2/3 이상이 18세에서 22세 사이에 교회를 떠난다.[1] 한국의 경우도 예외는 아니어서 교회에서 젊은이들을 찾아보기가 점점 더 어려워지고 있다. 그들이 교회를 떠나는 이유는 무엇 때문일까? 그리고 그에 대한 대안은 무엇일까? 많은 사람들이 문제의 심각성을 이야기 하고 있지만, 왜 그러한 일이 발생하고 있으며, 그에 대한 미래적 대안은 무엇인지에 대한 답답함이 증폭되고 있다.

톰 레이너(Thom S. Rainer)와 샘 레이너(Sam S. Rainer III)는 젊은이들이 교회를 떠나는 이유를 찾기 위해 심도 있는 조사를 했다. 그 결과 밝혀진 사실은 매우 충격적이었다. 그것은 문화의 문제도 세대의 문제도 아니었다. 문제의 근원은 교회가 삶의 문제에 대한 본질적인(essential) 역할을 해주지 못하고 있다는 부분이었다.[2] 특히 젊은이들에겐, 삶의 전환기 속에서 인생 항로를 식별하고 결정하는 데 교회는 아무런 역할도 해주지 못하고 있었다. 바나 그룹의 데이비드 킨나맨(David Kinnaman) 역시 같은 문제를 풀기 위해 수년간의 추적 조사와 면접 조사를 실행했다. 거기서 발견된 이유 또한 유사했다. 교회가 교회로서의 모습을 상실하고, 젊은이들이 세상 속에서 신앙인으로 살아갈 수 있는 준비를 시켜주는 데 실패했다고 그들은 말한다.[3] 세상 한복판에서 살아가야 할 젊은이들에게 교회는 의미 있는 대안도, 적절한 훈련도 제공하고 있지 못하고 있으면서 비본질적인 것에만 총력을 기울인다.

한국 교회에 주요한 이슈로 떠오르고 있는 '가나안 성도' 현상 역시 마찬가지다. 교회가 교회답지 못함으로 실망한 성도들이 교회를 떠난다. 이러한 상황 가운데 북미 교회에는 주목할 만한 두 가지 대비적 현상이 발생하고 있다.

먼저는 메가처치 현상(Megachurch Phenomenon)이다. 전체적으로 교인의 수가 줄어드는 가운데서도 2,000명 이상의 성도를 지닌 대형교회는 계속 증가하고 있다. 풍부한 자원과 예산이 확보된 대형교회는 개인의 필요에 민감하게 반응하면서 더 많은 성도를 끌어들이는 효과적인 구조를 가지고 있다. 어쩌면 자신의 영적 필요를 가장 손쉽게 충족하는 방법이 대형교회에 소속되는 일일 것이다.

그러나 이와는 정반대의 현상도 발생하고 있다. 중대형교회 대신, 오히려 소규모 공동체를 지향하며 가정교회 형태를 띠는 교회들이 놀랍게 증가하고 있음도 주목해야 한다. 볼프강 심슨(Wolfgang Simson)에 의하면 미국에서는 매주 최소 6백만에서 1천 2백만 명에 이르는 사람들이 'Home Church,' 'House Church,' 'Simple Church' 'Organic Church' 등으로 불리는 가정교회에서 예배를 드리고 있다.[4] 조지 바나(George Barna)에 따르면 2003년도에 1,600개 정도로 추산되던 가정교회가 2009년엔 약 30,000개로 늘었다. 조사 전문 기관인 Pew Research에 따르면 오늘날 약 9%의 개신교인들이 가정교회를 다니고 있다.[5] 본 장에서는 이런 교회를 총칭해 '가정교회'라는 이름으로 사용하고자 한다.

그렇다면 가정교회는 어떤 이유로 새로운 교회운동의 흐름이 된 것일까? 가정교회가 기성 교회에 주는 도전은 무엇이며 교회 갱신의 관점에서 배워야 할 점은 무엇인가?

가정교회의 특징과 유형

가정교회는 어떤 교회를 일컫는 것일까? 사실 가정교회는 하나의 유형을 통해 설명하기 어렵다. 가정교회는 우리가 아는 것보다 훨씬 더 크고 넓은 스펙트럼을 가진다. 독립적인 가정교회로부터 시작해서 동일한 목적을 가진 네트워크 형태의 교회까지 모양과 모습이 다양하다. 무엇보다 이들의 공통적 기반은 정형화된 시스템과 제도에 갇혀 유기체적인 모습을 잃어 가고 있는 전통 교회의 한계를 가정교회라는 대안을 통해 극복하고자 하는 데 있다. 따라서 본 운동의 초점은 전통 교회의 상징인 건물이나 고정된 장소, 제한된 예배 형식과 시간 등과 결별을 취한다. 대신 예수를 주인으로 모시고 성령이 이끄시는 온전한 공동체가 되는 것에 관심이 집중된다. 당연히 모습과 규모는 복음에 반응하는 사람들의 특성과 환경에 따라 다양하다. 과거 가정교회 네트워크로 가장 대표적인 단체 중 하나였던 'House2House Ministry'의 핵심인물이었던 키스 가일스(Keith Giles)에 따르면 가정교회는 크게 세 가지 형태로 나누어질 수 있다.

첫 번째는 가정교회로서 구조는 전통적인 교회와 유사한 형태이다. 여기에는 기존 교회와 같이 목회자를 중심으로 구별된 리더들과 재정, 예산, 프로그램 등이 있다. 기존 교회와의 차별점이 있다면 교회 건물 대신 제삼의 장소를 이용한다. 집, 커피숍, 사무실, 공원 등지에서 소규모 모임을 한다. 그러나 엄밀한 의미에서 이런 교회는 여전히 전통적인 형태의 교회에 속한다.

두 번째 형태는 최소한의 시스템은 갖추되, 예산과 재정, 전통적 개념의 리더십 구조를 두지 않는 교회다. 구성원들 가운데 말씀을 가르치고 공동체를 유지하는 2–3명의 리더 그룹이 존재하기는 하지만 그들이 주도권을 쥐고 있지는 않는다. 리더십 구조는 열려 있고 유동적이다.

세 번째는 좀 더 급진적인 경우다. 본 그룹에 속한 교회들은 시스템과 리더십 구조 자체가 거의 드러나지 않는다. 앞선 경우에는 그룹을 이끄는 사람을 분명히 식별할 수 있다. 그러나 세 번째의 경우에는 모든 사람이 리더이며 구성원이다. 만약 누군가가 새롭게 모임에 참석한다면 그는 그룹의 리더가 누구인지 식별할 수 없다. 각자 은사에 맞게 역할을 찾아 섬기되, 때에 따라 성령께서 주시는 역할을 감당하는 것을 원칙으로 한다.[6]

위의 설명과 더불어 필자는 네 번째 유형을 덧붙이고 싶다. 대부분의 가정교회들은 공동체로서 자연스러운 모임과 흐름을 중요하게 여긴다. 그런데 네 번째 유형은 내용과 구조는 유사하지만, 네트워크 형태를 띠고 분가와 확장을 독려하며, 의도적으로 복음전파를 극대화하려는 노력을 기울이는 그룹이다. 닐 콜의 교회증식협회(Church Multiplication Association, CMA)나 소마공동체(SOMA Community) 같은 것이 대표적 예라 할 수 있다. 여기에는 네트워크를 이끄는 전체 리더가 존재하고 이들을 통해 교회 공동체의 핵심 가치와 사역 방향이 전달되고, 코칭과 멘토링이 제공되면서 가정교회운동이 좀 더 조직적이고 체계적으로 이루어지는 구조를 가지고 있다.

이러한 유형적 차이와 더불어 공유되는 특징도 있다. 무엇보다 이들은 예수 그리스도를 중심으로 세상 속에서 가시적인 제자의 삶을 살아가는 것을 목적으로 삼는다. 당연히 공동체로서의 삶은 핵심이 된다. 기존 교회가 중요하게 여기는 사제와 평신도의 구별이 거의 없고, 모든 구성원이 함께 참여하고 각자 은사에 맞는 역할을 한다. 전통적인 신학 시스템이나 특별한 실천 양식, 방법론 대신 오직 예수께서 보여 주신 사역 방식에 초점을 맞춘다. 당연히 교회의 모임은 주일 모임으로만 끝나지 않는다. 주 7일을 함께한다는 철학으로 자주 모임을 갖고 공동체적 삶을 살아내려는 노력을 기울인다. 마지막으로 이 모임은 어떤 특정한 분야에 관심을 기울이기보다 하나님의 궁극적이고 영속적인 의도에 참여하는 것을 최고의 목적으로 삼는다. 따라서 모임은 항상 하나님께서 원하시는 것이 무엇인지를 찾고 그 사역에 동참하는 것을 목표로 한다.[7]

종합해 보면, 가정교회는 기존 전통 교회가 지닌 제도적이며 인위적인 조직(Institutional Organization)을 극복하려는 노력이 배어 있음을 알 수 있다. 영적 생명체(Spiritual Organism)로서 예수 중심의 제자 공동체를 형성해 세상 속에서 주어진 사명을 감당하고자 형성된 신앙 공동체가 바로 가정교회이다. 당연히 유연하고 관계 중심적이며 모든 성도가 중심이 되는 모임을 지향한다. 성직자가 있더라도 그 의존도가 극히 약하며, 주 7일 지속해서 연결된 공동체적 삶을 강조한다.

내부 들여다보기 #1

그렇다면 실제 가정교회의 모습은 어떠할까? 그들이 표방한 것처럼 유기적이고 유연한 모습으로 성령이 이끄시는 공동체를 형성하는 것이 가능한 것일까? 이를 위해 필자는 오렌지카운티 지역에서 10년 이상 오가닉 가정교회를 표방하며 모이고 있는 'The Mission' 교회를 찾았다.

처음 'The Mission' 교회를 알게 된 것은 짐 벨처의 『깊이 있는 교회』를 읽고 나서다.[8] 통상 가정교회는 전통적인 교회에 비해 수명이 짧다는 인식이 널리 퍼져 있다. 2009년도에 소개되었던 교회가 지금도 존재하고 있다는 것이 신기했고, 책에 묘사되었던 모습이 지금은 어떻게 변했을지 궁금했다.

'The Mission'은 안수 받은 목회자인 키스 가일스에 의해 시작됐다. 여러 전통 교회에서 사역하던 가일스는 새로운 교회를 개척하라는 하나님의 부르심을 받는다. 하나님께서 원하시는 교회는 어떤 교회인지를 묻던 중, 그는 헌금 전액을 가난한 자들에게 베푸는 교회, 많은 대중이 아닌 소수의 제자 공동체를 세우라는 소명을 받는다. 가정교회에 대한 정보나 모델이 거의 없던 시절, 자기의 비전과 유사한 형태의 가정교회가 많이 세워져 있음을 보고 놀라게 된다. 모든 성도가 제사장의 역할을 하는 교회를 꿈꾸며 'The Mission' 교회는 그의 집 거실에서 시작되었다. 그러나 모든 성도가 같은 책임과 권위를 갖기 위해서는 장소와 규모뿐 아니라 리더십 구조도 바뀌어야 함을 깨닫게 됐다. 이를 위해서 가일스는 사례를 받지 않기로 하고,

그 역시 공동체의 한 지체로서 자신의 역할을 제한했다. 현재 그는 광고 회사에서 카피라이터로 일하면서 가정교회운동에 대한 책과 아티클, 블로그, 방송 등을 만들어 사역을 지원하고 이끄는 역할을 감당하고 있다. 인터뷰를 하는 동안 그가 현재 얼마나 행복한 신앙생활을 하고 있는지를 발견할 수 있었다. 지난 10년간 많은 사람이 이 공동체 속에서 훈련받고 세워지고 변화되는 일을 통해 사역의 보람을 느끼고 있었다.

주일 모임은 자원한 성도들의 집을 순회하면서 하게 되는데 현재는 약 20명 내외의 성도들이 함께 모인다. 필자가 방문했던 날에는 젊은 청년이 사는 작은 아파트에서 모임을 가졌다. 어색한 마음으로 집 문을 열고 들어섰지만 역시 그곳에는 따뜻한 환대가 있었다. 스스럼없이 이름을 묻고 자기소개를 하고, 차를 마시면서 자연스러운 친교가 이뤄졌다. 편안함과 안정감, 친밀함이 느껴졌다.

예배를 위한 특별한 소품이나 형식은 찾아볼 수 없었다. 거실에는 작은 북 몇 개와 기타 두 개가 놓여 있었는데, 원하는 사람은 누구나 연주를 할 수 있었다. 예배가 시작되자 약 10분 정도의 묵상 시간을 가졌다. 이 시간을 통해 우리의 마음과 심령이 예수님만을 향하도록 초점을 조율했다. 고요한 시간이 지나자 자연스럽게 찬양이 시작됐다. 특별한 인도자 없이 누구나 부르고 싶은 찬양을 제안했고, 모두가 함께 그 찬양을 불렀다. 얼마의 시간이 지나자 한 사람이 묵상과 기도를 제안했다. 한참을 기도하는 가운데, 다른 성도가 기도 제목을 나눈다. 이렇게 모임은 기도와 찬양이 반복되었다. 40분 정도가 지나자 한 청년이 지난주에 있었던 삶의 이야기를 나누었다.

10여 분 자신의 삶과 고민을 나누자 여러 성도가 그 문제에 대해 조언과 격려를 했다. 그러자 이번에는 대학에서 교수 사역을 하고 있던 중년의 여성이 자신의 삶을 나누었다. 그녀의 이야기가 마치자 성도들이 함께 모여 그녀의 몸에 손을 얹고 중보기도를 해주었다. 중간중간 자발적으로 주중에 묵상했던 성경 말씀을 나누고, 다른 성도들은 그에 대한 자신의 생각과 경험을 덧붙였다. 전체적으로 삶과 예배가 결합되어 나가는 흐름을 느낄 수 있었다. 거의 3시간 정도 이어진 모임 속에는 찬양과 경배, 말씀과 나눔, 기도와 격려, 권면과 사랑이 실타래처럼 엮여 있었다. 예배를 마치고 나자, 성도들은 각자 준비해 온 음식을 함께 나누며 교제를 나누었다.

모임에 참여하면서 많은 생각이 들었다. 무엇보다, 예상했던 것보다 훨씬 깊고 진지한 모습에 감동을 받았다. 기도와 찬양은 하나님 한 분을 향했고, 성도들 간에는 진정한 사귐과 돌봄이 있었다. 이들은 의도적으로 예수 그리스도께만 초점을 맞추기 위해 성령님께 철저히 의존한다. 일정한 패턴과 순서가 없는 것도 이 때문이다. 당연히 모임 속에서는 세상의 이야기 대신 예수님의 이야기가 중심이 된다. 젊은이들과 중년 성도들이 함께 공동체를 이루며 깊은 신앙적 대화를 나누고 예배하는 모습에 충격을 받을 수밖에 없었다.

그렇다면 주중 모임은 어떻게 이뤄지고 있을까? 인위적인 프로그램은 철저히 배재된다. 그들은 자연스럽게 연락하고 기도하면서 필요에 따라 모임과 교제를 해나간다. 무엇보다 이들 공동체는 세상을 향한 다양한 사역을 하고 있었는데, 가장 오래된 사역 중 하나는 근처에 위치한 한 모텔을 섬기는 일이다. 그들은 설립 때부터 지금까지 토요일이면 가난한 사람들이 장기 투숙을 하고 있는 모텔을 찾아가 음식을 대접하고 성경을 가르치며 복음을 증거한다. 또 하나 중요한 사역은 홈리스들의 텐트가 밀집되어 있는 지역 선교를 하는 일이다. 정기적으로 그곳을 방문하고, 홈리스들의 필요를 찾아 채워 주고, 복음을 나누는 일을 감당하고 있다.

'The Mission' 교회는 모든 면에서 자연스럽고 유기적인 상태를 유지하려고 노력하고 있었다. 그들은 인위적인 성장도 추구하지 않는다. 중요한 것은 서로를 향한 배려와 사랑, 격려로 따뜻한 공동체를 형성하는 것이었다. 그 경험이 세상을 향한 사역으로 자연스럽게 연결되고 있었다.

'The Mission'의 주일 모임

닐 콜(Neil Cole)

내부 들여다보기 #2

또 다른 예는 닐 콜이 중심이 되어 세워진 오가닉 가정교회 네트워크다. 모임의 내용은 'The Mission' 교회와 크게 다르지 않다. 정형화된 틀과 형식 대신 서로의 삶을 나누고 깊은 기도와 교제를 통해 공동체를 추구한다. 그러나 본 모임은 의도적으로 번식과 확장을 추구한다는 점에서 다른 가정교회와 구별된다. 사역의 초점은 사람, 선교, 세상의 변혁에 있다. 그런 차원에서 닐 콜은 교회가 무조건 작아야 하고 가정에서 모여야 한다는 원칙은 없다고 말한다. 그들이 추구하는 것은 건강한 성령의 공동체가 되어 역동적으로 번식하는 교회가 되는 것이다. 그런데도 작은 규모의 가정교회 형태가 주를 이루는 이유에 대해 그는 다음과 같이 설명한다.

> "우리 교회들이 대체로 규모가 작은 것은 우리 선교에 동참하는 '형제자매들'의 역동적이며 변화무쌍한 특성 때문이다. 우리가 추구하는 교회는 그 고유의 속성상 작고 친밀하며 사역에 헌신적일 수밖에 없다. 우리가 시작한 새로운 유형의 교회들은 여태껏 우리가 다녀왔던 여느 교회들과 매우 다르다. 옥토에 복음의 씨앗을 뿌렸더니 자연적으로 교회라는 생명체가 탄생한 것이다."[5]

복음의 씨앗이 뿌려지자 교회라는 생명체가 탄생했고, 그것에 운동력이 더해지자 새로운 공동체가 형성되었다. 커피숍, 대학 캠퍼스, 기업, 가정 등 사람이 모이고 존재하는 곳은 어디든 예수님을 주로 고백하는 성도들이 있다. 그들이 곧 교회이고 이들의 사역을 통해 증식과 번식이 발생하게 되는 것이다. 이러한 사역이 운동으로 번질 수 있는 이유는 무엇 때문일까? 그것은 바로 복음으로 변화된 이들을 제도화된 교회 안으로 끌어들이려 하지 않기 때문이었다. 그들은 새로운 신자들을 '찾아가는 사역'의 주체가 되게 만든다. 평범해 보이는 성도들이 교회를 세우는 주체가 되게 한 것이다. 즉 '사역의 문턱은 낮추고 제자 자격의 기준은 높인다.'는 신조를 가지고 이러한 교회가 열방으로 퍼져 나갈 수 있기를 기대한다. 자신이 있는 세상 한복판에 교회를 세우고 성육신적 사역을 통해 복음을 증거하게 될 때 교회는 빠르게 증식될 수 있다.[10]

닐 콜은 필자와의 인터뷰를 통해 현재 이 운동이 북미뿐만 아니라 전 세계 50개 이상으로 퍼져 나가고 있음을 밝혔다. 이를 위해 그는 CMA를 조직하고 전 세계를 여행하며 사역 원리를 가르치고 지도자를 세우고 제자를 만드는 일에 헌신하고 있다. 그러나 오가닉 가정교회가 더 많은 번식을 일으킬 수 있는 이유는 그 안에 더 작은 개념의 소그룹이 존재하고 있기 때문이다. 'Life Transformation Group'(LTG)라고 불리는 본 모임은 2-3명의 멤버들이 주 중에 모여 자신의 영적 성장과 성숙을 위해 성경을 공부하고 믿지 않는 식구들과 친척, 동료, 이웃을 위해 기도하며 복음 전파의 기회를 찾는다. 이 모임 역시 자발적으로 구성되기 때문에 그만큼 헌신도가 높다. 오늘날 LTG 사역은 오가닉 가정교회뿐 아니라 많은 젊은 교회들이 채용해서 사용하는 소그룹 안의 소그룹운동으로 확장되고 있다.

이렇듯 오가닉 가정교회가 강한 번식력을 가지는 이유는 새롭게 신자가 된 사람들을 바로 복음 전파 사역을 위해 투입하는 기동성 때문이다. 그들은 세례를 받고 나면 이후 하나님 나라 사역을 위한 일꾼이 되도록 기회를 부여한다. 인간의 가정과 계획에 의해서가 아니라 성경과 성령이 이끄실 수 있도록 권한을 나누어 주고 새신자를 통해 하나님께서 자유롭게 일하실 수 있도록 하는 용기가 필요하다는 것이다.[11]

가정교회에 대한 기존 교회의 입장은 복잡하다. 가정교회의 출발이 기존 전통 교회의 문제에 대한 인식과 이를 극복하고자 하는 대안으로서 시작됐기 때문이다. 실제로 본 운동을 이끄는 많은 사상가들은 의도적으로 전통교회와 날카로운 대립각을 세우기도 한다. 그러나 가정교회를 기존 교회의 저항군처럼 여겨서는 안 된다. 왜냐하면, 가정교회는 그동안 우리가 간과해 왔던 교회 됨의 본질과 사명, 핵심 요소를 발견하도록 도와주기 때문이다.

RE_NEW CHURCH

첫째, 유기체적 성령 공동체로 거듭나라.

모두가 인식하고 있듯 성경은 단순한 교회를 이야기한다. 예수의 사역이 단순했으며, 초대 교회 또한 단순한 형태와 구조 속에서 공동체를 이뤘다.[12] 모든 성도가 예수의 복음 안에서 한 가족이 되었다. 그 안에는 사랑과 신뢰, 용서와 관용, 포용과 인내가 넘쳤다. 과연 오늘 우리의 교회는 어떠한가? 개인주의적이며 소비자적 요소가 교회 안에 만연해 있지는 않은가! 서로의 이름도 알지 못하는 환경 속에서 참된 공동체를 이뤄 가는 것은 불가능하다. 서로를 신뢰하고 사랑하며 함께 살아가는 교회 됨이 회복되어야 한다.

둘째, 소수의 성직자 중심에서 다수의 성도가 주체가 되는 체질로 변화하라.

머지않아 한국 교회에도 북미 지역과 유사한 가정교회 현상이 발생할 가능성이 높다. 오늘날 교회의 문제에 대한 인식은 목회자만 가지고 있는 것이 아니다. 많은 성도가 참된 교회에 대한 목마름을 가지고 대안을 찾고 있다.[13] 평신도가 주축이 된 새로운 교회가 부상할 것이다. 교회는 대안 마련과 동시에 이러한 성도들이 교회 공동체를 세워 가는 주체가 될 수 있도록 장을 마련해 주어야 한다. 하루아침에 교회가 변화되는 것은 어려울 것이다. 그러나 성도가 주체가 되고 그들이 성경적 교회를 만들어 가기 위한 파트너가 될 때, 교회는 문제를 껴안으며 새로운 역사를 만들어 가는 그리스도의 몸이 될 수 있다.

셋째, 공동체적 환경 속에서 그리스도의 참된 제자를 만들라.

오랫동안 한국 교회에서 실시해 온 제자훈련은 삶의 부재라는 문제를 드러내며 그 한계를 드러내고 있는 느낌이다. 교회 내에서는 훌륭한 제자일 수 있으나 교회 밖 세상에서는 아무런 영향력을 발휘하지 못하는 사람이라 한다면 그는 진정한 의미의 제자라 할 수 없다. 참된 제자는 삶을 공유하며 함께 인생 여정을 통과하면서 형성된다. 삶의 현장이 교육 환경이며, 일상생활이 교육 내용이다. 그런 의미에서 신앙 공동체는 제자양육의 핵심이 된다.[14] 예수께서도 공동체적 환경 속에서 제자들에게 하나님 나라의 복음을 전하시고, 그렇게 살도록 도전하시고, 그들을 무장시켜 세상으로 보내셨다. 교회가 삶에 기반을 둔 제자를 양성하기 위해 패러다임을 전환해야 한다.

넷째, 기존 전통 교회는 가정교회의 건강한 사역 내용을 적용할 방안을 찾아야 한다.

이는 곧 가정교회로의 전환을 의미하는 것이 아니다. 교회의 규모와 상관없이 한국의 모든 지역 교회는 소그룹 시스템을 가지고 있다. 그 구조를 활용할 수 있어야 한다. 그것이 구역이든 셀이든, 목장이든 상관없이 소그룹 모임이 진정한 공동체로 살아날 수 있도록 격려하며, 그 속에 생명력을 불어넣을 수 있는 노력과 훈련이 필요하다. 소그룹이 일주일에 한 번 만나는 형식적인 모임에 머무르지 않게 해야 한다. 공동체성을 회복한 소그룹이 세워져 하나님 나라를 위해 살아갈 수 있다면 교회는 무수히 많은 오가닉 가정교회를 갖게 될 것이다. 전도와 선교가 자발적으로 이뤄지는 역동적인 소그룹이 풍성한 교회를 꿈꾸라. 이를 위해 LTG 프로그램을 적극적으로 활용하는 것도 고려해 볼 것을 제안한다.[15]

다섯째, 한국 교회에 독립된 가정교회가 발생할 때, 기존 교회는 이들의 방패막이가 되어 주고 건강한 운동으로 자리 잡을 수 있도록 돕기를 제안한다.

새로운 시대에는 새로운 표현이 필요하다. 북미 교회가 세속화의 과정 속에서도 좌초되지 않고 새로워질 수 있는 이유는 나와 다른 운동과 흐름에 대한 관대함이 있기 때문이다. 나와 다르다는 이유 때문에 비판하기보다는 하나님께서 이 시대에 어떻게 일하고 계신지를 식별하고 그 흐름에 동참하는 것이 중요하다.[16] 선교적 교회는 그렇게 만들어진다. 나의 야망과 목표가 아닌 하나님의 선교를 식별하고 그것에 동참하려는 겸손함을 가질 때, 교회는 선교적 존재로서 함께 손을 맞잡고 하나님 나라를 향한 여정을 떠날 수 있다.

나가는 말

글을 시작하면서 필자는 성도의 이탈 현상과 현상적 흐름을 제시했다. 특히 젊은 세대의 이탈 현상은 매우 심각하다. 문제는 교회의 내일이 새로운 세대와 직접적인 연관성을 가진다는 점이다. 젊은 세대에 비친 교회의 모습은 너무나 부정적이다. 무엇보다 그들은 위선적이며 고리타분한 교회에 대해 답답함을 호소한다.[17] 그러나 원래 교회는 이와 달랐다. 깊은 관계 속에서 생명력이 넘치며 세상에 대안을 제시할 수 있는 참된 공동체가 교회의 모습이었다. 이는 곧 교회가 성경적 자화상을 회복하면 능력 있는 복음을 증거할 수 있다는 가능성이기도 하다. 이 시대의 문제는 복음의 능력이 상실된 것이 아니라 교회가 교회 됨을 상실했기 때문이다. 부디 한국 교회가 공동체로서의 교회 됨과 깊은 영성과 관계, 전도와 선교에 초점을 맞춘 오가닉 가정교회의 요소를 흡수하여 새롭게 거듭날 수 있기를 기대해 본다.

참조 https://www.cmaresources.org ; http://www.hccentral.com

영국의 사회학자 앤서니 기든슨(Anthony Giddens)은 근대시대의 특징을 확장성(extensiveness)과 집약성(intensiveness)이란 단어로 설명했다.[1] 근대의 영향력이 전 세계적으로 퍼져갈 뿐 아니라 개인의 삶 속으로도 깊이 침투하고 있음을 묘사했던 것이다. 그러나 이러한 충격도 잠시, 현재 인류는 근대시대를 넘어 제4차 혁명이라 불리는 예측할 수 없는 미래 속으로 진입하고 있다. 전문가들은 앞으로 10년 동안 이뤄질 전혀 새로운 세계 앞에서 '어떻게 시작할 것인가'를 심각하게 고민하고 있다.

그렇다면 급속한 변화 속에 서 있는 교회는 어떠한가? 사실상 많은 교회가 눈앞에 놓여 있는 도전 앞에 갈 바를 알지 못하고 고통을 호소하고 있는 것 또한 부인할 수 없는 현실이다. 그러나 하나님 나라의 회복을 위해 부름받은 교회 공동체는 포기하거나 절망할 수 없다. 왜냐하면, 하나님께서 보여 주신 역사는 언제나 십자가와 죽음의 과정을 통과한 후 부활하신 예수 그리스도의 증언을 통해 확증되어 왔기 때문이다. 그런 관점에서 볼 때, 지금이야말로 우리는 '어떻게 시작할 것인가'를 다시 물어야 한다.

갱신의 역사와 현장을 연구하면서 필자는 다음과 같은 몇 가지 사항을 발견하게 됐다.

첫째, 과거를 수놓았던 아름다운 열매도 시간이 지나면 부식되고 부패한다는 점이다. 시대를 관통하며 영원히 존재할 수 있는 제도와 형태는 존재하지 않는다. "풀은 마르고 꽃은 시드나 우리 하나님의 말씀은 영원히 서리라"(사 40:8)는 말씀처럼, 세상에서 유일하고 영원한 것은 하나님의 말씀밖에는 없다. 그 외의 모든 것들은 변하고 부식하고 부패하기 마련이다. 그러므로 우리가 경험하고 있는 부식과 부패는 실패가 아닌 갱신의 또 다른 신호임을 기억하자.

둘째, 갱신은 리더 자신과 교회 공동체가 놓인 상황에 대한 정확한 인식으로부터 촉발된다. 무엇보다 리더는 문제를 발견하고 느끼고 변화시키려는 의식과 감각을 지니고 있어야 한다. 현재 우리가 서 있는 자리, 어디에 위치해 있는가를 인식하지 못한다면 새로운 변화와 갱신은 불가능하다. 사회학자 로렌스 밀러(Lawrence Miller)가 제시한 리더십 스타일과 조직의 라이프 사이클(life cycle) 이론은 우리의 현재를 즉각적으로 이해하는 데 도움을 준다. 유기적 존재이면서 동시에 조직으로서의 특성을 지닌 교회 공동체는 다른 사회 조직과 마찬가지로 시작과 성장, 성숙과 쇠퇴, 사멸이라는 생명주기를 가진다. 과연 우리 교회는 어떤 단계에 와 있는 것일까!

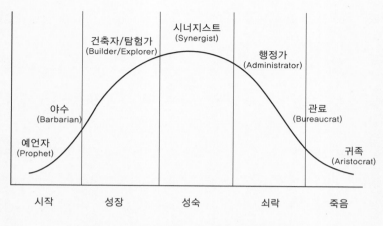

<그림 2> 밀러의 리더십 스타일과 조직 생명 주기 [2]

밀러는 지도자의 주된 역할이 무엇인가에 따라 조직의 현재와 미래를 예측할 수 있다고 보았다. 만약 지도자가 비전과 열정을 가진 예언자나 야수, 혹은 발전을 위해 나아가는 건축가와 시너지스트 같은 역할을 하고 있다면 그 조직은 현재 역동적이며 성장하고 있는 단계라 볼 수 있다. 그러나 지도자의 주된 업무가 안정과 유지를 위한 행정가나 이미 존재하는 것들을 컨트롤하는 관료적 입장이 되어 새로운 예언자나 야수들을 포용하지 못하고 창조성과 확장성이 손실되어 가고 있다면 쇠락의 과정에 진입한 것이다. 나아가 지도자가 과거로부터 축적된 부와 명예를 탐하는 귀족과 같은 위치에 서 있다면 이제는 사멸을 향해 가는 기로에 서 있음이 분명하다.[3] 교회의 미래가 궁금하다면, 지도자로서 우리의 일이 어디에 집중되어 있는지를 살펴보면 된다. 놀랍게도 오늘날 많은 교회 지도자들이 행정

가와 관료, 또는 귀족의 리더십에 익숙해져 있는 것은 아닌가! 오늘날 한국 교회의 자화상을 직면할 필요가 있다.

셋째, 갱신은 시대와 하나님 앞에 깨어 있는 창조적 소수를 통해 촉발된다. 모두가 인식하고 있듯, 오늘날 교회의 현실을 드러내는 지표들은 한결같이 부정적인 것들로 가득 차 있다. 당장 출석 인원과 헌금이 줄고, 젊은 세대는 교회를 떠나고, 주일학교가 사라지는 현실이 눈앞에서 발생하고 있다. 그러나 하나님은 이 시대에도 역사하고 있는 창조주를 바라볼 것을 요청하신다. 그분은 여전히 살아 계시고, 교회와 역사 안에서 일하시며, 새 하늘과 새 땅을 준비하고 계신다. 그 믿음 속에서 소망을 가지며 선교적 모험을 떠나는 창조적 소수들이 새로운 갱신운동의 주체로서 쓰임 받은 사람들이었다. 척 스미스가 그러했고, 도널드 맥가브란과 빌 하이벨스가 그랬다. 오늘날도 마찬가지다. 오직 하나님 나라를 향한 뜨거운 심장을 가지고 예측할 수 없는 시대를 향해 과감히 자신을 던지는 믿음의 모험가들을 통해 하나님은 교회를 새롭게 하고, 세상을 변화시키는 주역이 되게 하신다.

넷째, 우리의 갱신은 하나님 나라를 이루어 가는 한 부분에 지나지 않음을 인식해야 한다. 역사를 통해 나타난 모든 갱신은 수명이 길지 않았다. 한 세대 혹은 두 세대가 지나면 갱신의 수명은 끝이 난다. 루터 역시 이 사실을 잘 알고 있었다. 그는 자신과 함께 촉발된 종교개혁이 30년을 넘지 못할 수도 있다는 경고를 하면서, 우리의 싸움은 한 세대가 아닌 그 나라가 완성될 때까지 지속되어야 할 것임을 알려 주었다. 앞서 살펴본 것처럼,

1960년대 북미의 상황은 종교적 신념과 가치, 초월적 영성과 경험을 폄하하는 세속주의의 도전으로 위기가 최고조에 이르렀다. 종교의 미래가 불투명했다. 그렇다면, 현재는 어떠한가? 종교의 종말을 고했던 세속주의는 붕괴되었지만, 상대주의와 다원주의 같은 새로운 도전이 그 자리를 차지해 버렸다. 가상공간과 인공지능 등 예측할 수 없는 기술적 진보와 더불어 세계 곳곳에서 밀려드는 다양한 토속 종교가 뒤섞이면서 교회의 미래는 더욱 불투명해졌다. 당연히 시대에 적합한 성육신적 사역을 통해 적합한 대응을 할 수 있어야 한다. 비록 한 모퉁이에 지나지 않는 작은 갱신일지라도 그러한 노력이 모여 시대를 변화시키는 능력이 될 것을 우리는 믿는다.

<그림 3> 갱신 사이클

다섯째, 그런 의미에서 갱신은 지속해서 이루어져야 한다. 역사상 그 어떤 운동도 완전한 갱신을 이루지 못했다. 〈그림 3〉에서 보듯, 갱신운동

은 순환적인 과정을 가진다. 새로운 비전과 열정으로 태어난 운동이 부패하게 되면, 깨어 있는 소수의 사람들은 저항과 대안을 제시한다. 영향력이 확장되면서 이러한 흐름은 운동이 되고 결국 기존의 제도와 구조를 변화시키는 개혁을 이룬다. 그러다 한두 세대가 지나면 또 다른 문제가 돌출된다. 새로운 저항과 대안이 만들어지고 또 다른 갱신운동이 시작된다. 완전한 갱신이 없다면 현실에 안주할 수 있는 완성도 없음을 우리는 자각해야 한다. 끊임없는 각성을 통해 새로운 갱신을 추구하는 교회야말로 세대를 넘어 영향력 있는 사역을 계승할 수 있다.

여섯째, 문화적 소통과 활용은 현대 교회 갱신의 핵심적인 요소가 된다. 앞서 살펴본 갱신운동들은 한결같이 시대와 문화적 옷을 입고 진행되었다. 물론, 문화적 상황화는 새로운 산물이 아니다. 예수의 성육신을 통해 드러나듯, 상황화는 초대 교회로부터 지금까지 변함없는 적용되어 온 갱신의 키워드였다. 그럼에도 불구하고 오늘날 문화적 요소가 더욱 강조되는 이유는 무엇 때문일까? 그것은 바로 20세기 후반 북미 지역에서 발생하고 있는 새로운 갱신운동의 주체가 문화에 대해 더욱 민감하고 긍정적 관점을 가진 젊은 세대이기 때문이다. 그들은 과거 성(sacred)과 속(secular)을 분리하는 이원론적이고 추상적인 영성 대신, 하나님의 능력과 임재로 인해 문화의 거룩한 활용이 가능하다는 믿음을 가지고 있다.[4] 더욱이 새로운 갱신운동의 초점이 교회 밖 불신자를 향한 선교적 성격이 강해지면서 문화적 탄력성은 더욱 중요한 요소로 부상하고 있다.

일곱째, 오늘날 하나님께서 일으키시는 갱신의 파도를 탄 교회들이 지닝 공통점은 존재와 사역의 초점이 선교적 사명 수행으로 모아진다는 점이다. 사실, 이전까지 교회를 견인해 왔던 키워드는 성장이었다. 1960년대 교회갱신운동이 발생했던 원인이나 이후 교회성장운동과 구도자운동 역시 초점은 수적 성장에 있었다. 그러한 흐름이 바뀌게 된 주요 원인 중 하나가 이머징 교회의 출현이다. 무엇보다, 이머징 교회는 공동체로서의 교회 됨과 세속 사회에서 예수를 따르는 삶에 대한 고민을 점화시켰다. 같은 시기 선교적 교회는 세상으로부터 부름 받은 하나님 백성의 사명이 무엇인지를 재발견하도록 만들었다. 교회의 본질적인 사명은 하나님 나라의 회복을 위한 그분의 선교를 식별하고 그에 동참하는 일임을 깨닫게 된 것이다.

<그림 4> 선교를 기반으로 한 사역들

본 저서에서 다룬 사역 모델들이 갖는 공통점이 여기에 있다. 우리는 각 교회들이 갖는 특징, 즉 예배, 문화, 교회 개척과 재생산, 제자화, 도시 사역, 소그룹, 선교적 사역 구조 등 각기 다른 강조점을 발견했지만, 실상은 이 모든 요소가 선교적 사명을 이루어 가는 통로로써 사용되고 있음을 확인할 수 있었다. 선교적 르네상스가 발생하고 있는 것이다.

마지막으로, 이 모든 일은 성령의 이끄심에 민감하게 반응할 때 발생한다는 점을 기억해야 한다. 오늘날 선교적교회운동이 폭발적인 운동력을 발휘하게 된 것은 바로 이 때문이다. 성령께 주도권을 드리는 것이다. 성령의 인도하심을 통해 교회는 사명을 인식하고 그분께서 행하시는 사역을 식별하게 된다. 이때 성령은 교회 공동체가 지닌 자원과 은사를 발견케 하시고 이를 통해 선교적 실천을 하도록 이끄신다. 하나님의 선교에 동참하는 실천을 통해 부르심의 실현을 이루어 가게 되는 것이다. 결국, 갱신의 열쇠는 하나님께 있다. 우리가 얼마나 하나님 앞에 민감하게 반응하는가, 얼마나 깊이 그분의 말씀에 순종할 수 있는가에 따라 교회 갱신은 결정된다.

'돌이키라. 그러면 살아나리라!' 하나님의 절규는 이 시대에도 지속되고 있다. 그 나라와 그 의를 위해, 정의가 물같이 흐르고 공의가 마르지 않는 강같이 흐르는 그날을 기대하며, 온 나라와 족속과 백성과 방언으로 하나님을 찬양할 그날이 이루어질 때까지 교회의 갱신은 계속되어야 한다. 이를 위해 한국 교회가 성령께서 이끄시는 모험의 여정으로 다시 나아갈 수 있기를 소원해 본다.

각주

PART 1

예수운동과 갈보리채플

1) James R. Lewis and Jesper Aa. Peterson eds., Controversal New Religion, (New York, Oxford Press, 2014), p.83.

2) 1960년대 후반에 시작되어 1970년대 중반까지 펼쳐진 예수운동은 샌프란시스코에서 시작되어 남부 캘리포니아, 북아메리카 전역을 거쳐 유럽에까지 확장되었다.

3) Rob Moll, "Day of Reckoning" Christianity, 51 no3 (2007), p.52.

4) Jessica Russell, Debra Smith, and Tom Price, "They Called It the Jesus Movement," Calvary Chapel Magazine, 58 (2014), p.17.

5) Chuck Smith & Tal Brooke, Harvest, (New Jersey: Chosen Books, 1987), pp.43-46.

6) Larry Eskridge, God's Forever Family, (New York: Oxford University Press, 2013), p.76.

7) Chuck Smith & Tal Brooke, Harvest, p.21.

8) Robin D. Perrin, "The New Denominations," Christianity Today, 35 no3 (1991), p.30.

9) 김광락, 『본질목회로 돌아가라』, (서울: 베다니 2004), p.134.

10) James R. Lewis and Jesper Aa. Peterson eds., Controversal New Religion, p.83.

11) Donald E. Miller, Reinventing American Protestantism, (Berkley: University of California Press, 1997), p.37.

12) Los Angeles Times, "Pastor Chuck Smith Dies at 86; Founder of Calvary Chapel Movement," 2013. 10. 3.

13) Larry Eskridge, God's Forever Family, p.254.

14) 척 스미스가 사역한 갈보리채플은 남부 캘리포니아 코스타 메사에 위치해 있고, 현재는 약 1500개 이상의 교회가 갈보리채플 연합회(Calvary Chapel Association)에 소속되어 같은 정체성을 나누며 사역하고 있다. Jessica Russell, Debra Smith, and Tom Price, "They Called It the Jesus Movement," p.20.

15) Thom S. Rainer, Autopsy of a Deceased Church, (Nashiville, TN: B&H Publishing Group, 2014), pp.11-24.

16) Donald E. Miller, Reinventing American Protestantism, p.183.

17) Baron Harris, "저자와의 인터뷰," Costa Mesa, CA, 2015. 8. 21.

18) 막스 베버(Max Weber)는 자본주의와 관료제 속에 갇혀 통제된 개인의 모습을 철장 (iron cage)이란 단어로 표현했다. 그 속에서 개인의 존재는 개성과 자유를 상실한 부 품과 같다. Max Weber, 『프로테스탄티즘의 윤리와 자본주의 정신』, 박성수 역, 2판 (서울: 문예출판사, 2010).

19) Chuck Smith, 『갈보리채플의 특징들』, 갈보리채플 출판부 역, (천안: 갈보리채플 극 동선교회, 2013), p.61.

20) 위의 책, p.27.

21) 김광락, 『본질목회로 돌아가라』, p.158.

교회성장운동

1) Gordon W. Lathrop and Timothy J. Wengert, Christian Assembly: Marks of the Church in a Pluralistic Age, (Minneapolis, MN: Augsburg Fortress, 2004), p.121.

2) Kenneth T. Jackson, Crabgrass Frontier: The Suburbanization of the United States, (New York: Oxford University Press, 1985), pp.264-265.

3) Robert H. Schuller, 『성공적인 목회의 비결』, 조문경 역, (서울: 보이스, 1989), pp.42-58.

4) 위의 책, pp.12-13.

5) Donald A. McGavran & George G. Henter, 『교회성장학』, 박은규 역, (서울: 대한기독 교출판사, 1982), p.11.

6) Gary L. McIntosh, ed., Evaluating the Church Growth Movement, (Grand Rapids, MI, Zondervan, 2004), pp.11-12.

7) C. Peter Wagner, "Church Growth Movement," in Evangelical Dictionary of World Missions, A. Scott Moreau ed., (Grand Rapids, MI: Baker Books, 2000), p.199.

8) Gary L. McIntosh, Evaluating the Church Growth Movement, p.15.

9) Thom S. Rainer, 『교회성장 교과서』, 홍용표 역, (서울: 예찬사, 1995), p.42.

10) Gary L. McIntosh, Evaluating the Church Growth Movement, p.15.

11) Donald A. McGavran & George G. Henter, 『교회성장학』, p.15.

12) C. Peter Wagner, "Church Growth Movement," p.199.

각주

13) Glenn Huebel, "The Church Growth Movement: A Word of Caution," in Concordia Theological Quarterly, 50 no 3 (1986), p.175.

14) Ralph H. Elliott, "The Church Growth Movement," in The Christian Century, 98 no 25 (1981), pp.29-30.

15) 위의 글, pp.33-34.

16) Ed Stetzer and David Putman, Breaking the Missional Code, (Nashiville, TN: Broadman & Holman Publishers, 2006), pp.46-48.

17) Dean R Hoge and David A Roozen, Understanding Church Growth and Decline, (New York: Pilgrim Press, 1979), p.17.

18) Donald A. McGavran, 『교회성장이해』, 한국복음주의선교학회 역, (한국장로교출판사, 2003), p.54.

19) 위의 책, p.32.

20) Orlando Costas, The Church and Its Mission, (Wheaton, IL: Tyndale House Publishers, 1974), p.90.

21) Martyn Percy, "How to Win Congregations and Influence Them: An Anatomy of the Church Growth Movement," in Modern Churchman, 34 no 1 (1992), p.24.

구도자교회운동

1) 오크 힐 교회의 자세한 이야기는 다음의 책을 참조하라. 본 내용은 칼슨과 루에켄의 1-2장 내용을 요약하여 기술했음을 밝힌다. Kent Carlson and Mike Lueken, Renovation of the Church: What Happens When a Seeker Church Discover Spiritual Formation, (Downers Grove, IL: IVP Books, 2011).

2) Wilbert R. Shenk, "Seeker Sensitive Worship: An Evaluation" in Mission and Theology, 2013(12): 334-335.

3) Alan J. Roxburgh, Joining God, Remaking Church, Changing the World, (New York, Morehoush Publishing, 2015), pp.18-19.

4) Gary L. McIntosh, "Church Movements of the Last Fifty Years in North America" Retrieved from 〈www.churchgrowthnetwork.com/s/Movements2010.pdf.〉 pp.7-8.

각주

5) Todd E. Johnson, The Conviction of Things Not Seen, (Grand Rapids, MI: Brzzos Press, 2002), pp.59-60.
6) Joe Horness, "Contemporary Music-Driven Worshiop" in Exploring the Worship Spectrum, Paul A. Basden ed., (Grand Rapids, MI: Zondervan, 2004), p.106.
7) Mark Mittelberg and Douglas Groothuis, "Pro and Con: The Seeker-Sensitive Church Movement" in Christian Research Journal, 1996(18): 54.
8) Ronald P. Byars, The Future of Protestant Worship: Beyond the Worship Wars, (Louisville, KY: Westminster John Knox Press, 2002), p.56.
9) Todd E. Johnson, The Conviction of Things Not Seen, p.61.
10) Mark Mittelberg and Douglas Groothuis, "Pro and Con: The Seeker-Sensitive Church Movement" 1996(18): 55.
11) K. H. Sargeant, Seeker Churches: Promoting Traditional Religion in a Nontraditional Way, (Rutgers University Press, 2000), p.42.
12) 릭 워렌(Rick Warren)은 사람들을 위해 의도적으로 죄에 대한 언급을 자제하고 (272), 편안하며 친근한 분위기를 조성할 것과(285), 엔터테인먼트를 강조한 음악과 다양한 프로그램을 통해 사람들에게 더욱 매력적인 교회가 될 것을 제안했다(285, 291). Rick Warren, The Purpose Drive Church, (Grand Rapids, MI: Zondervan Pub., 1995).
13) K. H. Sargeant, Seeker Churches, p.99.
14) Wilbert R. Shenk, "Seeker Sensitive Worship: An Evaluation", pp.342-344.
15) Greg L. Hawkins & Callu Parkinson, 『발견-당신은 지금 어디에 있는가』 김창동 역, (서울: 국제제자훈련원, 2008).
16) G. A. Pritchard, Willow Creek Seeker Service, (Grand Rapids, MI: Baker Books, 1996), p.208.
17) Michael Frost & Alan Hirsch, 『모험으로 나서는 믿음』 김선일 역, (서울: SFC, 2015), p.33.

각주

이머징교회운동

1) Harvey Cox, The Future of Fatih, (New York: HarperOne, 2009), p.9.

2) 그들은 교회의 예배 장소를 'Fountain Room'(원천의 방)으로 부른다. 교회를 건물로 이해하지 않고자 하는 철학적 표현이다. Kairos Hollywood는 자신의 정체성을 선교적 교회로 분류한다. 그러나 그 모임과 형태에는 이머징 교회의 요소가 많이 포함되어 있다. J. R. Woodward, "A Missional Proposal for Kairos Hollywood," A Report for MC506: Leading a Missional Church, (Fuller Theological Seminary, 2008), p.3.

3) Tribes of Los Angeles에 대한 사역 분석은 다음의 책을 참조하라. Bob Whitesel, Inside the Organic Church, (Nashville, TN: Abingdon Press, 2006), pp.98-107.

4) 코리 라바나우 역시 이머징 교회 운동을 가리켜 "하나의 교회가 그 운동을 온전히 대표하는 것이 불가능한 다양하고 이질적 네트워크다."라고 지적했다. Cory E. Labanow, Evangelicalism and the Emerging Church, (Burlington, VT: Ashgate, 2009), p.126.

5) D. A. Carson,『이머징 교회 바로알기』 이용중 역, (서울: 부흥과개혁사, 2009), p.189.

6) Eddie Gibbs & Ryan Bolger, 『이머징 교회』 김도훈 역, (서울: 쿰란출판사, 2008), pp.44-45.

7) X세대를 위한 사역은 두 가지로 시도되었다. 첫째는 X세대를 대상으로 한 교회 개척과 교회 안에서 시도된 새로운 형식의 '교회 안의 교회' 모델이었다. 그러나 새롭게 개척된 교회들은 사실 충분한 준비가 없는 상태였고, 대형교회의 대안 예배는 지나치게 많은 부분에서 세상 문화를 도입함으로서 교회와 세상과의 구별이 사라지는 결과가 도출됐다. 나아가 연령과 세대에 집중된 사역은 공동체로서의 하나 됨을 구현하는 것에 실패했다. Jim Belcher, 『깊이 있는 교회』 전의우 역, (서울: 포이에마, 2011), pp.41-45.

8) Young Leader Network에서 다뤄진 논의의 주제는 세대 중심적인 것에서 시작해서 포스트모던으로 옮겨졌다. 마크 드리스콜(Mark Driscoll), 브라이언 맥클라렌(Brian McLaren), 더그 패짓(Doug Paggit), 댄 킴볼(Dan Kimball) 같은 인물들이 당시 논의를 이끄는 핵심 역할을 했고, 이들 그룹은 후에 Emergent Village의 핵심 멤버가 됐다.

9) 댄 킴볼은 이를 가리켜 "단순한 세대 차이가 아니다."라고 표현했다. 베이비부머 시대와는 전혀 다른 세계관과 문화적 영향력에 놓여 있음을 표현한 것이다. Dan Kimball,

『시대를 리드하는 교회』, 윤인숙 역, (서울: 이레서원, 2004), p.71.

10) Warren Bird, "Emerging Church Movement," in Encyclopedia of Religion in America, ed. C.H. Lippy and P.W. Williams, (Washington, D.C.: CQ Press, 2010), pp.682-683.

11) Jim Belcher, 『깊이 있는 교회』, p.53.

12) 본 주제들은 카슨의 저서 2장(pp. 63-82)에 나타난 소제목으로 표현된 내용들이다.

13) 카슨의 주요 비판은 맥클라렌(Brian McLaren)이나 차케(Steve Chalke)의 도서를 중심으로 이루어졌다. 카슨의 분석에 의하면 이들이 포스트모던 인식론을 받아들임으로 전통적 기독교를 약화시켰고 이로 인해 순전한 복음에 위협이 될 수 있음을 주장했다. Tony Johns, The Church is Flat, (Minneapolis, MN: The JoPa Group, 2011), p.9.

14) Eddie Gibbs & Ryan Bolger, 『이머징 교회』, pp.40-41.

15) 위의 책, p.42.

16) 위의 책, p.70.

17) 위의 책, p.119.

18) 위의 책, pp.169-171, 176.

19) Tony Johns, The Church is Flat, pp.100-110.

20) Eddi Gibbs, ChurchMorph, (Grand Rapids, MI: Baker Academic, 2009), p.36.

21) 위의 책, pp.111-121.

22) Gerardo Marti & Gladys Ganiel, The Deconstructed Church, (New York: Oxford University Press, 2014), p.25.

23) 위의 책, pp.27-29.

24) 위의 책, pp.113-133.

25) Anthony D. Baker, "Learning to Read the Gospel Again" in Christianity Today, December 7. 2011. 〈http://www.christianitytoday.com/ct/2011/december/learninggospelagain.html〉

26) Ed Stetzer, "The Emergnet/Emerging Church: A Missiological Perspective" in Evangelicals Engaging Emergent, William D. Henard and Adam W. Greenway eds, (Nashville, TN, B&H Publishing Group, 2009), p.72. 용어의 통일을 위해 Deep

Church(『깊이 있는 교회』)의 한국어판 번역을 따랐다.

27) Scott Daniels, "The Death of the Emerging Church" Pastor Scott's Thoughts, 2010.
8. 10. 〈http://drtscott.typepad.com/pastor_scotts_thoughts/2010/08/the-death-
of-the-emerging-church.html〉

28) James M. Kouzes and Barry Z. Posner, 『리더』, 김예리나 역, (서울: 크레듀, 2008),
p.243.

29) 한스 큉(Hans Kung)의 글을 Michael Frost & Alan Hirsch, 『모험으로 나서는 믿음』
,p. 34에서 재인용했다.

선교적교회운동

1) Dan Kimball, 『시대를 리드하는 교회』, p.47.

2) 위의 책, pp.43-47.

3) Micheal Patton, "What Do You Think Happened to the Emerging Church?" Credo
House, 2015-7-9. 〈https://credohouse.org/blog/what-happened-to-the-emerging-
church〉

4) 토니 존스는 초기 이머전트(emergent) 그룹의 지도자들이 킴볼이나 존슨 같은 복음주
의 계열의 리더들보다 GOCN의 Missional Church(1998)에 더 큰 영향을 받았다고 밝
힌다. Tony Johns, The Church is Flat, v.

5) 이머징 교회는 라이트(N. T. Wright), 요더(John Howard Yoder), 보쉬(David Bosch),
뉴비긴(Lesslie Newbigin) 등의 사상에 의존해 하나님의 선교(missio dei)와 하나님 나
라(Kingdom of God)의 가치를 품고 사역 방향을 '구심적'에서 '원심적'으로 바꾸는 선
교적 사역을 진행해 왔다. Eddie Gibbs & Ryan Bolger, 『이머징 교회』, pp.77-86.

6) E. 깁스는 선교적 교회와 이머징 교회가 공유하고 있는 특성을 바탕으로 두 운동 사
이의 상호 협력 관계를 통한 발전을 시도한 대표적 학자다. Eddie Gibbs, Church
Morph, pp.33-55.

7) Lesslie Newbigin, The Other Side of 1984, (Geneva : World Council of Churches,
1983).

8) 영국의 GOC의 북미판으로 볼 수 있는 이 조직은 1980년대 후반에 형성되어 1990년
대 이후 활발한 활동을 벌여 왔다. 이들의 연구를 기반으로 북미의 선교적 교회는 시

각주

작됐다.

9) Craig Van Gelder & Dwight J. Zacheile, 『선교적 교회론의 동향과 발전』, 최동규 역, (서울: CLC, 2015), pp.99-100.

10) Darrell Guder, ed., Missional Church: A Vision for the Sending of the Church in North America, (Grand Rapids, MI: Eerdmans Publishing Co., 1998).

11) Craig Van Gelder & Dwight J. Zacheile, 『선교적 교회론의 동향과 발전』, p.37.

12) David Bosch, Transforming Mission: Paradigm Shifts in Theology of Mission, (Maryknoll, New York: Orbis Books, 2002), p.390.

13) Craig Van Gelder & Dwight J. Zacheile, 『선교적 교회론의 동향과 발전』, pp.75-76.

14) Lesslie Newbigin, The Gospel in a Pluralist Society, (Grand Rapids, MI: Eerdmans Publishing Co., 1989), pp.232-233.

15) 다음의 책을 참조하라. Lois Y. Barrett et al., Treasure in Clay Jars, (Grand Rapids, MI: Eerdmans Publishing Co., 2004).

16) Redemer Church의 팀 켈러(Tim Keller)나 Radical의 저자 데이비드 플랫(David Platt)의 경우 기존 교회를 선교적 교회에 입각해 혁신적 사역을 이끈 대표적 예로 볼 수 있다.

17) 마이클 프로스트(Michael Frost)와 알렌 허쉬(Alan Hirsch)는 그리스도를 본받아 세상으로 스며들어가 성육신(incarnational)적인 사역, 세상 문화를 배척하는 이원론 대신 세상을 적극적으로 변화시키고자 하는 메시아적(messianic) 영성, 그리고 각자의 은사에 따른 팀 사역을 극대화시킬 수 있는 팀 사역을 추구하는 사도적(Apostolic) 리더십이 부상하고 있다고 보았다. Michael Frost & Alan Hirsh, The Shaping of Things to Come, (Peabody: MA: Hendrickson Publishers, 2003), pp.18-28.

18) Ed Stetzer and David Putman, Breaking the Missional Code, pp.59-71.

19) 이에 대한 자세한 내용은 필자의 책 『처치 시프트』 2부를 참조하라. 이상훈, 『처치 시프트(Church Shift)』, (인천: 워십리더, 2017).

각주

PART 2

급진적 제자화 모델 : 블루프린트교회

1) John Stott, The Radical Disciple, (Downers Grove, IL: InterVarsity Press, 2010), p.15.
2) Eddie Gibbs & Ryan Bolger,『이머징 교회』, p.77.
3) Michael Frost,『위험한 교회』 이대헌 역, (서울: SFC, 2009), pp.32-35.
4) Michael Frost and Alan Hirsch, ReJesus, (Peabody, MA: Hendrickson, 2009), p.41.
5) 위의 책, p.54.
6) N. T. Wright,『예수와 하나님의 승리』 박재문 역, (고양: 크리스찬 다이제스트, 2004), p.384.
7) Mike Breen and Steve, Cockram, Building a Disciple Culture, (Pawleys Island, SC: 3DM, 2009), p.44.
8) 이상훈, "하나님 백성의 선교적 사명과 책무", 한국선교신학회 엮음,『선교적 교회론과 한국교회』, (서울: 대한기독교서회, 2015), pp.247-259.
9) Michael Frost,『위험한 교회』, pp.32-35.

선교 기지로서의 사역 모델 : 그레이스 시티교회

1) Ralph Winter, "The Two Structures of God's Redemptive Mission" in Perspectives, Third Edition, (Pasadena, CA: William Carey Library, 1999), pp.220-230. 단순화시키면 모달리티는 제도된 지역교회를, 소달리티는 선교 단체를 의미한다.
2) 한스 큉의 이야기처럼 교회는 오직 사도적일 때에만 하나의 거룩하고 보편적인 교회가 될 수 있다. 그리고 그 사도적 개념은 선교사 개념, 즉 그리스도에 의해 세워지고 파송된다는 의미와 결합되어 있음을 기억하라. Hans Küng,『교회』 정지련 역, (서울: 한들출판사, 2007), pp.502-506.
3) 개척자 데이브는 2016년 6월 말, 고향인 Ohao에 있는 지역 교회로 사역지를 옮긴다. 그레이스시티교회와는 협력 사역을 할 것이고, 교회는 그의 제자들이 멀티 리더십 구조로 이끌어 갈 것이다.
4) 주일 오전 예배는 Silverado High School의 학교 강단에서 정기 예배로 모인다.
5) 릭 워렌은 교회를 개척하고 리더를 세우고, 가난한 자들을 돕고, 병든 자를 돌보며, 다

음 세대를 교육하는 것이야말로 모든 지역 교회가 21세기에 감당할 선교 사역이라고 말했다. Ed Stetzer and David Putman, Breaking the Missional Code, p.173. 재인용.

6) Donald E. Miller & Tetsunao Yamamori,『왜 섬기는 교회에 세계가 열광하는가?』 김성건, 정종현 역, (서울: 교회성장연구소, 2008) p.155.

7) Ralph D. Winter,『랄프 윈터의 비서구 선교운동사』 임윤택 역, (고양: 예수전도단, 2012), pp.271-271.

8) 그레이스 시티교회의 사역자들은 대부분이 선교훈련을 받는 자원자들로 구성된다. 1-2년 동안 스스로 자원을 마련해 전적으로 헌신하고 훈련 받는 시스템이 그레이스 시티교회 사역의 특성이다.

도시를 끌어안은 메가처치 모델 : 센트럴 크리스천교회

1) 북미 지역에서 메가처치의 범주에 드는 교회는 약 2,000명 이상의 성도를 가진 교회를 일컫는다. 사회학자들은 메가처치 현상을 근대 기독교 역사의 가장 중요하고 주목할 만한 발전 중 하나로 이해하기도 한다. 데이비드 이글(David E. Eagle)은 이에 대해 메가처치 현상이 근대시대에 나타난 독특한 현상이 아니라 역사적 맥락과 배경을 기반으로 하고 있음을 밝혔다. David E. Eagle, "Historicizing the Megachurch," in Journal of Social History, (Oxford University Press, 2015). pp.1-16.

2) Scott Thumma and Dave Travis, Beyond Mega Church Myths, (San Francisco, Jossey-Bass, 2007).

3) 2013년도에 에드 스테처(Ed Stetzer)는 엘머 타운즈(Elmer Towns)가 Warren Bird and Scott Thumma의 조사 통계를 기반으로 쓴 글을 기초로 메가처치의 수가 여전히 증가하고 있음을 발표했다. "The Explosive Growth of U.S. Megachurches," in Christianity Today, 2013. 2. 19. 〈http://www.christianitytoday.com/edstetzer/2013/february/explosive-growth-of-us-megachurches-even-while-many-say.html〉

4) Karen Gallegos, "Churches Get Unwanted Feeling in Cities," in Press-Telegram (LongBeach, CA) 1990. 12. 30.

5) Gabrielle Devenish, "Las Vegas Megachurch Reaches 'Irreligious' in Sin City," in Christian Post Church & Ministry, 2011. 10. 17. 〈http://www.christianpost.com/news/las-vegas-megachurch-baptizes-2000-in-sin-city-58393/〉

각주

6) Maria Peterson, "Central Church" 2016. 2. 29.
   〈http://www.mariapetersonphotography.com/central-church-henderson-nv/〉
7) Neil Postman, The Last Honest Place in America: Paradise and Perdition in the New Las Vegas (New York; National Books, 2004), p.12.
8) Jud Wilhite, Unsensored Grace, (Colorado Springs, CO: Ultnomah Books, 2006), pp. pp.123-125.
9) Gabrielle Devenish, "Las Vegas Megachurch Reaches 'Irreligious' in Sin City."
10) Liz Swanson & Teresa McBean, Bridges to Grace, (Grand Rapids, MI: Zondervan, 2011), p.5.
11) Jud Wilhite, Pursued: God's Divine Obsession with You, (New York: FaithWords, 2013), p.207.

복음과 문화 모델 : 오아시스교회

1) Lesslie Newbigin, 『다원주의사회에서의 복음』 홍병룡 역, (서울: IVP, 2007), p.26.
2) Scot McKnight, Kingdom Conspiracy: Returning to the Radical Mission of the Local Church, (Grand Rapids, MI: BrazospRress, 2014), p.77.
3) Lesslie Newbigin, 『다원주의사회에서의 복음』 pp.420-428. 뉴비긴은 소명중심의 공동체의 특성을 찬양의 공동체, 진리의 공동체, 이웃을 보살피는 공동체, 성도들을 제사장으로 세우는 공동체, 서로를 책임지는 공동체, 소망의 공동체로 묘사했다.
4) George R. Hunsberger & Craig Van Gelder, The Church between Gospel and Culture, (Grand Rapids, MI: Eerdmans, 1996), xiv.
5) Gerardo Marti, Hollywood Faith: Holiness, Prosperity, and Ambition in a Los Angeles, Church, (New Brunswick, NJ: Rutgers University Press, 2008), pp.110-129.
6) 위의 책, pp.125-126.
7) 본 내용은 2016년 1월 31일 Oasis Church의 비전 예배를 드리는 가운데 Philip Wagner와 Holly Wagner의 대담 가운데 전해졌다.
8) Milfred Minatrea, Shaped by God's Heart, (San Francisco: Jossey-Bass, 2004), xvi
9) 사회학자들은 미국의 종교변화를 분석하면서 새롭게 일어나는 운동은 지속적인 변화

각주

와 새로운 방법들을 찾고 있는 그룹들로부터 발생한다고 보았다. 반면에 주요 교단들은 쇄신을 멀리하고 오히려 그러한 변화를 거부하는 경향이 강하다고 말한다. Rodney Stark & Roger Finke, 『미국종교시장에서의 승자와 패자』, 김태식 역, (서울: 서로사랑, 2009), p.370.

교회개척운동과 갱신 모델 : Tapestry LA

1) Tim Keller, Center Church, (Grand Rapids, MI: Zondervan, 2012), p.359.
2) Ed Stetzer, Planting Missional Churches, (Nashville, TN: Broadman & Holman, 2006), p.33. 에드 스테처가 와그너(C. Peter Wagner)의 글을 인용해 주장한 내용이다.
3) Tim Keller, Center Church, p.360.
4) Todd Hudnall, Church, Come Forth, (Bloomiington, IN: CroosBooks, 2014), p.4.
5) 홈페이지를 참조하라. 〈http://tapestrylachurch.com/〉
6) Stuart Murray, Church Planting: Laying Foundations, (Scottsdale, PA: Herald Press, 2001), p.39.
7) Dave Earley, "The Why of Church Planting" in Innovatechurch, edited by Jonathan Falwell, (Nashville, TN: B&H, 2008), pp.155-160.
8) STADIA에 대해서는 다음의 사이트를 참조하라.
〈https://www.stadia.cc/us-planting/〉
9) 이러한 전문 기관은 개척자 부부의 자질에 대한 철저한 점검으로부터 정서적, 심리적, 영적 상태를 평가 확인하고 훈련, 지원한다. 나아가 사역에 대한 멘토링과 지원 시스템 구축, 네트워크를 통해 개척교회를 돕는다. 이대헌, "북미 교회 개척 동향에 대한 소고와 한국 교회 개척에 대한 제언"『선교적 교회의 오늘과 내일』, (서울: 예영커뮤니케이션, 2016), pp.102-103.

멀티사이트와 재생산 모델 : 커뮤니티 크리스천교회

1) 자세한 내용은 David Olson의 다음의 책을 참조하라. The American Church in Crisis, (Grand Rapid, MI: Zondervan, 2008).
2) Ed Stetzer, "Muntisite Churches are Here, and Here, and Here to Stay," in Christianity Today. 2014. 2. 24. posted. 최근 다른 조사에서는 그 수가 8천개를 넘어섰다는 보고

각주

도 있다.
〈http://www.christianitytoday.com/edstetzer/2014/february/multisite-churches-are-here-to-stay.html〉

3) Bill Easum and Dave Travis, Beyond the Box: Innovative Churches that Work. (Loveland, CO: Group Publishing, 2003), p.85.

4) Geoff Surratt and Greg Ligon, Warren Bird, The Multi-Site Church Revolution: Being One Church in Many Locations, (Grand Rapids, MI: Zondervan, 2009), (Kindle Location 1068).

5) Dave Ferguson & Jon Ferguson, Exponential, (Grand Rapids, MI: Zondervan, 2010), pp.18-24.

6) 이에 대한 자세한 내용은 목회와 신학에 실린 퍼거슨의 글을 참조하라. Dave Ferguson, "또 하나의 대안, 재생산하는 교회." 목회와 신학. 2004: pp.70-77.

7) Dave Ferguson & Jon Ferguson, Exponential, pp.24-29.

8) 자세한 내용은 NewThing 홈페이지를 참조하라. 〈http://www.newthing.org〉

9) Scott McConnell, Multi-Site Churches: Guidance for the Movement's Next Generation, (B&H Publishing Group. 2009), p.14.

10) Geoff Surratt and Greg Ligon, Warren Bird, The Multi-Site Church Revolution, (Kindle Location 2902).

11) Scott McConnell, Multi-Site Churches, p.6.

체험적 예배를 통한 갱신 모델 : 지저스 컬처 새크라멘토

1) 본 연구의 결과는 1998년과 2006-2007년(2,740개 회중), 그리고 2012년(3,815개 회중)에 실시된 비교 조사를 통해 도출되었다. National Congregations Study, Religious Congregations in 21st Century America, (Duke University, 2015).
〈http://www.soc.duke.edu/natcong/Docs/NCSIII_report_final.pdf〉

2) 위의 글, p.4.

3) Barna Research, "10 Facts about Ameica's Churchless" 2014.12.10.
〈https://www.barna.org/barna-update/culture/698-10-facts-about-america-s-churchless#.V52meZOAOko〉

4) Dan Kimball, They Like Jesus but not the Church, (Grand Rapids, MI: Zondervan, 2007).

5) Robert E. Weber, 『젊은 복음주의자를 말하다』 이윤복 역, (서울: 죠이선교회, 2010), pp.345-346.

6) 북미 지역의 새로운 흐름에 대해서는 필자의 책을 참조하라. 이상훈, 『리폼처치』 (서울: 교회성장연구소, 2015).

7) Robert E. Weber, 『젊은 복음주의자를 말하다』 p.348.

8) 위의 책, p.349.

9) Dan Kimball, 『하나님께서 영광 받으시는 고귀한 예배』 주승중 역, (서울: 이레서원, 2007), p.65.

10) 브래드의 조사에 따르면 미국교회의 성도들 중 1/3은 예배 중 하나님께 집중하지 못하고 습관적으로 참여하는 것으로 나타났다. Brad J. Waggoner, The Shape of Faith to Come, (Nashville, TN: B&H Publishing Co, 2008), pp.214-215.

11) Ruth A. Meyers, Missional Worship Worshipful Mission, (Grand Rapids, MI: Eerdmans Publishing Co., 2014), p.2.

12) 위의 책, p.10.

전통과 현대가 균형을 이루는 사역 모델 : 리디머교회 오렌지카운티

1) Howard A. Snyder, The Community of the King, (Downers Grove, IL: IVP, 1977), p.13.

2) Reggie McNeal, Missional Renaissance, (San Francisco, CA: Jossey-Bass Books, 2009).

3) Dennis Bickers, The Healthy Small Church, (Kansas: Beacon Hill Press, 2005), p.9.

4) 위의 책, p.10.

5) Brandon J. O'Brien, The Strategically Small Church, (Minneapolis, MN: Bethany House, 2010), p.15-17.

6) Jim Belcher, 『깊이 있는 교회』 pp.34-35.

7) 다음의 책들을 참조하라. George Ritzer, The McDonaldization of Society, (Thousand Oaks, CA: Pine Forge, 1993). John Drane, The McDonaldization of the Church, (London: Smyth & Helwys, 2000).

8) Jim Belcher, 『깊이 있는 교회』, pp.44-47.

9) 위의 책, pp.91-95.

10) 위의 책, p.173.

11) 위의 책, pp.177-178.

12) Rick Warren, The Purpose-Driven Church (Grand Rapids, MA: Zondervan, 1995), p.17.

13) Thom S. Rainer & Eric Geiger, 『단순한 교회』, 신성욱 역, (서울: 생명의말씀사, 2009), p.281.

14) Doug Pagitt, Evangelism in the Inventive Age, (Nashville, TN: Abingdon Press, 2014), p.17.

15) Miroslav Volf, 『삼위일체와 교회』, 황은영 역, (서울: 새물결플러스, 2012), p.241

소그룹 중심의 유기적 교회 모델 : 가정교회

1) Thom S. Rainer & Sam S. Rainer III., Essential Church?: Reclaiming a Generation of Dropouts (Nashville, TN: B&H Publishing Group, 2008), p.3.

2) 위의 책, p.2.

3) 미국에서는 10대 청소년들이 가장 활발하게 신앙생활을 하는 세대다. 그러나 20대에 접어들면 가장 신앙 활동이 약한 세대로 변한다. David Kinnaman and Aly Hawkins, You Lost Me (Grand Rapids, MI: Baker Books, 2011), pp.21-22.

4) Mike Breen & Alex Absalom, Launching Missional Communities, (Pawleys Island, SC: 3DM, 2010), p.566.

5) NBC Nightly News, "House of worship: More Americans attend home services" 2010. 10. 21.
   〈http://www.nbcnews.com/video/nightly-news/39787679#39787679〉

6) 3가지 유형은 Keith Gile과의 개인인터뷰를 통해 발견한 내용이다. Kieth Gile, "저자와의 인터뷰," Irvine, CA. 2016. 9. 8.

7) Organic Church Homepage, "What is Organic Church?: The Organic Church(pdf)," 2014. 2. 3. 〈http://www.organicchurch.org/organicchurch/〉

8) 짐 벨처는 그의 책에서 본 교회에 대한 간략한 경험을 기술하고 있다. Jim Belcher, 『깊

이 있는 교회』, pp.236-240.

9) Neil Cole,『오가닉 처치』, 정성묵 역, (서울: 가나북스, 2010), p.61.

10) 위의 책, pp.64-66.

11) 위의 책, pp.300-302.

12) 비교독인 청년들에 비친 교회의 모습은 위선적이며 수적 성장에 몰입하는 반면, 진정한 사랑과 긍휼은 없다고 여겨진다. 이와 더불어 반지성적이며, 따분하고, 구식이며, 보수적일 뿐 아니라 다른 사람을 판단하는 데는 일등인 곳이 교회라고 여긴다. David Kinnaman and Gabe Lyons, UnChristian (Grand Rapids, MI: Baker Books, 2007).

13) Thom S. Rainer & Eric Geiger, Simple Church (Nashville, TN: B&H Groups, 2011).

14) 교회를 떠난 성도들조차 참된 교회에 대한 갈망과 바른 비전과 사역이 이뤄지고 있는 교회의 멤버가 되기를 바라고 있다. Thom S. Rainer, Surprising Insights from the Unchurched (Grand Rapids, MI: Zondervan Publishing House, 2001), p.124.

15) Elmer Towns & Ed Stetzer, & Warren Bird, 11 Innovations in the Local Church (Ventura, CA: Regal Books, 2007), pp.45-46.

16) 이에 대해서는 다음의 책을 참조하라. Neil Cole, Search & Rescue: Becoming a Disciple Who Makes a Difference (Grand Rapids, MI: Baker Books, 2008), pp.147-220.

17) Elmer Towns & Ed Stetzer, & Warren Bird, 11 Innovations in the Local Church, p.50.

에필로그

1) Anthony Giddens, The Consequences of Modernity, (Stanford University Press, 1990).

2) 본 도표는 앨런 허쉬(Alan Hirsch)와 팀 캐침(Tim Catchim)이 밀러의 도표를 각색하여 넣은 그림이다. Alan Hirsch and Tim Catchim, The Permanent Revolution: Apostolic Imagination and Practice for the 21th Century Church, (San Francisco, Jossey-Bass, 2012), p.141.

3) 같은 책, pp.139-140.

4) Eddi Gibbs & Ryan Bolger, 『이머징교회』, p.106.

참고서적

한글서적

김광락. 본질목회로 돌아가라. 서울: 베다니, 2004.

이대헌. "북미 교회 개척 동향에 대한 소고와 한국 교회 개척에 대한 제언." 선교적 교회의 오늘과 내일. 서울: 예영
커뮤니케이션, 2016.

이상훈. "하나님 백성의 선교적 사명과 책무."선교적 교회론과 한국교회. 한국선교신학회 엮음. 서울: 대한기독교
서회, 2015.

____. 리폼처치(Re_Form Church). 서울: 교회성장연구소, 2015.

____. 처치시프트(Church Shift). 인천: 워십리더, 2017.

번역서적

Belcher, Jim. 전의우 역. 깊이 있는 교회(Deep church). 서울: 포이에마, 2011.

Carson, D. A. 이용중 역. 이머징 교회 바로알기(Becoming Conversant with the Emerging Church). 서울: 부흥과
개혁사, 2009.

Cole, Neil. 정성묵 역. 오가닉 처치(Organic Church). 서울: 가나북스, 2010.

Frost, Michael. 이대헌 역. 위험한 교회(Exiles: Living Missionally in a Post-Christian Culture). 서울: SFC, 2009.

Frost, Michael & Alan Hirsch. 김선일 역. 모험으로 나서는 믿음(The Faith of Leap). 서울: SFC, 2015.

Ferguson, Dave. "또 하나의 대안, 재생산하는 교회," 목회와 신학. 2004.

Gibbs, Eddie & Ryan Bolger. 김도훈 역. 이머징 교회(Emerging Church). 서울: 쿰란출판사, 2008.

Gile, Kieth. "저자와의 인터뷰." Irvine, CA, September 8. 2016.

Hawkins, Greg L. & Callu Parkinson. 김창동 역. 발견-당신은 지금 어디에 있는가(Reveal: Where Are You?). 서울:
국제제자훈련원, 2008.

Harris, Baron. "저자와의 인터뷰." Costa Mesa. CA. August 21. 2015.

Kimball, Dan. 윤인숙 역. 시대를 리드하는 교회(The Emerging Church). 서울: 이레서원, 2004.

_____. 주승중 역. 하나님께서 영광 받으시는 고귀한 예배(Emerging Worship). 서울: 이레서원, 2008.

Kouzes, James M. and Barry Z. Posner. 김예리나 역. 리더(The Leadership Challenge). 서울: 크레듀, 2008.

Küng, Hans. 정지련 역. 교회(Die Kirche). 서울: 한들출판사, 2007.

McGavran, Donald A. 한국복음주의선교학회 역. 교회성장이해(Understanding Church Growth). 서울: 한국장로
교출판사, 2003.

McGavran, Donald A. & George G. Henter. 박은규 역. 교회성장학(Church Growth: Strategies That Work). 서울:
대한기독교출판사, 1982.

Miller, Donald E. & Tetsunao Yamamori. 김성건, 정종현 역. 왜 섬기는 교회에 세계가 열광하는가?(Global
Pentecostalism). 서울: 교회성장연구소, 2008.

Newbigin, Lesslie. 홍병룡 역. 다원주의사회에서의 복음(The Gospel in a Pluralist Society). 서울: IVP, 2007.

Rainer, Thom S. 홍용표 역. 교회성장 교과서(The Book of Church Growth). 서울: 예찬사, 1995.

Rainer, Thom S. & Eric Geiger. 신성욱 역. 단순한 교회(Simple Church). 서울: 생명의말씀사, 2009.

Schuller, Robert H. 조문경 역. 성공적인 목회의 비결(Your Church Has Real Possibilities!). 서울: 보이스, 1989.

Smith, Chuck. 갈보리채플 출판부 역. 갈보리채플의 특징들(Calvary Chapel Distinctives). 천안: 갈보리채플 극동 선교회, 2013.

Stark, Rodney & Roger Finke. 김태식 역. 미국종교시장에서의 승자와 패자(The Churching of America). 서울: 서로사랑, 2009.

Van Gelder, Craig & Dwight J. Zacheile. 최동규 역. 선교적 교회론의 동향과 발전(The Missional Church in Perspective). 서울: CLC, 2015.

Volf, Miroslav. 황은영 역. 삼위일체와 교회(After Our Likeness: The Church as the Image of the Trinity). 서울: 새물결플러스, 2012.

Weber, Max. 박성수 역. 프로테스탄티즘의 윤리와 자본주의 정신. 2판. 서울: 문예출판사, 2010.

Weber, Robert E. 이윤복 역. 젊은 복음주의자를 말하다(The Younger Evangelicals). 서울: 죠이선교회, 2010.

Winter, Ralph D. 임윤택 역. 랄프 윈터의 비서구 선교운동사(The Twenty-Five Unbelievable Years). 고양: 예수전도단, 2012.

Wright, N. T. 박문재 역. 예수와 하나님의 승리(Jesus and the Victory of God). 고양: 크리스찬 다이제스트, 2004.

영어서적

Baker, Anthony D. "Learning to Read the Gospel Again" in Christianity Today. December 7. 2011. <http://www.christianitytoday.com/ct/2011/december/learninggospelagain.html>.

Barna Research. "10 Facts about Ameica's Churchless" December. 10. 2014. <https://www.barna.org/barna-update/culture/698-10-facts-about-america-s-churchless#.V52meZOAOko>.

Barrett et al., Lois Y. Treasure in Clay Jars. Grand Rapids, MI: Eerdmans Publishing Co., 2004.

Bickers, Dennis. The Healthy Small Church. Kansas City: Beacon Hill Press, 2005.

Bird, Warren. "Emerging Church Movement," in Encyclopedia of Religion in America. C.H. Lippy and P.W. Williams. ed., Washington, D.C.: CQ Press, 2010.

Bosch, David. Transforming Mission: Paradigm Shifts in Theology of Mission. Maryknoll, New York: Orbis Books, 2002.

Breen, Mike & Alex Absalom. Launching Missional Communities. Pawleys Island, SC: 3DM, 2010.

Breen, Mike and Steve Cockram. Building a Disciple Culture. Pawleys Island, SC: 3DM, 2009.

Byars, Ronald P. The Future of Protestant Worship: Beyond the Worship Wars. Louisville, KY: Westminster John Knox Press, 2002.

Carlson, Kent and Mike Lueken. Renovation of the Church: What Happens When a Seeker Church Discover

Spiritual Formation. Downers Grove, IL: IVP Books, 2011.

Cole, Neil. Search & Rescue: Becoming a Disciple Who Makes a Difference. Grand Rapids, MI: Baker Books, 2008.

Costas, Orlando. The Church and Its Mission. Wheaton, IL: Tyndale House Publishers, 1974.

Cox, Harvey. The Future of Fatih. New York: HarperOne, 2009.

Daniels, Scott. "The Death of the Emerging Church" Pastor Scott's Thoughts, August. 10. 2010. <http://drtscott.typepad.com/pastor_scotts_thoughts/2010/08/the-death-of-the-emerging-church.html> .

Devenish, Gabrielle. "Las Vegas Megachurch Reaches 'Irreligious' in Sin City," in Christian Post Church & Ministry. October. 17. 2011. <http://www.christianpost.com/news/las-vegas-megachurch-baptizes-2000-in-sin-city-58393/>.

Drane, John. The McDonaldization of the Church. London: Smyth & Helwys, 2000.

Eagle, David E. "Historicizing the Megachurch," in Journal of Social History. Oxford University Press, 2015.

Earley, Dave. "The Why of Church Planting" in Innovatechurch. edited by Jonathan Falwell, Nashville, TN: B&H, 2008.

Easum, Bill and Dave Travis. Beyond the Box: Innovative Churches that Work. Loveland, CO: Group Publishing, 2003.

Elliott, Ralph H. "The Church Growth Movement." in The Christian Century. 98. No. 25, 1981.

Eskridge, Larry. God's Forever Family. New York: Oxford University Press, 2013.

Ferguson, Dave & Jon Ferguson. Exponential. Grand Rapids, MI: Zondervan, 2010.

Frost, Michael & Alan Hirsh. The Shaping of Things to Come. Peabody, MA: Hendrickson Publishers, 2003.

_____. ReJesus. Peabody, MA: Hendrickson, 2009.

Gallegos, Karen. "Churches Get Unwanted Feeling in Cities," in Press-Telegram. Long Beach, CA. December. 30. 1990.

Gibbs, Eddi. ChurchMorph. Grand Rapids, MI: Baker Academic, 2009.

Guder, Darrell. ed., Missional Church: A Vision for the Sending of the Church in North America. Grand Rapids, MI: Eerdmans Publishing Co., 1998.

Hoge, Dean R. and David A. Roozen. Understanding Church Growth and Decline. New York: Pilgrim Press, 1979.

Horness, Joe. "Contemporary Music-Driven Worshiop" in Exploring the Worship Spectrum. Paul A. Basden ed., Grand Rapids, MI: Zondervan, 2004.

Hudnall, Todd. Church, Come Forth. Bloomiington, IN: CroosBooks, 2014.

Huebel, Glenn. "The Church Growth Movement: A Word of Caution." in Concordia Theological Quarterl. 50. No. 3, 1986.

Hunsberger, George R. & Craig Van Gelder. The Church between Gospel and Culture. Grand Rapids, MI:

Eerdmans, 1996.

Jackson, Kenneth T. Crabgrass Frontier: The Suburbanization of the United States. New York: Oxford University Press, 1985.

Johns, Tony. The Church is Flat. Minneapolis, MN: The JoPa Group, 2011.

Johnson, Todd E. The Conviction of Things Not Seen. Grand Rapids, MI: Brzzos Press, 2002.

Keller, Tim. Center Church. Grand Rapids, MI: Zondervan, 2012.

Kimball, Dan. They Like Jesus but not the Church. Grand Rapids, MI: Zondervan, 2007.

Kinnaman, David and Gabe Lyons. UnChristian. Grand Rapids, MI: Baker Books, 2007.

Kinnaman, David and Aly Hawkins. You Lost Me. Grand Rapids, MI: Baker Books, 2011.

Labanow, Cory E. Evangelicalism and the Emerging Church. Burlington, VT: Ashgate, 2009.

Lathrop, Gordon W. and Timothy J. Wengert. Christian Assembly: Marks of the Church in a Pluralistic Age. Minneapolis, MN: Augsburg Fortress, 2004.

Lewis, James R. and Jesper Aa. Peterson eds., Controversal New Religion. New York: Oxford Press, 2014.

Los Angeles Times, "Pastor Chuck Smith Dies at 86; Founder of Calvary Chapel Movement." October. 3. 2013.

Marti, Gerardo. Hollywood Faith: Holiness, Prosperity, and Ambition in a Los Angeles, Church. New Brunswick, NJ: Rutgers University Press, 2008.

Marti, Gerardo & Gladys Ganiel. The Deconstructed Church. New York: Oxford University Press, 2014.

McConnell, Scott. Multi-Site Churches: Guidance for the Movement's Next Generation. TN: B&H Publishing Group, 2009.

McIntosh, Gary L. "Church Movements of the Last Fifty Years in North America" Retrieved from <www.churchgrowthnetwork.com/s/Movements2010.pdf.>.

_____. Evaluating the Church Growth Movement. Grand Rapids, MI: Zondervan, 2004.

McKnight, Scot. Kingdom Conspiracy: Returning to the Radical Mission of the Local Church. Grand Rapids, MI: BrazospPress, 2014.

McNeal, Reggie. Missional Renaissance. San Francisco: Jossey-Bass Books, 2009.

Meyers, Ruth A. Missional Worship Worshipful Mission. Grand Rapids, MI: Eerdmans Publishing Co., 2014.

Miller, Donald E. Reinventing American Protestantism. Berkley: University of California Press, 1997.

Minatrea, Milfred. Shaped by God's Heart. San Francisco: Jossey-Bass, 2004.

Mittelberg, Mark and Douglas Groothuis, "Pro and Con: The Seeker-Sensitive Church Movement" in Christian Research Journal. 18, 1996.

Moll, Rob. "Day of Reckoning." Christianity. 51. No.3, 2007.

Murray, Stuart. Church Planting: Laying Foundations. Scottsdale, PA: Herald Press, 2001.

National Congregations Study. Religious Congregations in 21st Century America. Duke University, 2015.

<http://www.soc.duke.edu/natcong/Docs/NCSIII_report_final.pdf> .

NBC Nightly News. "House of worship: More Americans attend home services" October. 21. 2010. <http://www.nbcnews.com/video/nightly-news/39787679#39787679>.

Newbigin, Lesslie. The Other Side of 1984. Geneva: World Council of Churches, 1983.

_____. The Gospel in a Pluralist Society. Grand Rapids, MI: Eerdmans Publishing Co., 1989.

O'Brien, Brandon J. The Strategically Small Church. Minneapolis, MN: Bethany House, 2010.

Olson, David. The American Church in Crisis. Grand Rapid, MI: Zondervan, 2008.

Organic Church Homepage. "What is Organic Church?: The Organic Church(pdf)," February. 3. 2014. <http://www.organicchurch.org/organicchurch/>.

Pagitt, Doug. Evangelism in the Inventive Age. Nashville, TN: Abingdon Press, 2014.

Patton, Micheal. "What Do You Think Happened to the Emerging Church?" Credo House, July. 9. 2015. <https://credohouse.org/blog/what-happened-to-the-emerging-church>.

Percy, Martyn. "How to Win Congregations and Influence Them: An Anatomy of the Church Growth Movement." in Modern Churchman. 34. No. 1, 1992.

Perrin, Robin D. "The New Denominations." Christianity Today. 35. No.3, 1991.

Peterson, Maria. "Central Church" February. 29. 2016. <http://www.mariapetersonphotography.com/central-church-henderson-nv/>.

Postman, Neil. The Last Honest Place in America: Paradise and Perdition in the New Las Vegas. New York: National Books, 2004.

Pritchard, G. A. Willow Creek Seeker Service. Grand Rapids, MI: Baker Books, 1996.

Rainer, Thom S. Surprising Insights from the Unchurched. Grand Rapids, MI: Zondervan Publishing House, 2001.

_____. Autopsy of a Deceased Church. Nashiville, TN: B&H Publishing Group, 2014.

Rainer, Thom S. & Eric Geiger. Simple Church. Nashiville, TN: B&H Groups, 2011.

Rainer, Thom S. & Sam S. Rainer III. Essential Church?: Reclaiming a Generation of Dropouts. Nashville, TN: B&H Publishing Group, 2008.

Roxburgh, Alan J. Joining God, Remaking Church, Changing the World. New York: Morehoush Publishing, 2015.

Ritzer, George. The McDonaldization of Society. Thousand Oaks, CA: Pine Forge, 1993.

Russell, Jessica, Debra Smith, and Tom Price. "They Called It the Jesus Movement." Calvary Chapel Magazine. 58, 2014.

Sargeant, K. H. Seeker Churches: Promoting Traditional Religion in a Nontraditional Way. Rutgers University Press, 2000.

Shenk, Wilbert R. "Seeker Sensitive Worship: An Evaluation" in Mission and Theology. 12, 2013.

Smith, Chuck & Tal Brooke. Harvest. New Jersey: Chosen Books, 1987.

Snyder, Howard A. The Community of the King. Downers Grove, IL: IVP, 1977.

Stetzer, Ed. Planting Missional Churches. Nashville, TN: Broadman & Holman, 2006.

_____. "The Emergnet/Emerging Church: A Missiological Perspective" in Evangelicals Engaging Emergent. William D. Henard and Adam W. Greenway eds. Nashville, TN: B&H Publishing Group, 2009.

_____. "The Explosive Growth of U.S. Megachurches," in Christianity Today. February. 19. 2013. <http://www. christianitytoday.com/edstetzer/2013/february/explosive-growth-of-us-megachurches-even-while-many-say.html>.

_____. "Muntisite Churches are Here, and Here, and Here to Stay," in Christianity Today. February. 24. 2014. <http://www.christianitytoday.com/edstetzer/2014/february/multisite-churches-are-here-to-stay.html>.

Stetzer, Ed. and David Putman. Breaking the Missional Code. Nashiville, TN: Broadman & Holman Publishers, 2006.

Stott, John. The Radical Disciple. Downers Grove, IL: InterVarsity Press, 2010.

Surratt, Geoff, and Greg Ligon, Warren Bird. The Multi-Site Church Revolution: Being One Church in Many Locations. Grand Rapids, MI: Zondervan, 2009.

Swanson, Liz, and Teresa McBean. Bridges to Grace. Grand Rapids, MI: Zondervan, 2011.

Thumma, Scott, and Dave Travis. Beyond Mega Church Myths. San Francisco, Jossey-Bass, 2007.

Towns, Elmer, Ed Stetzer, and Warren Bird. 11 Innovations in the Local Church. Ventura, CA: Regal Books, 2007.

Waggoner, Brad J. The Shape of Faith to Come. Nashville, TN: B&H Publishing Co., 2008.

Wagner, C. Peter. "Church Growth Movement," in Evangelical Dictionary of World Missions. A. Scott Moreau. ed. Grand Rapids, MI: Baker Books, 2000.

Warren, Rick. The Purpose Driven Church. Grand Rapids, MI: Zondervan Pub., 1995.

Whitesel, Bob. Inside the Organic Church. Nashville, TN: Abingdon Press, 2006.

Wilhite, Jud. Unsensored Grace. Colorado Springs, CO: Ultnomah Books, 2006.

_____. Pursued: God's Divine Obsession with You. New York: FaithWords, 2013.

Winter, Ralph. "The Two Structures of God's Redemptive Mission" in Perspectives. Third Edition, Pasadena, CA: William Carey Library, 1999.

Woodward, J. R. "A Missional Proposal for Kairos Hollywood," A Report for MC506: Leading a Missional Church. Fuller Theological Seminary, 2008.

RE_NEW CHURCH

RE NEW CHURCH

초판 1쇄 발행	2017년 06월 15일
3쇄 발행	2018년 10월 11일

지은이	이상훈
발행인	이영훈
편집인	김형근
편집장	박인순
기획·편집	강지은
디자인	김한희 이기쁨

펴낸곳	교회성장연구소
등 록	제 12-177호
주 소	서울특별시 영등포구 여의공원로 101 CCMM빌딩 7층 703B호
전 화	02-2036-7928(편집팀)
팩 스	02-2036-7910
쇼핑몰	www.pastormall.net
홈페이지	www.pastor21.net
페이스북	www.facebook.com/pastor21

ISBN | 978-89-8304-266-8 03230

"무슨 일을 하든지 마음을 다하여 주께 하듯 하라." (골 3:23)

교회성장연구소는 한국의 모든 교회가 건강한 교회성장을 이루어 하나님 나라에 영광을 돌리는 일꾼으로 성장하는 것을 목표로, 목회자의 사역과 성도들의 영적 성장을 도울 수 있는 필독서들을 출간하고 있다. 주를 섬기는 사명감을 바탕으로 모든 사역의 시작과 끝을 기도로 임하며 사람 중심이 아닌 하나님 중심으로 경영한다. "무슨 일을 하든지 마음을 다하여 주께 하듯 하라."는 말씀을 늘 마음에 새겨 하나님께서 주신 사명을 기쁨으로 감당하고 있다.